赵建华 著

康有为、梁启超、谭嗣同佛教思想研究（下）

儒道释博士论文丛书

巴蜀书社

《儒道释博士论文丛书》由上海城隍庙和北京东岳庙资助出版

第五章　论理想

第一节　康有为论理想

理想设定建立在事物规律性变动的基础之上，是运动性的理论，而非静止性的理论。康有为论述世界整体本体是基于运动性的观念，而非静止性的观念。这种观念起源于宇宙生成演化的理论，进而演化成目的论。康有为的全部思想理论都建立在这种理论框架之中。就儒家思想传统而言，变化理论是奠基在《易》所阐发的生成变化理论之上，并以此为基础广泛地与西学佛学等相关理论相互汇通。儒家生成变化的理论有其弹性阐释的优越之处，其既不像西学中进化论那样客观机械，也不像佛教或其他哲学义理那样过于高远。儒家生成变化的理论在康有为的阐释之下，并不是用来建立周密的形而上理论，而是用来切实地指导实践，由此而带有一定的经验主义色彩。这是儒家学说中今文经学经世致用的特点，康有为在早年就已经确定了这一观念，并保持终生不变。如其在《康子内外篇》中阐述理时说理有四个特点：

一气先理后；二理为天固与，其作用为自营；三义理无定，但人由智而观事物变动而知势知验；四理确定事物之终结为未济。理之运用即是推度扩充仁心本体，其根本原则是自营，但可以曲折地通过群体的方式达到间接自营的效果，此可以称之为理智。理并非机械固定，而是建立在人为观察之上：

> 若夫上下百年，鉴古观后，穷天地造化之故，综人物生生之理，探智巧之变，极教治之道，则义理无定，有可得而言焉，观其变之动，知后之必有验也；求其理之原，知势之必有至也。①

所谓人为观察，即是观察变动，后有效果上的验证；观察原因，即是观察事物变动趋势，而随顺之。知理与不知理的区别是所能观察的范围的广狭区别。又从理上而言，事物变动是无限的，所谓的终极也是未济，即没有绝对的不再发展变动的完成，所以说是无限无止境的。

只有在说明清楚理即是规定安排事物变动发展的次第，然后才可以说明作为次第发展的目标理想。虽然从总的方面来说，事物之变动发展是无止境的，是未济，但这并不代表事物的发展变动是没有目标理想的。就本质而言，康有为所构建的终结目标本身并不是终结，其还可以继续生动地变动发展下去，但这需要从两个方面来理解：第一，所谓终结目标是相对于目前而言，并非完全的彻底的终结；第二，就未济而言，可以说从阶段上说是最后的阶段，但最后的阶段并非是死寂，而是生机勃勃的，所以从这个意义上说未济即是生机，而非说不是最后阶段。

① 康有为：《康子内外篇》，《康有为全集》第一集，第100页。

康有为描绘社会历史变动发展的理论主要为奠基于今文经学的三世说，于三世说中康有为所指示的终极理想为大同世界，也称之为太平世界。从三世说来说明即：从据乱世出发，经由升平世，最终发展到太平世。将三世说配合小康大同理论，则太平世即大同世，故而统称太平大同世。大同世界相对于现今而言是为终极目标，但是相对于佛教极乐世界等净土世界而言，则是一种过渡阶段而已。从而佛教所指示的佛境、净土世界相对于大同世界而言，又是终结目标。康有为侧重阐述的是大同世界；而对于佛教之净土世界，他并没有否定，而是认为过于遥远，须在大同世界之后方可谈及净土世界；如果过早地谈论或实践佛教净土世界，势必会有逾越阶段的危险。但是康有为在其诗歌中却大量描绘了对佛教净土世界的向往。今拟从三个方面论述康有为规划社会历史发展之理想：大同世界；净土世界；心性理想。

一　大同世界

在论述三世说的时候，就已经指出康有为在《大同书》正式成书之前，就已经广泛地讨论到了三世说以及大同世界，但当时所谈及的大同世界出于种种原因，并没有详细地描绘大同世界的具体状况，而只是用简单的语言进行整体的描述。如《春秋董氏学》中描绘道：

> 太平者，大同之世，远近大小如一，文教全备也。[①]

《中庸注》中稍稍扩展上说：

---

① 康有为：《春秋董氏学》，《康有为全集》第二集，第324页。

> 太平之世，则大小远近如一，山川草木，昆虫鸟兽，莫不一统。大同之治，则天下为公，不独亲其亲，子其子，务以极仁为政教之统。①

虽然诸书中描绘大同世界的词语是简练概括的，但康有为努力从不同的角度来完善对大同世界的描绘，如《中庸注》中从疆域的角度来描绘：

> 拨乱世，内其国而外诸夏。升平世，内诸夏而外夷狄。太平世，内外远近大小若一。②

这一段中在论述太平世的时候，词语上虽然与《春秋董氏学》中说大小如一极其类似，但是这一段前后对比起来看，就可以看出康有为在这里赋予内外远近大小若一以国土疆域的理解视域，即言太平世是没有国土界限的。又《孟子微》中从扩充仁心到非人异类的角度描绘大同世界：

> 孔子立三世之法：拨乱世仁不能远，故但亲亲。升平世仁及同类，故能仁民。太平世众生如一，故兼爱物。仁既有等差，亦因世为进退大小。③

这里虽然仍旧是说众生如一，言辞语气似乎仍旧与前雷同，但在这里康有为却又从物种种类的角度发挥了大同世界状况，即言大同世界中人与其他生物如动物等的界限被取消，也即是康有为一再说明的自然地戒杀，种类上的大同。

---

① 康有为：《中庸注》，《康有为全集》第五集，第379页。
② 同上，第387页。
③ 康有为：《孟子微》，《康有为全集》第五集，第415页。

《孟子微》中还从政治的角度加强了对大司世界的描绘：

> 孔子先发大夫不世之义，故乱世去大夫，升平去诸侯，太平去天子，此进化次第之理。①

文中说太平去天子，也就是说从政治制度的角度来描绘大同世界是没有帝制的，不管是实的还是虚的都没有。

上述三个方面，分别是疆域、物种和政治制度三个方面，从这三个方面对大同世界的描绘在《大同书》中都有更加详细的描绘。如就疆域的角度来对大同世界进行描绘，即是《大同书》中“乙部去国界合大地”和“辛部 去乱界治太平”部分章节中所详尽描绘的内容；如就物种角度对大同世界进行描绘，即《大同书》中“壬部 去类界爱众生”中所描绘的内容；如就政治制度方面对大同世界进行描绘，即《大同书》中“乙部去国界合大地”和“辛部 去乱界治太平”部分章节中所详尽描绘的内容。可以说《大同书》中详尽描绘的思想当是从上述诸书中逐步发展丰富起来的。

《大同书》的结构可以分成四个部分：第一部分为甲部入世界观众苦，这一部分描绘现实世界之苦，但从反面来看，则可反观大同世界的状况即是无此部所言诸苦；第二部分为乙部到癸部第一章，这一部分为去除九界，逐步达到大同。又其所去除的对象亦可反观大同世界的状况，即是无此诸部所描绘的界限；第三部分是癸部的第二章，这一部分实际是对应着甲部，甲部描绘世界之苦，此处描绘十乐，十乐即是大同世界的十乐；第四部分为十乐中最后一乐：“灵魂之乐”中末尾所提及的大同之后的状

① 康有为：《孟子微》，《康有为全集》第五集，第450页。

况，此处只是简单提及，但已经足够暗示，大同为未济，大同之后为仙佛。

第一部分，从苦之有无的角度描绘大同世界状况。

> 《大同书》甲部为入世界观众苦，列出六类三十八种苦。
>
> 人生之苦七：投胎、夭折、废疾、蛮野、边地、奴婢、妇女。
>
> 天灾之苦八：水旱饥荒、蝗虫、火焚、水灾、火山、屋坏、船沉、疫疠。
>
> 人道之苦五：鳏寡、孤独、疾病无医、贫穷、卑贱。
>
> 人治之苦五：刑狱、苛税、兵役、有国、有家。
>
> 人情之苦八：愚蠢、仇怨、爱恋、牵累、劳苦、愿欲、压制、阶级。
>
> 人所尊尚之苦五：富人、贵者、老寿、帝王、神圣仙佛①。

这六类三十八种苦实际概括了后文所去的九界，但因为是从不同的角度来描绘，所以术语上不同。如人生之苦中的“妇女”之苦，即后文“去形界”中所描绘的所要去除之形体界限；如人治之苦中“有国”“有家”两苦，即后文“去国界”“去家界”两处所描绘之界限；如人情之苦中“压制”“阶级”两苦，即后文“乱界”“级界”所描绘之界限。这几条是明显地和后文去九界处对应的，其余术语有差异，但内容本身实际是对应概括的，这里不一一说明。“然一览生哀，总诸苦之根源，皆因九界

① 康有为：《大同书》，辽宁人民出版社，1994 年，第 11—13 页。

而已。”又诸苦与九界具有果因关系，诸苦之根源即是九界之界限，因为存在此界限不通，从而导致诸苦之产生。此处是就苦而言，说处于此世界中具有上述诸苦，那么反过来说达到大同世界则无此等苦。康有为在描绘诸苦的时候，有的则明确指出大同世界即是要求无此苦的。如说苛税之苦时言：

> 生今之民，维持国力者莫不苦之，以视大同世之绝无租税、且领公家之工资，其为苦乐何其反哉！①

又如说愿欲之苦时指出：

> 大同之世，人人极乐，愿求皆获，以视据乱世生民之终日皇皇、怀而莫白，愿欲不遂、忧心恻恻，何相去之远哉！②

另如兵役之苦、愚蠢之苦、牵累之苦、劳苦之苦、压制之苦、老寿之苦等都一一指明大同世界是没有该苦的，而另外未曾明言大同世界有无该苦者，虽未曾明言，但从上下文精神可以推断出甲部所说诸苦于大同世界中全部不存在。癸部十乐之前云：

> 九界既去，则人之诸苦尽除矣，只有乐而已。③

又联系上文言九界即诸苦之根源，则去除九界则诸苦得除，则大同世界中全部上述诸苦，只有十乐。此为明证。

第二部分，从去除九界的角度来描绘大同世界。九界是造成人间众苦的根源，其作为苦因是因为其是界限，而有界限则导致

---

① 康有为：《大同书》，《康有为全集》第七集，第35页。

② 同上，第32页。

③ 康有为：《大同书》，辽宁人民出版社，1991年，第341页。

不通。在分析世界苦因中已经指出康有为认为造成世界之苦的原因具有多个层次，就根本上而言心性本体扩充推度之不符合次第而产生过犹不及的状况即是特殊之苦因，而在次第的演化变动中相对而言的局限性为普遍的不可避免的苦，而其原因即是次第本身，因为心性本体扩充推度的基本原则即是自营，正因为是自营从而不可以一撮而就地达到终极的大同境界，故而有次第。在此普遍特殊的两种苦因之中都涉及次第，而在任何一个次第阶段之中即是某一个界限之内，就普遍原因而言，界限是普遍不可避免的原因，界限造成的后果是固执于这个界限之内，产生自营、自私，不肯超越自身界限，又从而造成界限之内与界限之外的不通。所谓不通即是壅塞、尊隔、内讧，而进一步固执于此不通阻隔，则成为守旧，而对守旧的反面力量即是激进，两者都是特殊之苦因中不符合次第的力量。所以从这个角度来说九界是造成诸苦的根源，界限是苦的根源。《大同书》中并没有对之做理论性的说明，而是用一种感性的文字来描绘：

> 甚矣人之不幸也！生兹九界，投其网罗，疾苦孔多。既现形于宇内，欲奋飞而无何，沉沉亿万年，渺渺无量生，如自茧之蚕、扑火之蛾，彼去此来，回轮织梭。俯视哀酸，感不去怀。何以救苦？知病即药，破除其界，解其缠缚。超然飞度，摩天戾渊，浩然自在，悠然至乐，太平大同，长生永觉。吾救苦之道，即在破除九界而已。①

从康有为这一段感性的文字中，仍旧是可以看出其对界限之为苦因的性质说明，如说九界为罗网、宇内、茧、回轮、缠缚，

① 康有为：《大同书》，辽宁人民出版社，1991 年，第 66 页。

这几个词汇都是对界限的譬喻，其所突出的是界限作为限制束缚的性质，所以说因为有了界限则“欲奋飞而无何”，如能解除界限的限制束缚则“超然飞度，摩天戾渊，浩然自在，悠然至乐，太平大同，长生永觉”。从内外关系来看，限制束缚即是内外之不通、阻隔；从内部来看，即是自营、自私；从外部来看，即是扩充推度之有限、之中介。所以康有为虽然没有明确地通过理论论证说明，但是感性的文字仍然形象地指出了界限作为苦因的性质。“缠缚”一词，是采用佛教义理术语，缠缚，即是烦恼，烦恼搅乱心性，阻碍修行，即是苦因，即是集谛。是故种种论证都说明界限、九界即是诸苦之根源。那么因为大同世界没有诸苦，自然也就应当没有诸苦之因，又如果要去除诸苦，则必须首先去除诸苦之因，也就是九界，然后方能去除诸苦，所以大同世界之达到就当建立在九界去除的基础之上，故而也就等于说大同世界没有九界之界限限制束缚。九界分列如下：

一曰国界，分疆土、部落也。

二曰级界，分贵、贱、清、浊也。

三曰种界，分黄、白、棕、黑也。

四曰形界，分男、女也。

五曰家界，私父子、夫妇、兄弟之亲也。

六曰业界，私农、工、商之产也。

七曰乱界，有不平、不通、不同、不公之法也。

八曰类界，有人与鸟、兽、虫、鱼之别也。

九曰苦界，以苦生苦，传种无穷无尽，不可思议。

上为康有为所列九界，其后为界限所限制束缚及分别，如因有国界则分别处疆域、部落，从而导致国与国之间疆域不交通；又如因为有形界的分别和限制，则导致男女之形体上的分别和阻隔不通。其他类似。而去除九界之界限是为渐进之大同世界的过程，去除九界所达到的效果最终是大同世界，即等于说大同世界无诸界分别：

> 第一曰去国界，合大地也。
> 第二曰去级界，平民族也。
> 第三曰去种界，同人类也。
> 第四曰去形界，保独立也。
> 第五曰去家界，为天民也。
> 第六曰去产界，公生业也。
> 第七曰去乱界，治太平也。
> 第八曰去类界，爱众生也。
> 第九曰去苦界，至极乐也。

前两界是从群体组织的角度设定的，所针对的即是国家与阶级，所要达到的即是政治上的联合与平等。三、四两界是从人种的角度来设立的，所针对的是人种上的不平等，所要达到的是人个体的平等。第五界是介于个体与群体之间的人类组织家庭形式，实际上是针对血缘结合的组织关系，破除此界要达到的是获得解放的个体可以重新以新的方式建立新的群体组织，而不再是基于血缘关系的家庭，以及更大的民族或国家。第六产界破除实际上难以说是破除界限，应当说是产业上发展和保障，如果没有物质经济上的保障，任何平等联合都是空话，康有为这一观念是相当现代的，也由此而确定其大同世界理想并非仅仅空想而已。

最后两界的破除，已经是超越了人类中心主义，也超越了人类现在的情形。其中去乱界中已经包含了在大同世界中如何保持稳定有序状态的基本原则的说明，而去除苦界则由人类中心主义拓展到和其他生命甚至大自然融合共处的阶段。康有为经由去除九界而对大同世界的瞻望，具有多种理解视域。从其政治制度的设想上可以理解其理想带有资产阶级的政治理想色彩；从其破除血缘关系家庭组织而建立公政府以及对公共产业的理想设定来看，其思想带有一定空想社会主义色彩；从其破除人类中心主义，构建人与自然以及其他生命的共同处在空间理想来说，康有为的思想甚至带有生态主义的色彩。这一点从今天的眼光来看，是无比的难能可贵。

第三部分为直接描绘大同世界中的乐，以对应于目前世界中的苦。但就书中给出的条目来看，两者之间并没有一一对应，这是因为世界之苦以及九界中的界限在大同世界中已经不复存在了，如家庭、国家之界限、形体之差别；但还有一些条目，虽然苦与界限已经不复存在，但其受苦乐之主体仍然存在，所以无苦无界限却有乐，如形体之差别虽然不复存在，但人之身体仍然存在，且仍有生老病死等苦。因为有身体存在，则并不能彻底消除生老病死之苦，但却可以有医疗疾病之乐。所以大乐中大多数涉及的是人之个体，尤其是身体方面的受用之乐，而无诸政治制度之乐，皆是因为政治上种种界限及其苦病都已经不复存在，苦乐皆不在，也就无须说明。十乐如下所列：

居处之乐

舟车之乐

饮食之乐

衣服之乐
器用之乐
净香之乐
沐浴之乐
医视疾病之乐
炼形神仙之乐
灵魂之乐

十乐可以分成三类来讨论：一类为外在器具条件等的优越及使用之乐；一类为身体之乐；一类为精神之乐。其中一到五为外在器具条件及使用之乐，可以概括为衣食住行用五个方面，其中器用实际可以概括前四个方面，但特别就人之生存应用而言，基本应用即衣食住行四个方面，故而别立而言；后又将除四类之外的各种器具之用概括为一类。第六到第八三类都是关于身体受用之乐的，其中主要的是医视疾病之乐，康有为也认为这一点尤其重要：

> 故大同之世，医士最多，医才最出，医任最重，医选最精，医权最大。盖乱世尚力，则武人为君，兵权最尚；中世尚文，则学士为君，哲权最重；平世尚仁，则医为君，医权最重也。全世界人自有生有死皆托命焉，岂有重过于是哉！故可号大同之世为医世界。①

从康有为这个描述来看，大同世界经由破除九界消除诸苦而所达到的境界主要集中在消除社会政治、文化、风俗等社会性局

---

① 康有为：《大同书》，辽宁人民出版社，1991 年，第 260—261 页。

限，而对于身体及自然等物质性的局限是没有最终克服的。从这个意义上说，大同世界是理想的社会图景设想，而非绝对意义上的人类理想或者宇宙理想。

九、十二乐描绘的是精神性的快乐，其中炼形神仙之乐，虽然是就身体变化而言，但它是以超越身体为目的的，而且炼形之乐并不是一个完成形态的乐，而是一个进行状态的乐，所以还不可以说身体已经能够变化，能够完全超越人之形体。康有为称神仙为大同之归宿，但是从其每论理想皆是未济而言，所谓归宿并不意味着完全终结，而应当是大同世界是以神仙为最终归宿，但在大同世界的阶段中神仙状态并没有彻底完成。可以说当神仙状态彻底完成也就是大同世界的结束，此后的世界是大同后的世界，所以康有为也说大同之后为仙佛。

第四部分为十乐之中最后一乐，灵魂之乐。十乐之中前面的九乐全是就物质性而言，分成内外两种物质性的乐，外即是器用之乐，以满足身体生命所需的衣食住行等；内即是身体之生老病死的乐，也就是长寿健康之乐。但康有为在诸苦的描述中已经指出人所尊贵者如长寿等其实也还是苦，所以就前面的九乐来说肯定不是最终的快乐，因而也就需要灵魂之乐，这里的灵魂之乐即是指精神性的快乐。又康有为所谓的灵魂即是从心性本体上而言，所以他论述灵魂之乐时，直接说明此乐的获得过程即是佛教修行。他将仙佛二者并称，但也指出“仙学太粗，其微言奥理无多，令人醉心者有限”，而佛学则“若佛学之博大精微，至于言语道断，心行路绝，虽有圣哲，无所措手，其所包容尤为深远”。康有为对大同世界与仙佛之学之间关系的描绘比较模糊，他一方面说“故大同之世，唯神仙与佛学二者大行”，另一方面又说“故大同之后，始为仙学，后为佛学，下智为仙学，上智为佛学”。表面看来，似乎矛盾，但如果详细分辨，则知康有为区分这两者是依据佛教义理从在世出世的关系来进行区分的：盖大同者，世间法之极，而仙学者，长生不死，尤世间法之极也；佛学者，不生不灭，不离乎世而出乎世间，尤出乎大同之外也。从这一段论述来看，可以明了，大同世界当是人世界之法，仙当是天人之法，而佛学则是出世间之法。仙法虽然出人间，但仍旧是六界之内，轮回之中，并未能够出离世间，所以说其仍是世间法。而佛学，在康有为的观念中是偏重出世间性质的一面。故而前说大同之世仙佛大行，是指进入大同之后，此二学开始兴盛，并非指圆满完成，成就神仙或成就佛境；后说大同之后为仙佛之学，是说要成就仙佛二学所达境界，当是在大同世界之后，也就是说如果真正成就了仙佛二学之果报，要么是出离了人世间，要么是完全出离了世间轮回，终究不再此人世间了。《大同书》侧重于人世间的理想设立，故而对于佛教理想境界其所言简略，只是一般性简略地指出为“言语道断，心行路绝”，并没有详尽地描绘佛境的状况。但这已经暗示佛境乃是究竟境界，也已经超越了三世说所描绘的境界。

二 净土世界

康有为在《大同书》中对佛教的态度是双重的：一方面他认为佛教不知道大同世界之乐，不知道大同这一救世方法，同时也认为佛教所指示的净土或极乐世界不符合次第，佛教虽然慈悲能仁，但以空之理念来教导救度众生是牵强的不符合次第的方法；另一方面他认为佛教所指示的空之理念及净土境界是最究竟的境界，是大同之后的境界，是出世间之法。钱定安的序言中指出戒杀与否是康有为之思想与佛教思想的区别，这一判定过于粗糙，但考虑到康有为多次重复地强调佛教戒杀在大同世界中无法彻底完成，更不用说在大同世界之前的升平、据乱世了。但康有为论述义理的时候常常过于细致，而忘却主线所在，如《大同书》中说苦说乐，虽分列多条，但其所分列的诸条实际是过于细致而没有能够把握住主线，此为康有为论述义理之缺陷，亦不用为其掩饰。知此点之后，即可明白，康有为常常过于纠结于细枝末节，如说戒杀一条，他之反复纠结其中，其实并不是仅仅纠结于这一条，实际上他暗示着整个佛教义理对于眼前之现实是不适用的，因为他所理解的佛教修行是偏重于出世究竟。但康有为同时也明了佛教并非完全不对眼前现实有实践指导作用，佛教之菩萨行即是在世的修行，康有为本人亦是其深入的实践者。所以，如果将康有为的完整的想法补充出来的话，当是：康有为私下是认为佛教虽然偏重出世究竟，但就菩萨行而言，完全是可以在世实践的，而且是十分有效的，只不过佛教义理与在世政治行为较少融合之处。而儒教同样侧重在世实践，但其与政治实践具有较高的融合度。如此康有为在偏重在世政治实践的情况下，自然是推崇儒教，但并没有否定佛教，即便是在在世的实践中也没有否定佛教。所以他仅仅是就佛教中某几处单一的戒条提出异议，这也就暗示着两点：一从究竟意义上而言，针对一般大众而言，佛教教化的确偏重究竟出世之法，而儒家也的确侧重在世随顺人性的实践，所以康有为暗示着佛教教化不适合在世实践，尤其是政治实践，过于提倡佛教的空无寂灭或净土世界对在世的救度是不合于次第，也难以收到效应；二从方便教化的意义上而言，又针对上根利器者而言，康有为暗示佛教其实不光是仅仅偏重出世究竟的教法，而是全面广大的教法，佛教同样有适应在世实践的教法，如大乘之菩萨行教法，唯一不足的是佛教教法与政治实践的融合度不高，但也不是完全没有融合的可能。所以康有为仅仅就某些戒条而论说儒佛差异。而就整体上而言，实际是认为佛教广大可包括儒教在内的，而如果就在世实践而言，也没有外于儒教之外的佛教。所以当他推崇儒教的时候，并不代表排斥佛教，而是已经吸收了部分佛教的因素在其中了，如赋予儒家思想以宗教色彩，但又并非西方式的宗教信仰形式，实际上即是吸收了佛教之作为宗教的信仰色彩。所以康有为对于佛教的态度是双重性的，而这一双重性是建立在针对不同根器而言的方便。康有为的思想是基于实践的，而不是机械的周密的抽象理论，所以其种种构建皆是灵活多变的，不可以执持其一二观念认定死理，倘如此则丧失康有为思想之活泼实践之精神。康有为在《春秋董氏学》中讨论儒教教化随顺人性之有欲时说：

> 君子议道自己，而制法以民。使民有欲，顺天性也。不得过节，成人理也。若夫为己，则遗物蜕秽，以无欲为贵。欲为民者，有欲。欲为圣人者，无欲。①

康有为这段论述可以作为其对佛教的双重态度的明证，也是其思想中表述儒佛关系的关键点。康有为之所以提倡儒教，是看重儒教之侧重在世、随顺人情、善巧方便，是易行道；而对于佛教，康有为则认为是广大深远包含了儒教在内的，但也认识到其

① 康有为：《春秋董氏学》，《康有为全集》第二集，第398页。

常常侧重出世究竟，所以康有为认为佛教教化当针对上根利器才可以，如其不然，也应当发明出更加适应时代国情民俗的佛教教化出来，而不应当固执小乘出家旧俗。

所以在研究康有为思想的时候，如果只是片面地侧重其儒家思想的方面，实际并不完整。康有为大量在世出版的著作中都正面推崇儒家思想，亦提倡为儒教，并终身弘扬儒教。《大同书》中思想也是其正面弘扬儒教思想的代表作，虽然这样的儒教思想是已经经过康有为深入改造过的儒家思想，但还是以儒家思想为基调的，所以讨论康有为思想的任何一点，都不可以仅仅就其表面推崇儒教思想一面而论，而应当更多结合其论述佛教以及其他宗教的方面综合考虑，方为全面。所以在讨论康有为思想中构建社会历史理想的时候，除了考察《大同书》中依据儒家三世说而构建的大同太平之理想，还应当参考康有为大量佛教诗歌来考虑其在《大同书》末尾一掠而过的佛教净土理想以及佛教心性空无寂灭之境界理想。

康有为对佛教净土世界理想的描绘主要集中在其诗歌之中，其论说文章中极少谈及此点，即便谈及也是寥寥数语，一掠而过。如《万木草堂口说》中一条提及：

> 庄子未可厚非，其言虚室生白，即佛氏十方世界全见大光明。①

《南海师承记》中另有一条与此相关：

> 《庄子》“虚室生白”二句，写静字极到。我所谓念，

① 康有为：《万木草堂口说》，《康有为全集》第二集，第180页。

即佛所谓魔也。①

此两条以庄子虚室生白为佛教中大光明之相，相对而言，如果念想，则谓是魔。文中虽然提到十方世界，但重点并不在十方世界，而在光明与白的相似上。又如《春秋董氏学》中自注一条云：

> 天之为道，广微高远，不可得而测。而圣人以与人并列为一端，皆元统之，乃极奇之论。真与佛氏之三十三天与人并为轮回等。盖圣心广微，含运太元，则天地乃为元中细物，亦与人同耳。②

此段注释《春秋繁露》中论述“十端”义，但重点在用佛教中人与天同在轮回之中的六道结构阐释儒家天人合一之说，从而并未将天作为理想之净土，而是将之作为与人间同陷入轮回之中的存在空间。

《我史》中有一段文义含混的记载，论及了极乐世界：

> 极乐世界，不能长久。□伦之教，末法也。末法千年，必为末人，教亦不久。夫妇、父子、君臣之教，道苦而教长，天地自然之理也。□伦之教，道乐而日短，人事讲求之学也。③

这一段不光文义含混，且有阙文。由上下文以及康有为整体儒佛思想来推测，所阙之字当是“外”或“离”，又或“不”

---

① 康有为：《南海师承记》，《康有为全集》第二集，第248页。
② 康有为：《春秋董氏学》，《康有为全集》第二集，第373页。
③ 康有为：《我史》，《康有为全集》第五集，第71页。

字，其义当是指佛教以极乐世界为诱引众生之教法，此种教法为出离人伦之教。这是因为康有为理解所谓极乐世界为别有实有的空间存在，故而认为这是出离人伦的教法，而没有了解到佛教中说极乐世界也是针对不同根器而有分别，或说相境由心生，或说净土不离世间，或说西方实有别一世界等等，皆是依据众生根器而论。康有为斥极乐世界之说为遁入虚无，为外离人伦之教，故而是不长久之教；又反过来认为儒教的教化是入世的苦修，也是合符自然的道理，所以是长久之教。康有为在这里是批评排斥佛教净土思想的，但也从另外一个角度暗示其欲将浊世人间打造成净土世界的观念，即所谓道苦而教长，如果依据龙树《十住毗婆沙论》中区分难行道易行道的观念，则康有为此观念实际是佛教中的难行道，而他所谓的极乐世界则是易行道，两者其实都在佛教教法包含之内，亦无须强行儒佛分别。

康有为从人伦的角度批评佛教的观念是继承自理学家的辟佛思想，《大同书》也保留了这种批评，但也保留了认为佛教思想更为究竟广大的观念。而对佛教净土观念更加明显的表述还是要从康有为佛教诗歌中揭示。

康有为佛教诗歌中用来描绘佛教净土世界的共有五种形式：一为用华严一词指示华严世界、华藏世界，指代净土世界；二为用极乐世界指代净土世界，或特指西方极乐世界；三为直接用净土来指示净土世界；四为用乐土指代净土世界；五为特别地运用春天意象来譬喻净土世界。

（一）华严世界

梁启超在《南海康先生传》中指出康有为信宗华严：

> 先生于佛教，尤为受用者也。先生由阳明学以入佛学，

故最得力于禅宗，而以华严宗为归宿焉。[①]

康有为自己也说其归宗华严，其 1910 年《与梁启超书》中言：

吾向得华严，好入火坑，好入地狱，明知故犯（小字注云：此旨自廿一岁大悟彻得来，因以素自号，行此三十三年矣）[②]。

由此则知在宗派皈依上，康有为皈依于华严宗，对当时流行的唯识宗，并没有特别的兴趣，对净土宗似乎也没有表现出特别的兴趣。而对禅宗却和对华严宗一样表现出特别的兴趣，故而梁启超说最得力于禅宗。华严宗在净土思想上以华藏世界、华严世界又或十方世界为净土理想，又《八十华严》最后以西方极乐世界为净土理想。所以华严宗与净土理想是密切相关的，康有为由华严宗而兼涉净土理想也是理所当然。

上文所引康有为 1910 年《与梁启超书》中康有为自云彻悟年为 21 岁，则当为光绪四年，即 1878 年。但《我史》和《康南海自编年谱》中皆记载康有为在该年只是开始学习静坐而已，并未记载其于该年有悟彻之事。康有为于别处亦说自己悟彻之年为 27 岁时，即光绪十年，1884 年，即《止观自证》的写作年代。此说当为可信。但康有为真正以诗歌形式表述其悲愿入世救苦的佛教情怀却应当是在光绪二十年，即 1894 年，因为该年国事上有甲午海战之失败，私事上有《新学伪经考》书版被焚，加上门人曹着伟因学道而染瘴去世，诸事艰难，激发康有为在夏

① 梁启超：《康南海先生传》，《康有为全集》第十二集，第 429 页。

② 康有为：《与梁启超书》，《康有为全集》第九集，第 124 页。

秋之间作出大量内容形式都相近的酬赠诗歌，在诗中康有为正式地抒发了其悲愿入世救苦的佛教宏愿。此意前文已经论证，此处不重复论证，但指明此点。是故康有为首次于诗歌中运用到华严净土也是在该年夏秋之间所作的一首酬赠诗歌之中。《示任甫》一首中四句云：

> 华严国土时时见，大地光明无语言。
> 只是众生同一气，要将悲悯塞乾坤。①

此诗言辞明白简洁，抒发悲愿入世的救苦情怀也简洁明了，并未过多地引用典故。诗中以华严国土对大地光明，犹如《万木草堂口说》中以十方世界大光明阐释《庄子》中虚室生白。这里以华严对大地，其中暗示着华严净土并非别有，而应当即是此人间大地，就其本质和理想而言，即是华严净土之义，故而其指明理想即是化人间浊土为华严净土。又诗中说华严净土时时见，此从时间上说明，华严净土非待他时方才有，苟能悲悯入世救乾坤，则华严净土时时可见，也是暗示所谓华严净土即是此浊世人间的理想境界。所以总结而言康有为用华严指代净土共有三义：一从空间上指示华严国土华严净土非别有，而即是此人间浊土的理想境界；二从时间上指示华严净土非待他时方现，而是若能悲愿入世救苦则华严净土时时可见；三从光明上指示华严净土具有庄严神圣之美。

从空间上指示华严净土为此世间理想境界，康有为常将华严与国土联用、与净土联用。如《将去日本，示从亡诸子梁任甫、韩树园、徐君勉、罗孝高、罗伯雅、梁元理》一首云：

---

① 康有为：《示任甫》，《康有为全集》第十二集，第172页。

凤靡鸾吪历几时，茫茫大地欲何之？
华严国土吾能现，独睨神州有所思。①

此一首为七言绝句，诗意简明，其中首句“凤靡鸾吪”譬喻慈禧女主当政为不当，以致中国茫茫大地前途不明。后两句中言华严国土为其政治改良之理想，故而云吾能现。

《游印度舍卫城访佛迹》中四句云：

世界本来有成坏，化城无碍现华严。
天龙神鬼围千亿，似有雷音震塔尖。②

此一首为流亡国外，游历印度寻找佛迹时所作。诗中化城和华严联用，言化城并不阻碍华严世界的最终实现，化城即是《法华经》中所谓二乘境界之化城，喻指达到究竟佛境的中间阶段。故而康有为此处所谓的华严世界当是指作为究竟境界的佛境，而化城则是指代作为中间阶段的大同理想，由于康有为提倡大同理想，为答疑人问安立大同理想是否阻碍或最终无法达到佛境而有此回答：作为化城之大同理想并不妨碍作为华严之究竟佛境。

赠侗公（选一）

落花流水带平芜，天上人间春尽无。
国土华严犹可致，家居□坏抑何愚。③

此诗有阙文，但不影响全诗意蕴。诗中仍旧将华严与国土联

---

① 康有为：《将去日本，示从亡诸子梁任甫、韩树园、徐君勉，罗孝高，罗伯雅，梁元理》，《康有为全集》第十二集，第194页。

② 康有为：《游印度舍卫城访佛迹》，《康有为全集》第十二集，第224页。

③ 康有为：《赠侗公》，《康有为全集》第十二集，第333页。

用，以天上人间春尽无譬喻人是物非、时代变迁，旧时理想已不可实现（即帝制已不复存在），但即便如此，从长远究竟的眼光来看，康有为说国土华严仍旧是可以实现的，那么这里所说的国土实现成为华严净土之义当是从佛境究竟义上而理解。

从时间上指示华严世界能时时现见，康有为表述此义时常常将华严与弹指刹那等表示瞬间刹那的词语联用，以表示一念之中三千大千世界皆现见之义。

久不见薮园，以诗代书

地狱天宫皆净土，华严流转现刹那。
如是南华真实境，浩浩天风吹大罗。
哀此众生来浊世，烦恼障碍无拣呵。
八千往返亦何厌？与子灵会亦已多。①

该诗中以地狱天宫联用，流转与刹那联用，所要表达之义即是苟若能依止真心，悲愿入世、救苦无厌，那么地狱与天宫等无差别，华严国土之他时今时出现等无差别，所以诗中说华严国土虽是流转，但却可以在刹那一念中示现。

康有为赠未脱士牧师的诗中说：

浅则祸福陈，深则圆觉明。
弹指现华严，帝网重重张。②

---

① 康有为：《久不见薮园，以诗代书》，《康有为全集》第十二集，第206页。

② 康有为：《基督新教浸礼会牧师未脱士传教中国廿年，今为僧于锡兰。吾游缅甸、锡兰，见英人为僧者数矣，皆赤足苦行，此为中国教士耳，但其所得仍是南宗，盖印度北宗已亡，但入中国。耶教出于佛之小乘，本近南宗。今印度译佛书虽二百余种，皆小乘也。惜西土佛会未闻吾中国大乘，他日译出其倾倒归心转移教宗，必不可思议也。劫有轮回，道有深浅，他日大同之世，佛教必复兴于大地也》，《康有为全集》第十二集，第313页。

此四句中言佛教义理可深可浅，如果从浅处说则有因果祸福报应之说；如从深处说则有圆觉明心之说，由此弹指一念间，华严世界即可以如帝网状重重张开示现。

《开岁忽六十篇》中说：

> 发愿救疾苦，华严现弹指。
> 中天俯云雨，大旱待一溉。①

诗中弹指现华严之义与上诗义同，且更加简洁老练。诗中于弹指现华严前说发愿救苦，义指但能发心，则于此发心之一念间即可现见华严世界，即是言发心救苦中顿见理想境界之义。

《金光梦词》中说：

> 显示净土岂见导，神游诸天意云何。
> 华严妙证现弹指，非非想人吾所家。②

此处又进一步说明弹指现华严净土是为彻底证悟之际方可，与上一首中云发愿一念之间可见华严实现相互印证，前发心实现为现见理想，此妙证为理想实现之义。

最后从华严之庄严神圣的角度来描绘净土。康有为用华严一词表达庄严神圣的时候，多将华严与楼阁联用，此联用当是典出《华严经》之《入法界品》中善财童子见弥勒菩萨时所见之毗卢遮那庄严藏大楼阁，康有为以此指代华严世界。此类运用多用于游玩寺院，赞叹寺观之庄严精美。如：

《龙井》中说：

① 康有为：《开岁忽六十篇》，《康有为全集》第十二集，第 337 页。
② 康有为：《金光梦词》，《康有为全集》第十二集，第 377 页。

乱后寺庵皆遇劫，我来龙井一茅庵。
卅年楼阁华严现，常清功德在禅龛。①

《游山》中说：

沿崖四十八寺观，排云但见金银璀。
五度天门群峰上，楼阁华严属相望。②

另如《重九登金山塔》《上海愚园路游存庐宅落成》《赋呈诸公东林寺柳碑记有序》皆是此等用法，并无过多佛教义理意蕴。

（二）极乐世界

西方极乐世界为佛教净土宗所说净土世界，其世界佛为阿弥陀佛，又因往生极乐世界为从莲花中生出，故又称莲花界，莲界。康有为诗歌中常常用莲花界来指代西方极乐世界，因用莲花比用极乐世界更加形象。

《戊子秋夜坐晋阳寺，惊闻祈年殿灾，今五百年矣，始议明年归政》中说：

金轮忽放大光明，万千世界莲花生。③

这首诗作于戊子年，题中指点诗中主旨为感叹第二年慈禧归政、光绪亲政之事。故而诗中说金轮放光明，金轮为佛教中典故，经中常言转轮王有七宝，其中一宝为轮宝，即金轮；又转轮三有四种，为金银铜铁，故其中金轮王最为尊贵。金轮所到之处

① 康有为：《龙井》，《康有为全集》第十二集，第329页。
② 康有为：《游山》，《康有为全集》第十二集，第358页。
③ 康有为：《戊子秋夜坐晋阳寺，惊闻祈年殿灾，今五百年矣，始议明年归政》，《康有为全集》第十二集，第155页。

皆臣服，故金轮王拥有天下。此处康有为以金轮譬喻光绪帝，亦譬喻朝廷、国家之政治；以放大光明，譬喻光绪亲证，国家政治上必将获得巨大的改善进步。所以后一句用来形容国家将会取得的成就将是“万千世界莲花生”，也即是喻指国家的发展理想将是西方极乐世界，即莲花界。该诗用莲花界取其譬喻之义，并没有实指佛教净土为社会国家发展的理想。

《巴黎登汽球歌》中说：

> 诸天世界多乐土，一星一界何殷繁。
> 礼乐文章皆特别，七宝绚烂生妙莲。①

《己酉除夕前二日，酬梁任公弟寄诗并电问疾，六章》中说：

> 而今出劫过来身，去去冥飞别有春。
> 朵朵莲花开乐土，天天世界现微尘。②

此两首诗中皆将莲花与乐土连用，即特指西方极乐世界。前一首是实指佛教中净土世界，并将之与西方天文学中外星球联系起来，认为所谓极乐世界当即是实际存在的外星球，且其国土上不光具有生命状态，而且具有礼乐文章，是即极乐世界。后一首中实是从心境上来描写极乐世界，因为此处首句中言出劫，既言出劫在心情喜悦，从而见处处皆是快乐而无痛苦，故而喻为莲花乐土。所以这一首所谓极乐净土并非实有，而是心境所现。

---

① 康有为：《巴黎登汽球歌》，《游法兰西诗》，《康有为全集》第十二集，第249页。

② 康有为：《己酉除夕前二日，酬梁任公弟寄诗并电问疾，六章》，《康有为全集》第十二集，第315页。

《游西湖，馆钱塘县吴季清明府德潇署。季清神识清妙，深悟大证，哲子铁樵中道奄逝。行时索诗，赋此》中说：

> 君从睒摩天，来领莲花界。
> 偶现宰官身，苍生知所赖。[①]

这一首诗为酬赠他人，赞叹吴季清悲愿入世救苦的大愿深行，将之譬喻为天人，从天入世，现为宰官身，所为即是拯救苍生。但诗中说来领莲花界，此领字有二解：一可以说领导众生前往莲花界，是以莲花界为理想之义；二可以说此人间就其本质而言，即是莲花净土，故而说来领莲花界。但即便说此土人间从本质而言即是莲花界，但众生为无明所染，并不能看见领悟此土即是莲花界，所以仍旧需要领导修行，以便最终认识到自己所处即是极乐世界，莲花净土。

故而康有为说极乐世界、莲花净土，或从譬喻说、或从实说、或从虚说（即从心体所现说）、或从人间即净土说，颇为灵活。但总体而言，仍旧是肯定赞叹佛教西方极乐世界之为世间演化理想的。

（三）净土

康有为佛教诗歌中亦有直接用净土的诗句，其中既有实用，亦有虚用。

《丁酉元夕，唐薇卿中丞夜宴观剧，出除夕诗见示。即席次韵奉和》中说：

> 妙音历尽几多春，往返人天等一尘。

① 康有为：《游西湖，馆钱塘县吴季清明府德潇署。季清神识清妙，深悟大证，哲子铁樵中道奄逝。行时索诗，赋此》，《康有为全集》第十二集，第174页。

偶转金轮开世界，更无净土著天亲。[1]

此一首句句引用佛教词汇入诗，诗中以妙音自诩，谓自己历劫游历，入世救苦，即诗中所说偶转金轮，金轮即言从事政治事业。后又以天亲自诩，谓自己不住净土，而要入世救苦。故而诗中说净土是实指，不过是从反面实指。

《十月去槟榔屿往印度，将入加拉吉打，见恒河》中有：

异域流离逐客悲，飘然浮海更何之。
欲寻佛国清净土，频写旄丘琐尾诗。[2]

此诗为游历印度寻找佛迹之时作，诗中所言欲寻佛国清净土，即是直言寻找佛教遗迹之义，但此为诗中表层之义。因此处所录诗尾句引《诗经·旄丘》之典故。《诗经·旄丘》之义为等待援兵收复邦国，后援兵不到，自叹国小人微。诗中所谓旄丘，即诗人登上山丘等待援兵之处；诗中琐尾，即诗人自叹国小人微之辞。由此典故并联系康有为流亡海外本有欲借援英国势力及海外华侨资助力量，拯救光绪，重振朝廷的愿望，则可知康有为于诗中言“欲寻佛国清净土”，并非仅仅是简单寻访佛国遗迹而已，而是其入世救苦，化浊世为净土的崇高理想。康有为游历印度，寻访佛迹之时，留下大量诗歌，其中手法意旨皆与此同，另一首如《九月避地再游印度，绝无僧寺，伤念大劫，感怀身世》：

匪兕虎耶游旷野，又河沙矣再西游。

---

① 康有为：《丁酉元夕，唐薇卿中丞夜宴观剧，出除夕诗见示。即席次韵奉和》，《康有为全集》第十二集，第 187 页。

② 康有为：《十月去槟榔屿往印度，将入加拉吉打，见恒河》，《康有为全集》第十二集，第 222 页。

庄严净土成淫祀，胜会灵山今冷秋。[①]

此一首从诗歌所描绘的情况来看，似乎为实写：印度本土已经几乎没有佛教痕迹了，而被回教或印度教所替代，所以诗中写到“庄严净土成淫祀”可以看成对印度已无佛教的实写；但如果联系诗题中所说“伤念大劫、感怀身世”二句来重新思考，则可明白诗中所说“庄严净土成淫祀”实在是调有别弹，隐隐暗示戊戌变法失败之后，国家为保守派所控制，使得原本蓬勃发展的维新局面之庄严净土成为保守派的淫祀了。而以庄严净土指代维新变法，也是以理想目标指代任务手段之义。又诗中“胜会灵山今冷秋”一句也同时虚实并用，实写即描绘灵山本为佛陀说法之地，当时菩萨罗汉云集，故曰胜会，而如今因印度已无佛教，则灵山成冷冷萧索之秋而已。而虚写则譬喻当初维新变法时康有为与其众多弟子及维新人士胜会一时，而今变法失败，群贤丧亡，昔日胜会今则萧条冷清而已。

（四）乐土

康有为佛教诗歌中还有用乐土指代理想净土的诗句。其中有些乐土是指代西方极乐世界，上文已经论说；还有一些是泛指佛教净土理想。如为长懒园所赋诗中云：

人民皆非故，渺莽齐州烟。
吾生本无住，乐土尤所便。[②]

---

① 康有为：《九月避地再游印度，绝无僧寺，伤念大劫，感怀身世》，《康有为全集》第十二集，第312页。

② 康有为：《壬子三月九日，与旃理行，觅得须磨湖前宅，僻地幽径，忽豁大园，备林池山石涧泉花木之胜，老夫得此，俯仰山海，饱饫烟霞，足以遗世忘忧矣。园旧名长懒别庄，吾因其旧，即名长懒园。赋十五章，既以自怡，后之论世者或有感焉》，《康有为全集》第十二集，第370页。

《癸亥四月游北戴河，偕叔玑婿同游，写与》中说：

万里波澜拍岸边，五云楼阁倚山巅。
天开图画成乐土，人住蓬莱如列仙。①

《辛酉元日赋诗二章呈寐叟》（稿本第二首）中说：

微尘世界观弹指，历劫恒河视如沙。
乘愿熏香且随喜，乐天安土是吾家。②

这三首中皆用到乐土，但所涉及的宗教都不尽相同，三首诗分别涉及佛道儒三教，由此亦可见康有为论说净土理想并不囿于佛教一门，但辗转三教论说净土乐土理想，并不冲突，而可汇通。第一首中言就根本而言是无住的，所以说有居住空间的乐土只是一种方便法门。由此康有为已经点明佛教义理所指示的道理是彻底的究竟的，而佛教所指示的理想境界具有究竟和方便两种理解方式，从究竟上说其实是无住的，而从方便上言，则是种种乐土，是故其后不管是从佛教本身，还是从道教、儒教，甚至基督教之天堂等，其实在佛教看来都是一种方便而已。第二首中从道教成神仙的角度譬喻风景优美，如同道教中神仙所居住的蓬莱乐土；第三首更加巧妙地将儒佛二教义理编织到一起，诗中此处所引前三句皆用佛教词汇，直到最后一句才放出儒家乐天安命之词汇，且“乐天安土”四字中又暗含了乐土一词，是故此句是儒佛二家义理巧妙交织的一句。从这四句来看，前三句阐述佛教义理，指出只要乘愿（发大愿，悲悯入世救苦之愿）、熏香（即

① 康有为：《癸亥四月游北戴河，偕叔玑婿同游，写与》，《康有为全集》第十二集，第 411 页。

② 康有为：《辛酉元日赋诗二章呈寐叟》，《康有为全集》第十二集，第 346 页。

熏闻佛陀教导，即是学习佛法之义），且随喜（即是方便教化，通过善巧的方法来教导众生，拯救众生之义），只要符合这三点，那么就可以将佛教的净土思想观念和儒教的乐天安命的理念有效地结合起来，那么人间也就可以成为一方净土，入世即可以行菩萨大行，是故乐天安土是吾家。此一首实在构思巧妙。

（五）春

最后康有为佛教诗歌中，还特别地运用春天这一意象来譬喻佛教净土理想。康有为在佛教诗歌中运用春之意象起于光绪十年即 1884 年写作《止观自证》一诗。

> 嫣红姹紫满山春，采药寻香欲赠人。
> 曲径危桥都历遍，出来依旧一吟身。①

该诗另有一版本，见载于梁启超《诗话之六十九》（《新编中国名人年谱集成康有为梁启超》中所录与之同，当是参考梁之诗话而增加者）中：

> 南海游罗浮诗颇多，内一首云："万峰走神仆，绝顶立飞仙。俯视但云气，山岳尽茫然。迷蒙难见日，呼吸欲通天。白帝如能问，蓬莱驾紫烟。"又一首云："万紫千红总是春，升天入地不犹入。曲径危桥都历遍，出来依旧一吟身。"此皆可见入格诗也。②

两个版本之差异及成作时间暂不考证，但就其中首句以春之意象作譬喻而论，二诗虽稍有差异，实际大同小异。不论是万紫

① 康有为：《止观自证》，《康有为全集》第十二集，第 145 页。
② 梁启超：《诗话》，《梁启超全集》第十八卷，第 5330 页。

千红还是嫣红姹紫，终究都是为了指示春光灿烂。此诗康有为自题为止观自证，自然是与佛家义理相关，也可以从禅诗的美学境界中获得一定的理解，虽然强行理解真正开悟的禅诗偈颂是难以知晓其诗中所揭示开悟真谛，但康有为此诗本亦难说为真正之开悟见道，自然也就无妨从一般禅诗审美及哲理上加以理解。诗中第二句以采药救人的意象譬喻了佛典中常见的药王、医王的譬喻，经中常言是佛为大医王，其讲经说法拯救群苦众生之行为犹如大医王以药疗治病患。故康有为用此譬喻自诩为佛菩萨，实际是发菩萨大愿心之行为，由此联系第一句则可理解第一句中所谓满山春，当是譬喻佛之境界之庄严广大、法门众多、美妙殊胜，也譬喻佛教义理法门如春日之山，姹紫嫣红，满藏疗治众生之药。所以春之意象在此被用来譬喻佛法殊胜、佛境庄严美妙。

如果说由《止观自证》一首来论证康有为用春字譬喻佛境尚为勉强，那么另一首则更加明确康有为此譬喻义。《大同书成题词》中云：

> 人道只求乐，天心唯有仁。
> 先除诸苦法，渐见太平春。①

此处后两句概括《大同书》所描述的三世说次第：先除诸苦，即《大同书》甲部所言入世界所观众苦；渐，即言有据乱到升平，进而再到太平的进程，也即是《大同书》中乙部到癸部所言去除九界的过程，此过程为渐进渐修的过程，故此处用渐字；太平春，即言大同世界之理想为大同太平世，用春之意象作譬喻。故此诗中春之意象为譬喻大同世界。而在另一首中康有为

① 康有为：《大同书成题词》，《康有为全集》第十二集，第136页。

复用春之意象譬喻佛教修行之最高境界，佛境。

《题梁任甫所藏唐人写维摩诘经》中云：

> 斯卷破烦之大军，着兹古墨诵勤勤，
> 岂止古物仅藏珍。因此证果散法云，
> 震动六极大千春。①

此处所因最后两句中云，依据《维摩诘经》，常常读诵，而不是将之仅仅作为古玩珍藏而已，以之来破除烦恼大军，最终是可以证得果位的，而此果位康有为在此写到是“法云”，此法云，即是菩萨十地之第十地法云地，也就是佛之境界；最后一句描绘证得大果之后的验证，震动六极，为上下四方之震动；大千为三千大千世界；而春在此即是证得佛境大果的譬喻。

上引用三诗论证康有为佛教诗中运用春之意象的确是用来譬喻其净土理想的，但康有为用此意象并不简单直白，也不仅仅是简单直接地譬喻理想境界而已。康有为进一步地运用此意象表述了人间即净土、亦当化此世间为净土的大乘精神及理念。在表述此理念及精神时，康有为将春同时在时空两个方面和其他两个意象联合起来运用：在空间上，他将春和世间譬喻词婆娑联用；在时间上，他将春和自己之老病对比起来运用。这是一套系统性的运用意象来表达其政治或宗教理想的文学尝试，康有为反复尝试运用，不惜诗句重复。

《明夷阁与梁铁君饮酒话旧事竟夕》中云：

> 春梦婆娑亦已空，繁华逝水说何功。

---

① 康有为：《题梁任甫所藏唐人写维摩诘经》，《康有为全集》第十二集，第321页。

> 只今赢得明灯照，头白昏昏数落红。①

在这一首中首先将春与婆娑联用，在最后一句中暗示了年老。但是这一首过多地表达空无、无奈的失落感。所以其中春梦实际是对戊戌变法失败的譬喻，也就是对梦想、理想没能实现的失落悲观。

但随后不久康有为即抛弃了此种颓废的情绪，而代之以一种越挫越勇的精进勇猛的无畏精神。

《菽园以书告译《天演论》译者得奇女子慕而嫁之》中云：

> 我生思想皆天演，颇妒严平先译之。
> 亿劫死心沉大海，老夫春气着花枝。②

此诗中诉说死心已经沉如大海，代替的是老夫春气，一种青春激动的精神，花枝的意象与满山春中姹紫嫣红遥相呼应。

《仅叟侍郎丈生离死别凡十八年。乙卯十月访吾沪上吾居申嘉园，十日朝夕衔杯话旧，阅书读画，为平生未有之欢。昔曾生祭，今得生还，皆相逢出意外。行时赠诗，谨和韵呈正》中云：

> 生祭哀哀死别空，岂知遗老尚存公。
> 劫经故国沧桑后，春入先生杖屦中。③

---

① 康有为：《明夷阁与梁铁君饮酒话旧事竟夕》，《康有为全集》第十二集，第194页。

② 康有为：《菽园以书告译〈天演论〉译者得奇女子慕而嫁之，亡人闻之，忘其忧患，以国事郁郁久矣，今日轩渠，可愈肝疾，写寄天演斋主邱菽园》，《康有为全集》第十二集，第204页。

③ 康有为：《仅叟侍郎丈生离死别凡十八年。乙卯十月访吾沪上吾居申嘉园，十日朝夕衔杯话旧，阅书读画，为平生未有之欢。昔曾生祭，今得生还，皆相逢出意外。行时赠诗，谨和韵呈正》，《康有为全集》第十二集，第334页。

《丁巳二月五日览揆诗付善伯、蘋漪》

同民不离人间世，忧国犹存劫后身。
老子婆娑思揆日，乡中扶杖物皆春。[①]

《坐主顾渔溪先生别二十三年，相见沪上。用善化相国韵写呈，兼介寿》中云：

神武衣冠□黑头，重逢劫后话沧洲。
心存故国旌旗动，春在先生杖屦游。[②]

在时间维度上将春和年老两个意象对比联用在此三首诗中得到了重复性的尝试运用，一、三两首的尾句只差一个字，其余完全照搬原句，可见康有为对这一句的珍爱程度。第二首中虽然字句有差异，但诗句中三个意象都同时出现了：一是老夫或先生或老子，即老年主体；二是春之意象；三是拐杖。此处无暇就文学特色来做讨论，所以对其拐杖意象的含义及渊源暂且不论。但言老年主体和春之意象的联用，达到三度之频繁。又从诗句的含义中论，春之意象在三首诗中都带有劫后余生复繁荣的意指，而此劫后余生复繁荣的并不仅仅是个体，而是国家命运，如第一首中云故国沧桑后、第二首中说忧国、第三首说心存故国，三首皆说国家命运，而国家命运之春天，仍是就大同太平之理想而言，而如果将此理想从究竟的角度来说，即是佛教之净土境界，这是因为康有为论述佛教净土境界的时候，是欲就此人世间而论净土，

① 康有为：《丁巳二月五日览揆诗付善伯、蘋漪》，《康有为全集》第十二集，第338页。

② 康有为：《坐主顾渔溪先生别二十三年，相见沪上。用善化相国韵写呈，兼介寿》，《康有为全集》第十二集，第338页。

即言：人间即净土、化此世间成净土。所以他又将婆娑加入，如第二首中云老子婆娑，另一首中同样出现该句：

《入墨国境》中云：

诸天未历吾犹憾，老子婆娑纳地球。①

《丁巳二月五日览揆诗付善伯、蘋漪》中第三句与《入墨国境》之第四句又是几乎完全相同，俱出现老子婆娑的词句以及豪迈的语调。婆娑即是娑婆之颠倒使用，也即是佛典中常用来特指人世间的词汇。如果再联系几首表述地更加明确一点的诗歌来看，就会明白康有为老子婆娑的豪言到底是什么意思了。

《偕若海、公裕品茗不忍池中无着亭看月。已而病，若海以二诗来，答之》

众生有病吾遂病，世界微尘我人尘。
玉宇琼楼不归去，人间少住未知春。②

《赠侗公》中云：

落花流水带平芜，天上人间春尽无。
国土华严犹可致，家居□坏抑何愚。③

《开岁忽六十篇》中云：

天官游汗漫，地狱八恻悱。
岂敢惮患难，但发吾悲智。

① 康有为：《入墨国境》，《康有为全集》第十二集，第269页。

② 康有为：《偕若海、公裕品茗不忍池中无着亭看月。已而病，若海以二诗来，答之》，《康有为全集》第十二集，第325页。

③ 康有为：《赠侗公》，《康有为全集》第十二集，第333页。

捻须白成丝，断发短以毦。
观河面迁皱，嗟余其老矣！
唯吾满腔春，赤子心尚稚。
假年百二十，吾志自强懻。①

这三首诗中俱用到春的意象，但是只有最后一首中明确联用了年老的意象，而前两首中用到了人间的意象，而没有用婆娑的特定名词。如第一首中说人间少住，第二首中说天上人间，其实第三首也说了人间，只不过康有为将人间譬喻成了地狱，以此来表示人间剧苦的性质。从这三首诗中可以明确地了解康有为诗中的含义：虽然我已年老多病，虽然世间如地狱般多苦多难，但我仍旧发愿入世、欲拯救众苦群萌，虽为此饱受诸苦劫难，但我仍不退缩，甚至激发出更加豪迈雄劲的精神气概出来。如第一首中说众生有病吾遂病，此明确用维摩诘菩萨的典故；第二首中说华严国土犹可致，其中“犹”字即表明虽历苦难而不舍之精神；第三首中则更加明确地说虽然已年老，但心却如赤子，又说要再活六十年，其志向仍然强懻。而其志向即是上说入此世间救苦。所以康有为所谓的老子婆娑的豪言壮语即是入人世救苦之大悲宏愿，亦即是其人间即净土、化人间为净土的实践表达。

三　心性

前面分别从大同世界和净土世界说明康有为对宇宙世界、社会历史变动演化的理想。但如果依据康有为的观念，无论是带有

① 康有为：《开岁忽六十篇》，《康有为全集》第十二集，第337页。

究竟性质的净土世界，还是带有过渡性质的大同世界，都是诸教主为了诱引教导众生而设置的一种方便法门。所谓最究竟的理想，仍旧需要从心性的角度来论述。从心性本体的角度论述心性修行之理想具有一种困难，即如果从体用的角度来说，心性本体本身即是心性应用之理想，本体即理想，即可以说由用而归体，也可以说依止于体而散发于用中。所以从心性本净的角度似乎并没有必要论说心性运用的理想，直指本心即是理想，甚至可以说依止本心生发于诸用之中才是究竟的理想状态，而仅仅体认本心，或囿于本心之中，反而并非究竟的理想状态。针对这一困难，可以说如果能够如实地直指本心或依止本心即是理想状态，但这种本真的状态并非轻易可以获得的，亦不是论说之起始，所有论述的起始都从染苦的状态开始。今从四个方面论述从心性本体角度描绘的理想状态：一，康有为之所谓开悟；二，从断灭烦恼的角度说明心性理想；三，从证得真心的角度说明心性理想；四，从双遣的角度说明心性理想。这四个方面类似佛教中见道登地、所断证涅槃、所得证菩提、中道证佛境。

（一）康有为之所谓开悟

康有为之心性修行为止观修行。佛教中以止观二行概括全部佛教修行项目的为天台宗，后并不囿于天台一宗，禅宗亦讲止观。康有为以修止观而自谓证悟，并非严格遵循佛教方法而修行，观其大略类似明末心学之徒，以静坐习定为主，参以朱子格物而修观。依此法修所得境界恐距佛教真实见道开悟尚远。即便修行成就高如王阳明之自谓见道开悟，亦尚有争议，以为其未必是真见道。逮至康有为虽自谓彻悟，若从佛家修行谨严衡量，恐其只是悟得一二世间道理、获得滴许心思平静而已，绝非禅宗所谓真见道。是故，除却愚蒙门徒，世人对其自谓开悟多不以为然，然此亦不妨碍其人格魅力、摄众能力，更无损于其思想之伟大，历史地位之崇高。

康有为尝试静坐修定始于其于澹如楼读书之际。除《戊戌轮舟中绝笔书籍戊午跋后之再跋》中自述长斋静坐，后归家"视妻孥如髑髅"云云。另如《我史附日记之光绪四年》中亦自述：

> 忽绝学捐书，闭户谢有朋，静坐养心。同学大怪之，以先生尚躬行，恶禅学，无有为之者。静坐时，忽见天地万物皆我一体，大放光明，自以为圣人则欣喜而笑。忽思苍生困苦，则闷然而哭。忽思有亲不事，何学为？则即束装归庐先墓上。同门见歌哭无常，以为狂而有心疾矣。至冬辞九江先生，决归静坐焉。此《楞严》所谓飞魔入心，求道迫切，未有归依之时，多如此。①

又同书光绪五年中更说：

> 以西樵山水幽胜，可习静，正月遂入樵山，居白云洞，专讲道、佛之书，养神明，弃渣滓。时或啸歌为诗文，徘徊散发，枕卧石窟、瀑泉之间，席芳草，临芳草，修柯遮云，清泉满听。常夜坐弥月不睡，恣意游思，天上人间，极苦极乐。皆现身试之。始则诸魔杂沓，继则诸梦皆息。神明超胜，欣然自得。习五胜道，见身外有我，又令我入身中，视身如骸，视人如豕。既而以事出城，遂断此学。②

---

① 康有为：《我史》，《康有为全集》第五集，第62页。
② 康有为：《我史》，《康有为全集》第五集，第62页。

观此二段记录修定之况，当为习定初步，由掉举而渐静，既而或有幻像出现，是故此当尚未入正定。其以《楞严》五十种魔境自况，亦是夸大其辞，兀自附会，盖《楞严》五十种魔境为入正定后所现之魔境。

然康有为静坐习定之事并未于此而断，间或亦有从事。如1910年8月5日《与梁启超书》中言：

> 每日静坐止观，以澄万有之物感，乃学者必当有事。①

《馆门深闭，终日大雨无人，吾是老僧入定矣》一诗中亦描绘：

> 薜荔蒙墙树蔽天，院门深闭飏茶烟。偶逢淫雨日昏黑，便是僧寮入定缘。②

是亦可知，康有为毕生每有闲暇机缘，辄自静坐习定，以为学者必当有事。

修习止观当视其是否开悟，此为止观修习之目标。康有为自谓证悟，但于其证悟之时间殊不确定，今统计略有三说：一说光绪四年，即1878年，21岁；一说光绪十年，即1884年，27岁；一说光绪二十年，即1894年，37岁。

一说为光绪四年证悟者。康有为自谓于光绪四年证悟的证据为1910年2月4日《与梁启超书》中云：

> 今乃知佛大慧力，尚以出家然后能成全，有旨哉？吾向

① 康有为：《与梁启超书》，《康有为全集》第九集，第151页。

② 康有为：《馆门深闭，终日大雨无人，吾是老僧入定矣》，《康有为全集》第十二集，第340页。

> 得华严，好入火坑，好入地狱，明知故犯（此处小字自注云：此旨自廿一岁大悟彻得来，医以素自号，行此三十三年矣），吾亦岂能过诸大慧而专以入坑入狱为事？虽复定慧不损，而身魄几夷，今不得不出此地狱矣。①

此信作于1910年，即宣统二年，当时康有为当住新加坡，53岁，该年八月曾回香港省亲。年初康有为当生了一场大病，因同年2月2日康有为曾因病而作《辞世书》，书中云“大病数日，几死矣”。此事《自编年谱》和《新编年谱》中似乎都没有记载，不知何故。因其大病，故作《辞世书》，以交待后事。《辞世书》中亦说：吾从此医吾病，匿吾迹云云。颇有不复过问世事而隐居之义。是故2月4日之信中言：真成患在有身矣，有家次之，有国次之。又由此进一步反思，对早年以菩萨自诩、发愿入世救苦（以入火坑地狱譬喻入世救苦）之事颇有悔意，认为佛陀有大智慧，尚且要出家之后才能成全救度大事，自己并没有超越佛陀的智慧，怎么能够专以入世救苦这么艰难危险的事情为毕生志业呢？强行如此，导致了身体形魄受到了巨大的伤害（即生大病），自己应当退出（出地狱），即言应当好好看病，不再强行入世救苦了。此处康有为一反常态——常态为勇猛精进地以菩萨自诩，以悲愿入世救苦为志向——转而有退却懈怠之义，不得不令人觉得康有为是以为自己生命即将终结而口出真诚之言。故而其小字自注所言彻悟之事当非虚诳之论。

《自编年谱》和《新编年谱》俱依据《我史》，而《我史》中所载光绪四年的内容如上，其中记述其习静坐时见万物皆我一

① 康有为：《与梁启超书》，《康有为全集》第九集，第124页。

体，放大光明，自以为圣人，又或哭或笑。此为静坐所见境界，当康有为的描述并不足够详尽，亦难以判定其所见到底为何种程度，就大略而言，见万物皆我一体，自以为圣人，可见法执未断，我执未断，且六识七识俱为暂伏；见有光明相，当在正定及正定之前，因气息刺激故有光明相。后康有为以为是《楞严经》中所谓飞魔入侵，经中所言魔之定境一般而言是正定之后境界，但也不妨碍未得正定之前，有此魔境。但就康有为所言“自以为圣人”这一点来看，康有为在21岁静坐中所确认的自认为圣人的观念的确影响了他后来的人生。在康有为的佛教思想中，甚至扩展到他的全部思想中，自诩为圣人，自诩为菩萨，悲愿发心入世救苦的思想观念可以说是康有为全部思想的核心所在，也是其政治宗教文化实践的主要动力。如果从这个角度而言，那么康有为说这一点是在21岁时彻悟得来似乎也并不为过。但康有为说向得华严，好入地狱。略考康有为读《华严经》事：《长安讲演录》第九次演讲中康有为自述早在十七岁（即同治十三年，1874年）即读《华严经》，而《我史》所附日记中载康有为读《华严经》当晚到光绪十三年五月，其中五月二日中载：是晚阅《华严经》；其后，六日八日都载读《华严经》，八日之后则再无此类记载。前者为孤证，后者则数日记载，当为实事。

二说光绪十年，即1884年，27岁时证悟者。如1912年2月与梁启超书中云：

吾自冠岁受学礼山，笃信守道，至廿七兼通诸教，悟彻天人。

凡悟入此者，其人无所不可，无复得失，唯视其性之所近耳。①

此处受学礼山，即受学于朱九江，盖朱九江讲学处在礼山，以此指代而。所以康有为此处守道，并不特指佛教，而当是儒家之道。故后说二十七岁兼通诸教、悟彻天人者才可以说是真正彻悟，并且是儒道释耶诸教兼通。后为又描绘证悟之境界，谓得此悟者，无所不可，但视其性之所近。从这一段描绘来看，康有为也并没有特别论说其所证悟为佛教所认定之见道，而只是自谓之证悟彻悟而已，但是以自谓之证悟说之为彻悟却又混淆于佛教之证悟，盖因儒教并无证悟之说，有也是宋明理学蹈袭佛教之说，故而康有为说其证悟虽未刻意论为佛教次第，但仍有暗许之义。而该信中所言，亦全篇即是佛教义理，信首论其毕生受用处，乃明言为佛教之"不断烦恼、而入涅槃"等云云。除此之外，自谓二十七岁证悟之证据还有《戊戌轮舟中绝笔书及戊午跋后》中跋中描绘二十七岁时得显微镜观察微观事物，后有推度世间大小如一之理。其文末言"明其明德，修其神灵，自立自达，开天之天，而为化人，以救世为事。其所受用，如何哉！"此处描绘用显微镜观微观事物一段文字与《我史》中叙述文字几乎相同，当是抄录。又言受用者，即是言依止所证悟者。如果说此处所言并不明确的话，那么1917年《致沈子培书》中所云则更加明确：

> 仆少但服膺儒书，及吾廿二岁遍读群书后，辞九江先生而入西樵山道观，读过佛书，以长□为无是，则究无生之说，枯木死灰，视身如无有，退视妻子亦作已死观。

---

① 康有为：《与梁启超书》，《康有为全集》第九集，第283页。

> 以三生无量世为可信，而今者之来，乃偶然示现也。以曾誓大愿不忍众生之痛，而特来此浊世，则不能避痛苦，以自求之而非人之与之也。故素位而行，随遇而安，颇自在焉。
>
> 其后兼读西书，穷心物理，（小字自注云：二十七所悟）知诸星之无尽而为天，诸天亦无尽也。云云。（其后文又描绘用显微镜观察微观事物，并推度出宇宙世界中大小一如之理。其文辞亦如《我史》中所载）①

又此信末尾处，康有为就自己到底证悟见道没有而请教于沈曾植云：

> 天地我立，万化我出矣。公为我证之。若以为然，则知道即体，更无难易；其不体道者，实其未知也，且亦忘道，岂知所谓体哉？勉强体者，未能证道者也。②

反复思量康有为这一段求证之文，可以看出其并非真心请教于沈曾植来判定他到底开悟没有，这是没有必要的，因为他所说的开悟与否的事情早在27岁之时，而写信时已经是60岁了。所以康有为这个求证类似于一个反问：这不就是证悟体道了吗？如果说还有别的方式，那要么就是虚无缥缈不可证者，要么就是勉强证悟者。总而言之，康有为实在是认为他27岁之证悟即是真正证悟体道。

1923年《与甥女谭达印书》一信中仍旧谓是27岁得道，但言辞缓和。信中描绘得显微镜观察微观事物一事特别详细，几乎

---

① 康有为：《与沈子培书》，《康有为全集》第十集，第466页。
② 同上，第467页。

原文不动地抄录了《我史》中所载文字。《我史》之光绪十年中所载过长，择录如下：

> 于海幢华林读佛典颇多，上自婆罗门，旁收四教，兼为算学，涉猎西学书。
>
> 至十二月，所悟日深，因显微镜之万数千倍者，视虱如轮，见蚁如象，而悟大小齐同之理云云。
>
> 务致诸生于极乐世界。
>
> 故无所希望，无所逃避。其来现也，专为救众生而已。故不居天堂而故入地狱，不投净土而故来浊世，不为帝王而故为士人，刻刻以救世为事，舍身命而为之。①

文中由显微镜所观之境而推度宇宙世界的内容因过于冗长，故不抄录，可自行参考原文。观康有为此段文字中所言证悟之境，总其宗旨无非是证得自为天人或菩萨，悲愿入世为救群苦之极乐世界。康有为自谓证悟当在光绪十年还有一证，即康有为《止观自证》一诗，该诗题目即标明其为证悟之作，如佛教中证悟者以偈颂表述一样，所以该诗当可为其证悟之证据，尤其是该诗之创作年代当是其所谓证悟之年代。又因该诗之创作年代与光绪二十年有关，故将之放置在第三说中论述。

第三说光绪二十年，即 1894 年，康有为 37 岁为证悟之年者。论证该年为康有为证悟之年者即其《止观自证》一诗所作之年，当并非康有为自说。《止观自证》共有两个版本，一个版本为全集所载本，全诗如下：

---

① 康有为：《我史》，《康有为全集》第五集，第 64 页。

嫣红姹紫满山春，采药寻香欲赠人。
曲径危桥都历遍，出来依旧一吟身。①

另一版本见载于梁启超《诗话之六十九》（《新编中国名人年谱集成康有为梁启超》中所录与之同，当是参考梁之诗话而增加者）中：

> 南海游罗浮诗颇多，内一首云："万峰走神仆，绝顶立飞仙。俯视但云气，山岳尽茫然。迷蒙难见日，呼吸欲通天。白帝如能问，蓬莱驾紫烟。"又一首云："万紫千红总是春，升天入地不犹入。曲径危桥都历遍，出来依旧一吟身。"此皆可见入格诗也。②

此两个版本差异并不大，第一句嫣红姹紫与万紫千红不同，而第二句两诗全不相同，后三四句皆相同。可以确定两首诗其实当为一首，或许有一为先作，后一为修改版本。此两首诗可以暂时确定创作时间的是后一首，共有两个地方提及其创作时间。一为上所引梁启超之《诗话》，另一为《新编年谱》。先论梁启超之《诗话》。《诗话》中说该诗为康有为游罗浮时作，今考《自编年谱》中光绪二十年中载：八月游罗浮。《我史》中记载与之雷同。又《万木草堂诗集》中《游罗浮》一首稿本题下注云："《伪经考》被劾焚，携门人叶湘南同游。"复考《我史》中光绪二十年叙《新学伪经考》雕版被弹劾焚烧之事云：

> 七月，给事中余晋珊劾吾惑世诬民、非圣无法，同少正

① 康有为：《止观自证》，《康有为全集》第十二集，第145页。
② 梁启超：《诗话》，《梁启超全集》第十八卷，第5330页。

卯，圣世不容，请焚《新学伪经考》，而禁粤士从学。[1]

可知康有为该年八月的确游罗浮，当亦有诗歌题留。但《我史》和《自编年谱》中却没有提及该诗。《新编年谱》中提及该诗是于末尾指明出处为：自编年谱及诗集。但自编年谱和诗集中并无该诗记载。可以推测，《新编年谱》当是依据梁启超之《诗话》而编此诗入光绪二十年中。所以《新编年谱》此段记载并不一定可靠，而梁启超《诗话》中所记载也不一定十分可靠，因为写作《诗话》时，梁启超流亡日本，其中所录诗歌大都为记忆所录，并未核实原文。是故《止观自证》的第二个版本只是依据梁启超《诗话》而暂定为光绪二十年所作。

此论《止观自证》第一个版本的创作时间。前所论述该诗第二个版本作于光绪二十年，并未同时证明该诗第一个版本也一定作于光绪二十年，也未论证第一版本必不能作于其他年代。是故仍可以将此两首诗歌看成创作于不同年代的两首诗歌。

若从时间上考证，《止观自证》一首载于全集第十二册中诗歌第一卷《延香老屋诗集》，编排时，前几首依次为《游扬州，久经兵燹，名园尽毁，繁华无睹。怆然赋诗》《由扬州出镇江瓜州渡江，大风雨，望金山寺塔，已夕，小舟甚危，思亲綦切》《登金山妙高台，寺僧出东坡玉带相示，摩挲久之》《登镇江北固楼》《游金陵明故宫及孝陵秦淮旧板桥》；后一首为《苏村卧病写怀》，再后一首为《除夕答从兄沛然秀才，时将入京上书》。考《我史》之光绪八年中云：

五月顺天乡试，借此游京师，谒太学，叩石鼓，瞻宫

① 康有为：《我史》，《康有为全集》第五集，第84页。

> 阙，购碑刻讲金石之学。时崔夔典编修甚敬余，将扫室馆我，既罢，还游扬州、镇江，登平山堂泛舟金、焦而归。①

《新编中国名人年谱集成 康有为 梁启超》（《民国康长素先生有为梁任公先生启超师生合谱》）中光绪八年记载略详：

> 游扬州镇江金陵，登金山妙高台，北固楼，游明故宫各有赋诗。②

以此中所记游历顺序，参考诗集中诗歌编排顺序，则可知其水路形成为舟泛运河，出扬州则由水路至镇江瓜州，后至金陵，此一水路为由北往南，复东向至上海。《康南海自编年谱》中未记游金陵事，而《新编年谱集成》中加载游历金陵等，恐亦是依据诗文而增详。勿论其他，康有为游金陵并赋诗之事当在光绪八年五月之后，则《止观自证》一诗亦当在此之后。

又《康南海自编年谱》光绪十一年中云：既而张延秋招游京师，二月将行，二十三日头痛大作，几死。

以此合《除夕答从兄沛然秀才，时将入京上书》及后一首《感事》（题下注云：时马江败，诣阙上书请变法）三相考辩则知：所谓将入京上书即是因马江海战兵败后拟入京上书者，马江海战在光绪十年，则上书事当在光绪十一年。由此可推断诗中所言除夕当为光绪十年除夕，年谱中所云二月仍为光绪十一年二月。是则《止观自证》一首当作为光绪十年。

然康有为卧病苏村诗在此一阶段有两首：《苏村卧病写怀》

---

① 康有为：《我史》，《康有为全集》第五集，第 63 页。

② 杨克己编：《民国康长素先生有为梁任公先生启超师生合谱》，台湾商务印书馆，1982 年，第 41 页。

《乙酉除夕病卧苏村》。参年谱中所载，凡生病有两次：一次为光绪七年臀起核刺；一次为光绪十年头痛大作。则《苏村卧病写怀》或为光绪七年作，或为光绪十一年作。然仔细揣摩《苏村卧病写怀》四首，有两点可注意：一者第三首中云：世界开新逢进化，贤师受道愧传薪。又云：南望九江北京国，拊心辜负总酸辛。前两句中言及进化，而康有为涉猎西学，实始于其光绪八年从上海归来之后，年谱光绪八年中言"途径上海繁盛，益知西人治术之有本。舟车行路，大购西书以归讲求焉。十一月还家，自是大讲西学，始尽释故见"。诗中云贤师受道愧传薪，此意暗指己学西学，有愧于恩师九江先生，下文又进一步说：南望九江北京国，拊心辜负总酸辛，诗中以九江名嵌于句中，则以为自学西学，辜负恩师之义甚明，此辜负之义因九江先生之去世，愈加悲切，而朱九江之去世正在光绪八年，且在其出京之前。此一点可证《苏村卧病写怀》中之卧病非光绪七年之臀刺之病。另《我史附日记》之光绪五年中云："吾自师九江先生而得闻圣贤大道之绪，自友延秋先生而得博中原文献之传。尝有诗怀之曰：南望九江北京国，拊心知己总酸辛。实录也。"其中所录诗句与诗集中诗句有一词之差，后句改"知己"二字为"辜负"。由此改动当可推度，此诗本事为怀九江先生及张延秋先生，为九江先生去世后，方该"知己"二字为"辜负"二字，此义甚明。又《我史》为事后所写，此处非是日记，故诗句虽见载于光绪五年，然诗不必作于光绪五年；且观其语调，谓"尝有诗怀之"，当为后来之事，是故不可以此证此诗作于光绪五年。又第二点可注意者为诗中云：纵横宙合一微尘，偶到人间阅廿春。此句中以己身为天地微尘，偶然入世之佛教义已颇明朗，若参

《止观自证》中“曲径危桥都历遍，出来依旧一吟身”合观，则二诗中入世之义极类似，且《苏村卧病写怀》一首意思更明确，可知该诗当作于《止观自证》之后；又诗中云：拟经制礼吾何敢，蜡屐持筹事未分，颇有大同拟定，从容待死之感，从此亦可辗转推知此诗当作于光绪十一年，唯未必晚到除夕，是不必与《乙酉除夕病卧苏村》为同时所作。由此则《止观自证》当亦作于是年。

上由年谱及诗集反复推论，暂定《止观自证》一首最早当在光绪八年五月之后，或十一月之后；最晚当在光绪十一年除夕之前。终究是与光绪十年自谓彻悟天人、兼通诸教之事密不可分。

又对比全集中所录版本与梁启超诗话中所录版本，明显可看出梁本粗糙，全集本精致。而梁启超谓该诗为游罗浮之诗。《万木草堂诗集》中所录《游罗浮》一首稿本有注云：《伪经考》被劾焚，携门人叶湘南同游。由此可知光绪二十年确有游罗浮一事，《新编中国名人年谱集成 康有为 梁启超》中光绪二十中详载此事，并俱录梁启超《诗话》中所录之二诗，字句无异，料其亦参梁启超诗话增加于此。然以版本粗精而言，《止观自证》自较诗话及《新编年谱》中所载罗浮诗要精致，罗浮诗当为草稿，《止观自证》当为成品，然如此则成先有定本，后有草稿，理必不当如此。吾意恐任公记忆有误，诗话为流亡日本时所作，有一二记悟，恐也难免。又梁启超初所见者当为其诗话所载之版本，而康有为后来结集诗歌时必定又有修定，是故全集中所载当为其后来修定之本，然其将之置于《延香老屋诗集》中故因其最初所作年代为光绪十年，而非光绪二十年。抑或康有为早年曾有此作，后于游罗浮中咏及此诗，然时隔十年，又复为应景，故词句有所差异，梁启超等诸门人辗转听闻，辄记录以为光绪二十年所作，亦未可知也。综上所述，《止观自证》定为其二十岁自谓彻悟之留诗作证之作。

综合三说，可以汇通起来，光绪四年时康有为初学静坐，亦颇有境界，但为初学，所以不可确定为有所证悟；后至光绪十年，康有为因读佛典，兼学西学，又凭借显微镜观察微观事物，推度宇宙事理，而解悟大小一如平等之理，自以为有所证悟，当然此证悟并非严格意义上禅宗之见道证悟，而是基于心学而言之证悟，且也是康有为自以为之证悟，从佛教的角度而言，当为解悟，康有为写出《止观自证》一诗以做凭证；再至光绪二十年，因外在条件，即各种困境如甲午海战失败、《新学伪经考》雕版被弹劾焚毁、门人因学道染瘴去世等激发而印证前所解悟之理，确定其悲愿发心、入世救苦之志向，并写出大量酬赠诗，抒发此志。从佛教的角度而言，此当是坚定信心，发菩提心，立志修大乘菩萨行。从儒教的角度而言，也可以说是依止仁心本体之得道。这也是康有为正式地以诗歌的方式阐发其自诩菩萨、发愿救苦的开端。又其于游罗浮之际诵吟《止观自证》一诗，可能即是最初创造的版本，也就是梁启超《诗话》中所记录的版本。后诗集结集出版时，康有为当修改过，此修改版本当为全集中所载版本。由此可以确定《止观自证》最初创作于光绪十年，即1884年，也可以说康有为自谓之彻悟当以光绪十年为妥当。

（二）从断灭的角度论说心性理想

佛教修行可以从断灭和证得两个角度来论说，这两个角度是基于心性本染和心性本净两个理论基础。从心性本染的角度而言，佛教修行就是要断除缠染，也就是要断除烦恼，证得涅槃；而从心性本净的角度而言，最终就是要证得本来清净污染的真心。康有为对这个两面其实都有论述，并没有固执于其中任何一者之中。其论说佛教修行本质为断灭烦恼者如其早年义理著作《康子内外篇》中即有此论述：

> 佛则戒淫以绝之。自六根、六尘、三障、二十五有，皆人性之具，人情所不能无者，佛悉断绝之。故佛者逆人情、悖人性之至也，然而学之至也。圣人性恶兼之，为子莫执中焉，未可谓学之至也。故学之至也，于佛而止矣，蔑以加矣。①

此段论说佛教戒律于人情人性之具悉皆断绝，康有为认为这是究竟之学，而儒学对比之下并不是究竟之学。故而康有为此处并不是诋毁佛教，反而是称赞佛学。此后又说：

> 狗子无佛性，禽兽无知识、无烦恼，佛可不出。人治盛则烦恼多，佛乃名焉，故舍孔无佛教也。②

此处即从反面论述佛教之兴出，即是因为人治盛有烦恼，如果无烦恼可对治，则无须佛教，禽兽无烦恼，故佛可不出。康有为此处对狗子无佛性、禽兽无烦恼之说固然有极大之误解，但其论无烦恼则佛可不出却亦有一二合理之处。其后如《中庸注》中云：

---

① 康有为：《康子内外篇》，《康有为全集》第一集，第102—103页。

② 同上，第103页。

> 释氏舍弃一切，弃家学道，以出烦恼，而生天成佛者。①

言虽简洁，但亦概括指出佛教以出烦恼而为成佛之究竟理想。康有为此种观念一直持续到晚年，如 1923 年《与甥女谭达印书》中论佛教宗旨云：

> 佛之为旨，曰婆伽婆。婆者，破也。伽婆者，烦恼也。尽其教旨，以破烦恼而已，故曰忍土，曰无怒土，曰极乐世界，曰以喜悦为食。②

此处康有为直接指出佛教最根本之宗旨即是破除烦恼。虽其论证有误，但不妨碍大义。此本为私信，若言有差误，亦无所谓。一者信中别言儒佛差别在于人伦，以佛悖人伦，多属以声闻小乘教义之偏而概五乘教法之全，亦是其大行不顾细小之迹。再者参《大智度论》卷二：

> 复次，婆伽名破。婆名能。是人能破淫怒痴，故称婆伽婆。③

又参北本《大涅槃经》卷十八、《佛地经论》卷一、《玄应音义》卷三俱言婆伽婆有能破、破烦恼之义；然又皆以婆伽为一义，后婆为一义。未曾见有经论中言伽婆合为一义者。是故，此为小疵，不碍大义。

以破烦恼义而言佛，于其诗中，亦有数篇，如《乙丑十月

① 康有为：《中庸注》，《康有为全集》第五集，第 375 页。
② 康有为：《与甥女谭达印书》，《康有为全集》第十一集，第 311 页。
③ 鸠摩罗什译：《大智度论》卷二，《大正藏》，第 25 册，No. 1509，第 70 页下。

三日，散原道兄冒雨来一天园赏菊，饮酒话旧，及晚冒雨归，不及留。丧夫人及冢嗣师曾．今多年矣，余哀未已，不作。故有以解之》中言：

> 佛生只为破烦恼，孔经专用除忧患。
> 无量轮回偶示现，因缘业报勿悲欢。①

《巴黎登汽球歌》中云：

> 不忍之心发难灭，再入地狱救斯民。
> 特来世间寻烦恼，不愿天上作神仙。②

《丁卯二月五日，七十览揆，承恩赐寿。纪事述怀七章》中复说：

> 吉凶不忍同民患，忧乐何先恐陆沉。
> 我是化人亦烦恼，云中临睨休深深。③

参上引诸篇，可知其用婆伽婆者明言为佛，实是自况虽有烦恼，而为寻烦恼以破之之义。后文“造化以余为块垒，吾心悲悯亦欣然”中块垒者即为有我执我执烦恼，若造化以执我为块垒而欲销之，吾亦欣然，则喻破执我烦恼而或解脱之义。

总说则以断灭烦恼为佛教修行理想，分说则侧重佛教中所说戒杀生、无欲、逆人情、空、无、寂灭等几个方面。略为阐述。

---

① 康有为：《乙丑十月三日，散原道兄冒雨来一天园赏菊，饮酒话旧，及晚冒雨归，不及留。丧夫人及冢嗣师曾，今多年矣，余哀未已，不作。故有以解之》第五，《康有为全集》第十二集，第381页。

② 康有为：《巴黎登汽球歌》，《游法兰西诗》，《康有为全集》第十二集，第249页。

③ 康有为：《丁卯二月五日，七十览揆，承恩赐寿。纪事述怀七章》第五，《康有为全集》第十二集，第365页。

1. 论戒杀生者。康有为论说佛教以戒杀生为究竟理想之一项，是从反面论说的。康有为的观念是佛教之戒杀生，既包含不杀同类亦包含不杀异类旁生，这一观念固然为究竟，但从次第的角度来看，不杀生只能是在大同世界及之后才可以完全实行，不然无法执行。《大同书》之壬部，去类界爱众生中论说戒杀生之义最为全面，其云：

> 故婆罗门、佛者，人道之至仁也，无以逾之矣。印度人见蚁不履，见虫不杀，其余化亦仁矣哉！虽然，未至其时而发高论，必不能行也。①

此首先说完全皆杀生固然是仁爱的究竟境界，但没有达到条件充足的时候，妄谈完全戒杀生，只能是一种高论而言，在实践上是无法彻底进行的。他后文举例说明即便如佛陀也不可能完全彻底地戒杀生，譬喻饮水、呼吸，都可能将水中、空气中的微生物杀灭。所以他认为只有到了大同世界，有替代肉食的事物产生后，才可以逐渐地达到完全的戒杀生。其云：

> 其仁虽不若佛而道在可行，必有次第。乱世亲亲，升平世仁民，太平世爱物，此自然之次序，无由躐等也，终于爱物，则与佛同矣，然其道不可易矣。大同之世，至仁之世也，可以戒杀矣。其时新术并出，必能制妙品，足以代鸟兽之肉而补益相同者，且美味尤过者。当是时，人之视鸟兽之肉也犹粪土也，不戒杀而自能戒矣。合全世界人而戒杀矣，其视牛、马、犬、猫，如今之视奴仆，亲之，爱之，怜之，

① 康有为：《大同书》，辽宁人民出版社，1994 年，第 336 页。

恤之，用之，而食之，衣之，斯为大同之至仁乎！[1]

当然大同之世的戒杀生也还是一种中间阶段，毕竟大同之世还有饮水、呼吸之事，是故完全彻底的戒杀生只能期待达到究竟的佛境了。康有为此观念及其论证虽然牵强，但从实践上来说也是一种方便善巧。又依据饮水、呼吸而说明佛亦杀生，此也是以凡夫之心任意揣度佛之境界，其又怎知佛之饮水呼吸必如凡夫之必杀微生物？其又怎知佛倘若杀其微生物又必是犯戒而非超度？此皆是凡夫揣度之言，不可当之为真。

2. 论佛教以无欲为究竟理想项目之一。康有为之说无欲，此种所言之欲既泛指一切人性欲望，甚至包括了仁爱之欲、无欲之欲；但有时康有为也用之特指情欲指欲。若就泛指一切欲望而言，则雷同上文所说之烦恼，无须重说。是故此处单说情欲之欲。又康有为论述无欲仍就将儒佛二家对待情欲态度比较而论。虽其偏重儒教之随顺人之情欲，但从究竟境界上而言，他还是认同佛教之究竟无欲之理念。《康子内外篇》中云：

> 人好色，则争夺杀身忘亲，圣人知其不可，阴纵之，而阳设礼教以束缚之。夫色心之盛，岂能束缚？必至不义矣。佛则戒淫以绝之。[2]
>
> 凡地球之内，靡能外之。其戒肉不食，戒妻不娶，朝夕膜拜其教祖，绝四民之业，拒四术之学，去鬼神之治，出乎人情者，皆佛氏之教也。耶稣、马哈麻、一切杂教皆从此出。圣人之教，顺人之情，阳教也；佛氏之教，逆人之情，

① 康有为：《大同书》，辽宁人民出版社，1994 年，第 336 页。
② 康有为：《康子内外篇》，《康有为全集》第一集，第 102 页。

阴教也。[①]

此两处皆涉及人之情欲，而康有为于中都指出佛教对于情欲之事主张彻底禁绝。此处论佛教以彻底禁绝淫色，是从逆人情之学上而言的。《大同书》中则更加详尽地谈到性欲之事，但讨论之角度不同。《大同书》中仍然是将儒佛二家关于性欲的观念相比较而论，康有为自然主张儒教之随顺人情的观念为适宜，佛教之观念于究竟处则可，如以当前即实行则不可，其理由是如果现在全部禁绝性欲，一者为不可能，二者可能会断绝人类。康有为对于断绝人类的前景具有深层的恐惧。其云：

> 虽有万亿婆罗门、佛、耶稣欲救之而欲绝其欲，而必不能使全世界人类绝交合之欲也。假令能从其教而绝之，则全世界之人类，不数十年而尽绝矣，则莽莽大地复为草木禽兽之世界矣。然使永永为草木禽兽之世界，犹之可也，然未几则兽类进化，展转为人，才智复出，又相争矣，是徒举全地百亿万年经营辛苦而得有文明之世界而草莽之，其为大祸莫有过焉，比之其纵色欲交合之害，过之不啻恒河沙倍矣。[②]

此处即表达了康有为对佛教以及婆罗门教完全禁绝性欲之理想的担忧。他的担忧这里表述了两点：一，苟禁绝性欲交合，则人类灭绝，禽兽遍地；二，如果说就算遍地禽兽也可以，但如果禽兽又进化为人，人类又重新来过，则成徒劳。康有为此种担忧及其背后之观念，即是其对佛教义理理解的不深入所致，也表现出其思想的天真幼稚。因为从佛教角度来说，既然有人类之生

① 康有为：《康子内外篇》，《康有为全集》第一集，第103页。
② 康有为：《大同书》，辽宁出版社，1994年，324—325页。

成，则必有人类之灭绝，所以人类之终究灭绝当为人类超越人类自身，这并不应当成为恐惧害怕之事，或许此等人类已成康有为所认可之天人，又或许中间一部分已往生各种佛国净土，进而成为菩萨佛陀等，又有何可恐惧。就禽兽而言，如果此等禽兽为灭绝之人轮回而生，此则说明此等人类修行不足，终究下堕为旁生，当吸取教训，珍惜生命，下世转生为人（或如康有为所说进化为人），继续修行，有何不可；又如此等禽兽非原本灭绝之人类转生，而为新生，或他方世界转生此界，则当奋力修行，期待转生人中或就禽兽身奋力修行，期待将来成佛作祖，亦有何可惧。此处也暴露出康有为于佛教因果轮回之说信之不深，则言之不确。但如果从《大同书》全书精神来看，康有为如此之说，或许也可以作为一种遵循次第的方便来看待。而他对于佛教禁绝性欲之作为最终究竟之境界仍旧是认可的，只不过他认为如今大同世都尚未达到，妄自谈论彻底禁绝性欲，为之尚早，也只是高谈阔论而已。其在《大同书》之末尾仍旧是给予佛教彻底禁绝性欲的理想留下一处后路，即康有为认为在大同世界之后，仙佛二教方可兴盛，那时人通过修行可得长生以及身体上的变化等等，既然可以长生那么性欲与生育后代也就没有必要了。长生不过是道家之学，仍在世间；如果习佛学，可达到不生不死，那么性欲生育之事也就根本无有，甚至可以说可有可无。

3. 论佛教以寂灭为最高理想之一。佛教是否以寂灭为最高理想这是一个争论，而此处寂灭的含义也因此就处于争论之中，也就同样具有多义。这一争论在儒佛争论中尤其明显，儒家批评佛教除了批评佛教外人伦之外，最常批评的地方就是以为佛教以寂灭为理想，此处寂灭是指枯寂，灰身灭智式的无余涅槃（此处无余涅槃不含摄有余涅槃，不指代无住涅槃），而佛教中并不认同儒家，尤其是理学家的这一批评，而认为佛教之究竟理想是无住涅槃，而尤其是大乘菩萨行并不以寂灭为理想，具有活泼泼的入世精神。这一争论在近代同样再次掀起，但是于传统不同的是，似乎争论的双方交换了论题，即是新儒家和唯识学的争论，以熊十力和吕澄关于是性觉还是性寂的争论。熊十力代表着儒家，已经被中国佛教性觉说改造了儒家，而吕澄则代表着自称是正宗的印度的佛学，坚持着性寂说。这一争论牵涉众多，此处无法详说。康有为还是延续着传统的儒佛争论的结果，尤其是依循着理学家的批评而认为佛教是以寂灭为理想之一的。但康有为的言论复杂多变，他在另外的时刻又说无论佛教还是儒家都不是以寂灭为理想的。所以综合地考虑康有为的说法当是他认为一些佛教末流的确是以寂灭为理想，但就他的理解来看佛教不应当仅仅以寂灭为理想。

《南海先生讲学记》中载：

> 释迦牟尼谓之佛，其教专以虚无寂灭，亦借天王之力，可知立教，皆借国家之力。①

此处从佛的角度说，又说佛教专以虚无寂灭立教，可见此处康有为认为佛教以寂灭为理想。

但《万木草堂口说》中一条又云：

> 以死为乐，佛氏所呵，寂灭魔者，枯木死灰，故是下乘。②

① 康有为：《南海康先生讲学记》，《康有为全集》第二集，第 108 页。
② 康有为：《万木草堂口说》，《康有为全集》第二集，第 207 页。

此一段明显认为即便在佛教中以寂灭为理想者，也不过是下乘。

又如《长兴学记》中云：

> 即佛氏空寂，亦言若不普度众生，誓不成佛。①

表面看起来似乎康有为终究还是不认可寂灭为理想。但如果参考1910年2月4日《与梁启超书》中康有为坦言即便如佛之有大慧力者，仍旧是以出家而得成就，他康有为又岂能以专入地狱而成就呢？其中所言出家者，即是含摄了出世离欲取寂灭之修，其中是暗示了佛陀以是经由修定而后才可进一步修行然后成就佛境的。是故综合起来说，康有为并不否定寂灭禅定，但就寂灭是否为究竟理想者似乎徘徊难定，而如果从理论上来说，他则认为寂灭禅定是必须的，但并不究竟，而是初步之基础，经由禅定寂灭然后才可进一步修行得道。

如1888年《与黄仲弢编修书》中说：

> 盖佛以戒为第一功德，住处能持净戒，则能生诸禅，定寂灭。若智慧人能从其戒，是先有坚定金刚志矣。由是加教，岂不大易？
>
> 今若不由戒定入，而欲减除荆棘，荡决薮泽，其亦难矣。②

《长兴学记》中亦讲此旨：

> 学者当视之如毒蛇猛虎，大火怨贼，念念在兹，芟除洗

① 康有为：《长兴学记》，《康有为全集》第一集，第345页。

② 康有为：《与黄仲弢编修书》，《康有为全集》第一集，第188页。

伐，而后能成金刚不坏身也。（小字自注云：用佛氏说儒书，朱子有之）此是学者入门第一功夫。道者修玄，佛氏炼魂，皆有坚定之力而后能入道，岂吾儒可以从容得之乎！①

从这两段论述中是可以清楚地看出康有为的主张的，也可以说是其早期主张，由戒生定，这是初步的一个次第，只有在定上获得定力然后才能入道，这不光是佛教道教如此，儒家也是如此。另此亦不光是康有为早期之主张，即便到晚年他仍是坚持这个看法的，仍是看重静坐禅定得寂灭为入道之主要条件，如1910年8月5日《与梁启超书》中首言：

每日静坐止观，以澄万有之物感，乃学者必当有事。直从事于内典，以免蒙头盖面，诚足也。②

由此描绘可知，即便到了晚年，康有为还是坚持每得闲暇，则联系静坐止观，并认为这是学者必须做的事情。又认为不重修行，而直接研究佛典，可能会产生蒙头盖面的困难。

康有为佛教诗歌中则贯喜用佛经中常见之空、无来指代从断灭角度所描绘的佛教理想境界。佛教中空之含义过于丰富，大乘中观、般若系空之含义具有庞大的体系，如十八空等，实际是附在有为法之实有之上而有的体系，此处无暇说明。康有为诗歌中用到空字，涉及佛教义理方面的情况有两种情况：一是色空，一是法空。此处色泛指一切物质事物世界等，甚至可以扩展成一切事物，万事万物。而说色空，即言一切事物就其本性上而言是

① 康有为：《长兴学记》，《康有为全集》第一集，第343页。
② 康有为：《与梁启超》，《康有为全集》第九集，第151页。

空，即并非如通常所认为那样实际存在，有自性等，而是虚幻不实；如深入说即为因缘所起、虚妄而不妨碍其幻有、但无自性。后之法空，义与色空同，因此处所言法即是万法之义，即是万事万物，等同与色。如果稍严格而言，法之概念范围要大于色之概念范围，因色一般而言即是物质性事物，有质碍之事物；而法则包括有为无为之万法，自然也包括色法于其中。有的时候法也特指佛学佛法，即佛陀所教导之法门。但康有为诗歌中的色法实际是泛用，类似广义的法；而诗歌中的法却是狭义的佛法之法。运用色空描绘佛教止观理想的诗句如：

《夜跨轮船》中说：

了绝色空难作达，销磨豪气是多情。①

《珠江艇子题画》中说：

已了人天信色空，不应怊怅对华丛。②

此两首诗中都说已经了达了色之为空，就不应当再执着于色法了，是故前诗说不应当多情地销磨豪气，后诗说不应当惆怅（诗中怊怅即惆怅之异写）。又此处指了达色空，当只是解悟，而并非真正修到了色空，如果康有为真正证悟了色空，那要么他就升入无色界去了，要么就是可以变化色身的，显然康有为这两者都没有做到，所以后一首诗中只是说信色为空，故而是因解得信。

康有为诗歌中运用到法空的诗句如：

---

① 康有为：《夜跨轮船》，《康有为全集》第十二集，第 150 页。
② 康有为：《珠江艇子题画》，《康有为全集》第十二集，第 152 页。

《丙辰八月邓尉山看桂》中说：

> 香海人家三十里，太湖波浪百千峰。
> 憨山说法空空矣，但醉山岚与水容。①

《日光山顶观华严泷，为日本第一大瀑》中说：

> 华严泷下华严现，白日光中射日光。
> 三百尺流广长舌，空山说法证空王。②

此两首诗歌中所说的法都是说法，前一首中是说憨山德清法师，后一首中譬喻自然景色中空山说法。前一首中空空即法空，法空亦空，谴之又谴之义，可见为究竟之境界；后一首中说所证为空王，为王即是从究竟义上而作譬喻，同样可见康有为用空之义所要说明的即是究竟之理想。

佛典中用“无”字，实与“空”为类似，但争论中则有差别，以无为绝对无有存在，而空仅是幻有而非绝无；但更多的时候空无可互用，此盖源于魏晋时翻译佛经多以道家义理理解佛典，故而用道家无字翻佛家空义。如经中说无我，非谓绝对无我，而是无我自性，有我之名言。康有为用“无”字涉及佛教义理的有三种联用：一为常用之无我；二为无住；三为无生。

用无我者如：

《丁酉元旦行舟平乐河，青山作壁，碧水为毯。如此华屋，谁人受贺，以为生平未有也》中云：

---

① 康有为：《丙辰八月邓尉山看桂》，《康有为全集》第十二集，第332页。
② 康有为：《日光山顶观华严泷，为日本第一大瀑》，《康有为全集》第十二集，第371页。

> 欣欣万物皆无我，点点微尘各有天。
> 别启华筵贺元气，青山碧水上吾船。①

此中无我，即说万物本性上无有自性之我，正因为无我故而大小平等，非有差别，无有界限，故而后一句说微尘之中也有天，实际即是大小平等一如的意思。

康有为诗歌中运用无住者颇多。所谓无住，即不住不着之义，从心心所而言，即不执着于心色等法；从法而言，即谓法无自性，因缘而起，因缘而灭。但康有为用无住时是运用双关的文学技巧。因康有为维新变法失败后长达十几年的时间都是在海外流亡，且随时都有刺客威胁，康有为为此常常搬迁，可以说是居无定所，后康有为又游历世界诸多国家增广见识、考察他国政治文化等，故而虽有居所，也未曾长期定居一地。所以他诗中用此无住也实指此居无定所的状况，只不过这是表层义、实义，康有为仍旧用此无住之实义譬喻佛教义理中法无自性，心性不着之义。

《将为汗漫游，去港别亲三首》（第三首）中云：

> 悲悯开新世，庄严起化城。
> 诸天无去住，且听海潮声。②

《到坡三迁舍馆，数月中自庇去坡，由坡而港，由港而西贡，后复还坡。追旧感今而赋》中云：

> 天地只为行旅宿，岁时常作打包僧。

---

① 康有为：《丁酉元旦行舟平乐河，青山作壁，碧水为毯。如此华屋，谁人受贺，以为生平未有也》，《康有为全集》第十二集，第185页。

② 康有为：《将为汗漫游，去港别亲三首》，《康有为全集》第十二集，第237页。

道里经过五十万，应无所住任腾腾。①

此两首诗皆用无住，由题目即可知事关离别、搬迁等，为实写居无定所之义。第一首中实写自己离开香港，虚则以诸天自诩，以诸天无去住譬喻自己居无定所，自己所行也是为了入世就苦而已，故说悲悯开新世，庄严起化城。第二首实写在新加坡三次搬迁，后游历四地复还新加坡，可谓无一刻停留；而诗中虚写则用《金刚经》中“应无所住而生其心”而实事虚写道出诗人虽四处奔波流亡，而不舍真心悲愿救苦。

《已未游普陀潮音洞》中云：

五十三参知识善，百千万偈海潮音。
无来无往不肯去，碧海青山认此心。②

此一首诗中用无来无往和不肯去，实际仍是表达无住之义，无来无往并不就意味着住，不肯去未必不曾云，此皆是对待之义的相互转换。又其中不肯去用观音典故，即观音菩萨不肯去东瀛日本之典故，普陀山有不肯去观音院。故而此处康有为用此不肯去的典故所表述的是自己入世救苦亦有方便，亦有次第，这个方便次第就是以此世间而非他世间为救苦范围，以中国而非他国为救苦之国，这也是康有为爱有等差、施从亲始之儒家理念的拓展，当然也是佛教修行重次第讲随缘的一个表现。

康有为佛教诗歌中还有用无生来从断灭的角度描绘佛教之理想境界。无生即不生不灭，即是涅槃之异译。《圆觉经》中云：

① 康有为：《到坡三迁舍馆，数月中自庇去坡，由坡而港，由港而西贡，后复还坡。追旧感今而赋》，《康有为全集》第十二集，第316页。

② 康有为：《已未游普陀潮音洞》，《康有为全集》第十二集，第390页。

"一切众生于无生中，妄见生灭，是故说名转轮生死。"此处无生即心之圆觉性本无生灭之义，也可以说即是自性涅槃。康有为诗歌中所用无生也是作为佛教修行所要最终证得的理想境界，只不过是从断灭烦恼的角度而言无生无灭，而不是说证得真心。

《十月去槟榔屿往印度，将入加拉吉打，见恒河》中云：

> 石岛夜深骇虎啸，雪山幽绝少人知。
> 朝来已见恒河水，欲证无生度阿谁。①

《龙井》中云：

> 再来饮此一泓清，碧藓沿崖听水声。
> 卅载四来经几劫，青山仍净证无生。②

诗中无生皆与证联用，所谓证无生者即是证得涅槃之义。康有为此处即是用无生描绘佛教修行之究竟理想。

至此从断灭的角度论说心性之理想毕。总结而言，康有为论说理想境界不光是从外在世界如大同净土等论说，亦有从内在心性处论说。其从心性处论说理想境界总说则以佛教宗旨为破除烦恼为是，分说则广涉戒杀、无欲、逆人情、寂灭、空、无等分支。康有为认为佛教宗旨为彻底破除烦恼，故而其究竟处并彻底不杀生、无情欲、寂灭空无；但对此又复有三个说明：一彻底破除烦恼、无杀无欲、无生无灭是为究竟，但此究竟并不妨碍随顺人性情欲之方便次第；二寂灭作为究竟理想非谓枯寂不动、灰身灭智，而是含摄不住涅槃之无余涅槃；三寂灭作为修定效果而

① 康有为：《十月去槟榔屿往印度，将入加拉吉打，见恒河》，《康有为全集》第十二集，第222页。

② 康有为：《龙井》，《康有为全集》第十二集，第329页。

言，是为入道之条件，是为初学入门之法，而非究竟理想。

（三）从证得的角度论说心性理想

从证得的角度论说心性理想，是从有的角度而言，谓证悟即是言证得某种心性境界，这套理论建立在心性本净的基础上，谓心性本来是净，后为外在客尘所染污，通过舍染求净的修行，最终证悟到本来清净的本心，即可以说有得，得到这清净真心；当然如果从心性本染的角度，通过舍染心而得净心，也可以说是证得净心。但一般从证得角度而论心性理想的多是基于心性本净理念。从证得的角度来说，最终所得自然应当为真心，但也有从性相二者来分别说明的，更有从三身方面来说明。今就性相二者而论。先论从相上而论说所得之理想，从相上而言，可简化成从身之所得上而言，这实际上与断烦恼证得涅槃是相应的；而从性上而言所得，是与勤修般若证得菩提是相应的。可以粗略地说此处所说相上所得即是涅槃之相或涅槃之相的相似表现，因为有时说涅槃是就无余涅槃而言，论及无余涅槃则无相可言。所以终究地说，康有为所说的这些相上的表现，可以说多是相似于涅槃之相。

从康有为毕生重视静坐修定之事即可看出其对修行中身体上出现的境相感受等是重视的，如于静坐中见有光明放出、或大笑、或痛哭等，但此等境相并非理想境界，康有为自己也说其为魔之干扰。而如果从此角度来论说理想境界的话，康有为早年可能认为不死是佛教修行的最高境界，而这里的不死也可以说是无生。如1917年《致沈子培书》（即沈曾植）中回忆早年读佛典书之情景言：

仆少但服膺儒书，及吾廿二岁遍读群书后，辞九江先生

> 而入西樵山道观，读过佛书，以长□（此处阙文）为无是，则究无生之说，枯木死灰，视身如无有，退视妻子亦作已死观。①

此处说无生，即是涅槃之义，前文已论述，但就具体相上而言，即是不生不死、出离生死，故而也可以说即是不死。而专说不死，则如《南海先生讲学记》中一则云：

> 通地球唯佛不死，以其有离魂之术。②

此处离魂之术当是说魂离乎身，即类似于灵魂脱体之神通。在康有为的词汇中魂灵是诸教通用的，既是儒家的心性本体、神明明德，也是佛教的清净本心、自性涅槃，更加是基督教的灵魂。而离魂并不是说离开灵魂，而是说灵魂离开肉体，灵魂独自长存，即是康有为所谓的佛教专修魂之义。这是就所得之作为理想而论，并非误解佛教。可以说离魂不死也是一种神通，类似《华严经》所谓十神通中之现多身、现化身。《大同书》的末尾处谈及佛教时，康有为也承认佛教究竟境界固然是言语道断、心行路绝，但仍旧包含了神通之相：

> 若佛学之博大精微，至于言语道断，心行路绝，虽有圣哲，无所措手，其所包容尤为深远。况又有五胜、三明之妙术，神通运用，更为灵奇。③

文中所提及的五胜出于《集异门足论》，其卷十三中云：

---

① 康有为：《与沈子培书》，《康有为全集》第十集，第466页。
② 康有为：《南海康先生讲学记》，《康有为全集》第二集，第121页。
③ 康有为：《大同书》，辽宁人民出版社，1994年，第350页。

> 五胜支者：云何为五？具寿当知；诸圣弟子，于如来所，修植净信，根生安住。不为沙门，或婆罗门，或天魔梵，或余世间。如法引夺。是名第一胜支。复次具寿！诸圣弟子，无谄无诳，淳直性类。于大师有智同梵行者所，如实自显。是名第二胜支。复次具寿！诸圣弟子，少疾无病，;成等熟腹，非极冷热；时节调和，无诸苦恼。由斯饮食，易正消化。是名第三胜支。复次具寿！诸圣弟子，勤精进住有势，有勤，有勇，坚猛，于诸善法常不舍轭。假使唯余皮筋骨在，身诸血肉，皆悉干枯；为得所求殊胜善法，发勤精进，有势有勤有勇坚猛不舍善轭。若未证得；精进炽然，终无中废。是名第四胜支。复次具寿！诸圣弟子，具慧安住，成就世间有出没慧，圣慧，出慧，善通达慧，彼所作慧，正尽苦慧。是名第五胜支。①

又文中所言三明者，即宿命明、天眼明、漏尽明。

无论是五胜支，还是三明支，都是描绘证得一定境界时所显现出来的身体上的相上的表现。康有为对神通有着清醒的认识，这并不仅仅是就鬼神等事上而言。《长安讲演录》之第九次在佛教会的演讲中康有为就此问题言：

> 佛之始行道也，实以神通。自收五比丘后，以大迦叶博学有声，有五百弟子，佛于其地收毒龙，而迦叶服。又往收其弟江迦叶，亦博学，有五百弟子者，江迦叶与其徒折之，则口佉而不合，持棒殴之，则棒举而不能动，乃愿为弟子。

① 玄奘译：《阿毗达磨集异门足论》卷十三，《大正藏》，第26册，No. 1536，第422页中。

其它类是。基督亦以神通服人，盖人与人相等，有道而无术，则不能尊信，道术并有，则迷信矣。①

此从佛境言佛以神通度人，则明白说明神通包含于佛境之中，是为佛教修行之理想境界。后又从事理二者论证，从理上说明由神通则可以令人信，但也容易滋生迷信。神通固然是佛经之所固有，但并不以此惑人折人，所重者仍为道义。

又从心性的角度说明所得之理想。此处所得即是本心、真心。或者扩大名称而言，有真如、如如、佛性、清净心、无染心、如来藏等。梁启超《南海康先生传》中评述康有为习禅宗言：

先生由阳明学以入佛学，故最得力于禅宗，而以华严宗为归宿焉。其为学也，即心是佛，无得无证，以故不歆净土，不畏地狱。②

文中所言即心即佛，即是指从净心之所证得上而言佛教究竟境界之理想。康有为自己亦多次用到，如《万木草堂口说》中比较儒佛云：

孔子既立人伦，故时时以“戒慎”四字为学，非若佛氏之出家，可以直指本心，能时时本来无一物也。③

此处以儒家时时戒慎与佛教顿悟之时时无物相比较，实际所比较仍旧是儒家之在世与佛教之出世。姑不论此比较之误解，单

① 康有为：《长安讲演录》之《第九次讲演》，《康有为全集》第十一集，第294页。

② 梁启超：《南海康先生传》，《康有为全集》第十二集，第429页。

③ 康有为：《万木草堂口说》，《康有为全集》第二集，第169页。

就其中言佛教尤其是禅宗以直指本心为理想而言，可谓一语中的。

此为早年之说，逮至晚年如《长安讲演录》中第九次讲演论中论及禅宗时云：

> 六祖慧能传之，直指本心，即心即佛，简易直捷，最易动人。①

虽康有为后文对禅宗直指本心之说有所非议，但此处仍旧说其法为简捷动人之法，虽未必是究竟理想，当亦是理想之所包含。其论孟子时亦说：

> 孟子用六祖之法，直指本心，即心即佛也。②
>
> 孟子言扩充，大指要直指本心。③

又如《万木草堂讲义》中论陆九渊时亦说：

> 陆象山直指本心。④

此说直指本心，其心即为本来清净之真心佛性，从禅宗的角度来看，当在开悟之后才可真见真心，才可依止此真心勤行六度。但如果从儒教的角度来说，有明而诚，明明德，皆是识得仁心本体，而中庸更是依止仁心本体而作用于万事万物的原则。所以从这个角度来说，在儒佛汇通的时候，儒家学者经常将依止心和证得心合二为一，也将最初所发之心与依止心合二为一，这在

---

① 康有为：《长安讲演录》之《第九次讲演》，《康有为全集》第十一集，第294页。

② 康有为：《万木草堂口说》，《康有为全集》第二集，第182页。

③ 同上，第184页。

④ 康有为：《万木草堂讲义》，《康有为全集》第二集，第279页。

部分佛教学者看来是绝大的误解，但在儒家看来这才是真正有生命力的佛教。如从《起信论》中说本觉、始觉、究竟觉之分而言，那么儒教学者则认为这三者在体性上皆为同一，《起信论》亦与之同见。那么由儒家学者的角度来看，最初所法之菩提心即可以是依止之心，也可以是最终所当证悟之心，且依止此心而行，即是证悟，而无需最终再证悟此心。这在佛教看来未免有始终不分之嫌疑，但儒家学者却常常由此而直接论述仁心本体之推度扩充，如陆九渊之谓“先立其大者”，所谓立其大者即类似直指本心，亦可说类似初发菩提心。但初发菩提心和真发菩提心以及最终证得佛心这三者之间相差甚大，如果只是以相似相近而以为即是一者，未免视佛教过于粗略。康有为有时即将其悲愿发心视为证得真心。如光绪四年静坐只能够自以为圣人，光绪十年写作《止观自证》、解悟万物相对之理，光绪二十年大发悲愿入世救苦的宏愿志向等等其实都可以说仅仅是义理上的解悟和初发菩提心，但是康有为认为这就是彻悟了，在 1917 年与沈曾植的书信中他还说如果这还不是体道彻悟，那他就不知道到底什么是体道彻悟了。这也是儒佛二教深层的差异及争论所在，晚些年欧阳竟无、吕澄与熊十力之间的争论即是此问题的激化。此处是说康有为从所得的角度来说心性理想的第二种类型，即是以发心为所得之心性理想。因为发心之内容在论述心性本体、康有为自谓证悟处已经大量引述论证过，故而此处不再引述说明。

康有为佛教诗歌中还涉及另一种从所得角度描绘心性理想的方式，即是运用“如如”这个佛教术语。“如如”，《楞伽经》中所言五法之一，五法为：名、相、分别、正智、如如。其中所谓如如即是正智所证悟得的真如佛境，此境心境一如，湛然寂灭。所以如如既有心性理想之究竟义，也有心性寂灭不为外境所动之义。康有为于此两义皆有用到，前者如《赠菽园以焚余〈楞伽经〉》一首中云：

> 此为震旦证心书，我住南洋挟与居。
> 大海波涛渺无住，闻狮子吼证如如。①

此诗专论《楞伽经》，首句中言明该经为证心书，此用达磨传《楞伽经》之典故，末句云"闻狮子吼"，即是闻该经所说佛法之义，对应而言，证如如即首句之证心，即言欲证如如不动、心境一如之究竟净心。而就如如不动义而用者如：

《正月廿五日迁居恒春园，二月廿六日离去，凡居一月。楼亭花木，未免有情，得四绝句，写付菽园主人》中云：

> 幽欣亭上罥丝横，击剑飞拳更论兵。
> 惊破如如心忽动，风吹高树落椰声。②

《偕犬养毅木堂、阮鉴光紫阳游汤河原不动泷，木堂请题诗》中云：

> 飞瀑轰雷响振林，风涛挎石激潮音。
> 天惊地裂皆摇动，证取如如不动心。③

此两首皆是用对比手法来突出如如不动之寂灭义，如前一首中椰子落下的声音惊破了如如不动之心，这是实写，实际时用来

① 康有为：《赠菽园以焚余〈楞伽经〉》，《康有为全集》第十二集，第214页。
② 康有为：《正月廿五日迁居恒春园，二月廿六日离去，凡居一月。楼亭花木，未免有情，得四绝句，写付菽园主人》，《康有为全集》第十二集，第202页。
③ 康有为：《偕犬养毅木堂、阮鉴光紫阳游汤河原不动泷，木堂请题诗》，《康有为全集》第十二集，第374页。

譬喻第二句之论兵事，言用兵则非如如不动之隐居精修；后一首中以河水之激荡状况对比如如不动心，言偏于此天摇地动之中证取如如不动心，以此譬喻康有为常言之偏要入地狱救众生生天人。

（四）从双谴的角度论说心性理想

就断灭和所得两个方面而论说心性理想皆是偏向一方，而不够圆融贯通。就义理解悟上而言，康有为还是圆融贯通的，其并不偏向常断任何一方，这表现于其大量从双谴的角度论说心性理想的论述。从双谴的角度论说心性理想，康有为从三个方面论及：一从世出世汇通上说明；二从平等义上说明；三从不住涅槃上说明。

1. 从世出世汇通上说明有无双谴之心性理想

《康子内外篇》中说儒佛二教为相互补充，儒教偏重于天，而佛教偏重于人；儒教侧重发心之始，佛教偏重修行之终极；儒教偏重随顺的方法，而佛教偏重逆人情的方法；儒家重积累，佛教重顿悟；儒家显得自然亲切，佛教显得广大深远。所以从佛教为破烦恼的意义上而言，舍儒教则无所谓佛教；从万事万物皆有生灭的意义上而言，宇宙世界万事万物皆不能离佛教。故而说二教是始终相乘、有无相生，东西上下，迭相为经。康有为这里从比较二教的角度，认为二教可汇通，皆可取，而不偏向任何一方，也不讥嫌任何一方，其所论述的本质仍旧是在世出世、有无之间的关系，即不偏向世出世任何一方，不偏向有无任何一方，两方皆有可取之处，可将之联合汇通。

此义也可从佛教义理本身来论述，《康子内外篇》中另一处说：

> 故曰：佛与易近。其所异者，佛说无生，故欢喜而游戏；易入人伦，故恐惧以寡过。①

此说虽分辨儒佛之义，但说佛教虽重视涅槃无生，但仍于十方世界欢喜游戏，所谓游戏即以化身示现而普度众生，其与儒家入人伦之旨本质相同。如儒家有恐惧寡过，佛教亦有千百戒律威仪；如说佛教欢喜游戏，则儒家亦有颜渊之乐。

世出世之汇通仍可从境由心现来说明，如《万木草堂口说》中说：

> 佛者言语道断心行路绝，久之顿觉光明。山河及大地，全现法王身，此是魂之灵处。《列子·仲尼篇》"体合于心"数语，与之相印。②

此说从断灭的角度而言，佛教之究竟境界固然是言语道断心行路绝，但这不并妨碍山河大地之幻有，而且正是在断灭之心后现光明，现山河大地，此即是魂之灵处，即言真空妙有，真心现幻有之义。

2. 从平等义上说明有无双遣之心性理想

康有为一再转述的其于光绪十年通过显微镜观察微观事物而证悟的义理，就其本质而言即是佛教所言之平等义。譬如康有为所言之大小久速之齐同，即是大小久速之平等一如，由此康有为广加推度。但如果说万事万物皆齐同平等，有无皆无差别，则根本无法形成一个实践，起码也是一个在世的行为，《万木草堂口说》中康有为说：

---

① 康有为：《康子内外篇》，《康有为全集》第一集，第100页。
② 康有为：《万木草堂口说》，《康有为全集》第二集，第207页。

孔子之义在立差等，全从差等出。佛法平等，即无义也。[①]

佛法平等，无义也，不可行。[②]

此处所说平等即上文所言之齐同，如齐同则无法决断而实践一个有为之法，也就是无法在一个界限中做出决断并实践，康有为称之为无义，此处之义，即是界限。这是说佛法平等，则无限，无界限；无界限则难发生实践行为，因为当时康有为认为任何一个行为都是自营，所不同的区别是所自营的对象大小不同而已，而如果是无限的对象，则无法形成自营之行为。《南海师承记》中说平等言：

佛教所谓割肉食鹰，杀身食虎，仁之极，所谓平等者，此也。[③]

这样的平等是说人与鹰虎之食为平等，而能行此平等义者自非一般凡夫所能能，也只能是佛菩萨方可行。所以康有为认为平等之行就一般中人而言是不可行。

又从义的角度来说明，自营之界限即是康有为所说之义，而仁即是推度扩充，超越界限。《康子内外篇》中论仁义说：及同类者，仁也；有所断限者，义也。可知无义即无断限，无限之义，为不可行。那么如何行？行仍是从平等中出，正是因为无限平等义，故而从任何一处开始仍旧是不碍其究竟平等。故康有为言：

既知无来去，则专以现在为总持。既知无无，则专以生

① 康有为：《万木草堂口说》，《康有为全集》第二集，第187页。
② 同上，第206页。
③ 康有为：《南海师承记》，《康有为全集》第二集，第227页。

> 有为存存，既知气精神无生死，则专以示现为解脱。既知无精粗、无净秽，则专以悟觉为受用。既以畔援歆羡皆尽绝，则专以仁慈为施用。①

观此段中五组排比，皆是以既如何则如何而展开论述，即是以平等无生为依止，为放心处，而于中抉择方便教化、救度众生之法门而已。康有为总结而言："以诸天不能尽也，无小无大，就其所生之地、所遇之人、所亲之众而悲哀拯救之，日号于众，望众从之，以是为道术，以是为行已。"由此可知，正由平等义而可生发方便法门。实际也正是中观家所说之正是从空中生因缘有之义。

3. 从不住涅槃上说明有无双遣之心性理想

康有为1912年2月《与梁启超书》中言自己深山无事，日读佛典，所择如此。然后出九组赠言遗梁启超：

> 不舍道法，而现凡夫事。
>
> 不断烦恼，而入涅槃。
>
> 不舍八邪，入八解脱，以邪相入正法。（小字自注云：旁行而不流也）
>
> 非有烦恼，非离烦恼。
>
> 不断淫怒痴，亦不与俱，不灭痴爱。
>
> 起于解脱，不解不缚。
>
> 此凡夫，非离凡夫；非圣人，非不圣人。
>
> 虽成就一切法而离诸法相。
>
> 非净非秽，不在方不离方，不施不悭，不戒不犯，不忍

① 康有为：《我史》，《康有为全集》第五集，第64页。

> 不恚，不进不怠，不定不乱，不智不愚，不诚不欺。具呈三明，与无明等。①

此九组赠言，诚如康有为论《楞伽经》之语云：极目皆不生不灭、不垢不净之“不”字，尤为佛法之至，此诚真发佛也。此处为康有为集中且明确以双遣的方式表明佛教之究竟理想，如果总结其中所明之义，即是无住涅槃之义。从实践上言，即是菩萨大行，不断烦恼而上求菩提，下化众生之入世救苦的宏大愿行。

康有为于1910年1月27日《与梁启超书》中坦言：

> 吾最爱圆觉一段，所谓一切障碍即究竟觉无明，真如无异境界，诸戒定及怒痴俱是梵行，一切烦恼毕竟解脱。故大鉴食肉边菜，为真不染不舍。少偶逸饮，诗曰“纵是园华也似僧”，还视己身及视众生，作九观法，纵极繁丽，常有劫想，成住坏空，不脱于心。然又以涅槃寂灭断见为病，无所慕羡畔缘，空有面壁自尽耳。然何为乎？故以随顺觉性为无上妙法，有家有国，皆顺人道之宜。②

此一段坦诚之言，可以看作康有为佛教思想之简练概括。其说一切烦恼毕竟解脱，即是说有为法无为法统一之义，也即是生佛无别之义。从实践说，毕竟解脱并非完全脱离烦恼之外而有，乃是在一切烦恼中断灭烦恼，真正证悟烦恼解脱皆是空皆是因缘而起，才方是真正毕竟解脱，所以康有为说涅槃寂灭仍是断见之病。由此康有为认为随顺人性人情之方便法门为无上妙法，其中

① 康有为：《与梁启超书》，《康有为全集》第九集，第283页。
② 同上，第118页。

有家有国是从儒家思想之中家国而言，从这个意义上而言，随顺中国传统思想之儒家而发挥佛学。1910年8月5日《与梁启超》书中康有为又一次引用《圆觉经》障碍即觉句并结合儒家之理学家心学家的言论加以互释汇通。所引《圆觉经》中句子为：

> 一切障碍即究竟觉，智慧愚痴皆成般若，无明真如皆是涅槃，一切境不求了知，于不了知不辨真实。①

此中义上文已阐述，即如经中所言无明真如皆是涅槃，无明即真如，真如即无明，就体上言无明真如体上皆是涅槃，所不同者为用相上事。此说障碍即觉、愚痴智慧皆般若，无明真如皆涅槃，也即是一切平等之义，也即是所得之清净本心，故而康有为也从儒家论仁心本性处来互释汇通。如其引罗近溪言并评论云：

> 罗近溪云：绝无凑泊，即以绝无凑泊为工夫；不到彼岸，即以不到彼岸为止境。亦深得此义。故常惺惺，乃是初禅，同于神秀之勤拂拭耳。②

绝无凑泊即言大小平等一如之境界，而不到彼岸即谓不离烦恼而入涅槃之义。但随后康有为也指出常惺惺之状态只是初禅，如同神秀所说勤拂拭烦恼之义，而如果达到佛境，则如康有为所言"能时时本来无一物"。

故总论康有为论理想有三维度：第一从大同世界说，第二直接从佛教净土思想说，第三从所证心性说。从大同世界说以佛境为究竟，能涵括大同世界；从佛教净土说以西方极乐净土和华严

① 康有为：《与梁启超书》，《康有为全集》第九集，第151页。
② 同上。

净土为主；从所证心性说，含断灭证得及双遣三层心境。故总说康有为救世思想之究竟理想安立即是佛教究竟佛境。

第二节 梁启超论理想

梁启超思想具有整体大全性质，这是近代众多知识分子的思想的一个共性。之所以会有这种倾向，是因为近代以来社会历史环境所导致。因为近代以来的思想主要精神即是救国，而近代社会历史的剧烈变化则导致知识分子所寻求的各种救世思想往往不能奏效，由此知识分子们在寻求救国思想的进程中不断地将救国思想向大全究竟的方向上推进。这一点的详细情况前文已经论述过，此处不再重复，而在此指出梁启超思想具有整体大全的理想性质的同时，同样具有深远究竟的理想性质。故而，若就其思想整体大全的理想性质而言，是以佛教思想之广大全面而为归属；但若就整体大全理想的分支而言，则各个方面各个层次的理想皆有其实用之性质。又因为梁启超之思想资源来源广泛复杂，可谓古今中外皆有涉猎，而且其自己也有对此诸种思想做整理汇通而拟付诸实践之尝试。故而先就其思想之理想层次做一概观。

若从佛教思想之理想来看，梁启超当然以为个体上成就佛果、整体上成就佛国净土、在心识上成就无我法二执境界为究竟广大的理想。而从梁启超本身对佛教义理的理解接受来看，他论述佛教理想又往往从真如本体和无明业力—因果律两个方面来进行：从真如本体而言，舍染求净，得显真如净心，是为究竟理想；又从真如本体之法界等流而言，真如本体广熏众生，成就佛国净土亦为究竟广大之理想；再从无明业力—因果律而言，行善除恶，成就涅槃境界，亦是究竟之理想。此两方面梁启超也从纵横两个方面来论述。

若从梁启超所接受的西学思想资源来看，梁启超所接受理解的西学资源主要为近现代以来的哲学政治学思想，主要为自启蒙主义以来的资产阶级新兴思想。而此诸种思想若从理想上而言，同样具有全体人类学的深远广大之理想性质。其中梁启超以康德思想之广大和颉德思想之深远为代表。而若从具体内容而论，则自由、平等、博爱三者是为其理想之表现。其中自由之理想，梁启超即从佛教之真如本体之理想来附会类比，而平等理想更是与佛教义理中之平等近似可比，至于博爱之理想与佛教之慈悲救世思想更是从康有为以来即反复类比附会之处。可以说自由理想对应于佛教思想理想中的本体部分，而博爱则是对应佛教中体用关系之理想、法界等流等实践理想，故而也可以说即是梁启超之所理解的纵向之理想，平等则对应梁启超横向理解的理想。

最后若从梁启超自己之所汇通理解而言，梁启超从佛教思想之真如本体和业力—因果律之汇合出发，凝聚成其独特之精神主义思想。精神主义思想复分纵横两个方向：其中横向方面即梁启超之整体大全理想的表现，也是大全学、群治学的理想表现；而纵向方面则为梁启超之深远究竟理想的表现，也是其历史学、未来主义精神的理想表现。其中历史学中突出精神之本有，则类真如本体之本有；而未来主义中突出理想之于未来，则类业力轮回之舍染求净之求涅槃之理想。今将上述对比列成表格如下：

<table>
<tr><th></th><th colspan="2">从佛教言理想</th><th colspan="2">从精神主义言理想</th><th>从西学言理想</th></tr>
<tr><td>心识本体上言：</td><td>无法我二执</td><td>真如本体</td><td colspan="2">精神</td><td>自由</td></tr>
<tr><td>个体纵向上言：</td><td>成就佛果</td><td>业力—因果律</td><td>纵向</td><td>历史主义
未来主义</td><td>博爱（此博爱突出从自由到平等的过渡）</td></tr>
<tr><td>全体横向上言：</td><td>成就佛国净土</td><td>法界等流</td><td>横向</td><td>大全、群治（含英雄主义）</td><td>平等（突出主客观平等）</td></tr>
</table>

注：此表为简列理想层次维度，详尽逻辑关系仍须参考上下文之具体解释。

一　从佛教义理言佛教理想

从佛教义理来言理想，舍成佛无他，即便是大乘之无住涅槃，也仍旧是从度尽众生成佛之义而言，所区别者只是个体成佛和全体成佛差别而已，且就菩萨行而言，众生不度尽，誓不成佛也是从全体成佛之义而言。又如从涅槃之义而言佛教之究竟理想，其义仍旧是从无余涅槃之含摄不住涅槃、度尽众生成佛之综合义而言。梁启超对于这一点从没有异议，只不过因为佛教究竟理想甚为广大究竟，而难以切入目前，故而较少论述，即便稍稍论及，梁启超也以此种理想过于高妙远大而回避。

早在1896年梁启超《与吴季清书》中梁启超即已经暗为接受成佛即为佛教之究竟理想。其信中言：

> 今试问公生天成佛之说，信其必有乎？抑谓其必无乎？必曰信有哉？[①]

此即从信的角度确定必有成佛为佛教之究竟理想。《国家运命论》中亦言其笃信佛教云：吾实笃信吾佛之教。1902年《论中国学术思想变迁之大势》中《佛学时代》中言禅宗时则云：禅宗以不着语言、不立文字、直指本心、见性成佛为教义。姑不论禅宗法门之独特，而其以成佛为教义则与他宗为一。此等皆是零碎之言，所显示者只为梁启超对佛教之笃信、对义理之大概粗见而已。而梁启超稍详论述佛教之理想者，当以《原始佛教教理纲要》《说无我》两文为要。又《佛教心理学浅测（从学理上解释“五蕴皆空”义）》以及其他论述康德和道家老庄诸文中谈及真如或空无之处亦属重要。今分别论述。

《原始佛教教理纲要》中以原始佛教三法印来论述涅槃之义。首先梁启超从哲学的角度来理解佛教义理，认为佛教并不是假定一种由梵天或上帝所命令的，形而上的原理拿来做推论基本，而是承认宇宙间一切事实，从事实里面用分析综合功夫观察其本来之相，即实相。而三法印即是佛法所观察到的实相之总结。针对其中诸行无常，梁启超说生理心理上活动即是一刻不停的活动，后念甫生，前念已灭，如同电影，除却活动别无生命了，这就是人生之实相。而由此进而论诸法无我，梁启超仍旧从五蕴开始论述，五蕴中他又总结为名色二分，生命不过物质精神两要素在一期间内因缘和合，俗人称之为我。但无论是从物质上，还是从精神上去寻找，都是找不到一个实在的我。物质变迁

① 梁启超：《与吴季清书》，《梁启超全集》，第75页。

非我，从精神而言，识受想等也非我。即便有即蕴之我，离蕴之我，也只是假名而已。一般人所指为人格为自我者，不过是我们错觉所构成，并没有本体，佛教称之为补特伽罗，翻译过来就是假我，不是真我。要之，佛以为这种变坏无常的世间法中，是绝对找不到真我①。所以总结言无我无所，无所即是无我所。从无常无我而言人生之价值则为一切皆苦。因为在无常的人生底下，一切都不得安定，男女两性打得滚热，忽然给你一个生离死别，功名富贵荣耀一时，转眼就成了一堆黄土，所以结果总是一个破灭完事，是为苦恼②。无我状态并不能自我做主，因为一般所谓的意志力其实是意识层面的做主，而意识层面的做主其实仍旧要收到前世业力的影响，故而终究说无法自拔，无法解脱，是为苦恼。但是却不能因此而说佛教就是纯粹厌世主义。佛教不是消极的，不是诅咒人生，不然佛陀何必创立佛教，并且让大多数人来信仰并且传播这一教义呢？佛教别有一个更高的理想，是积极的向上的理想。这个理想的生活是什么？梁启超说就是涅槃，涅槃就是解脱。解脱的梵语是 Moksa，摩诃萨，即是离缚得自在的意思。梁启超说如果用现在的话来解释，就是解放而得自由，详细点说，即脱离囚奴束缚的生活，恢复自由自主的地位。再详细点，这些束缚，并非别人加到我身上的，而是我自己自找的，从而所谓解脱也就是自己解脱解放自己而已，因为束缚并不是外来的，故而解脱的可能性，也就是束缚之可能③。这里梁启超明确地说佛教之解脱涅槃为究竟的理想，而所谓涅槃解脱就是自由，

---

① 梁启超：《佛陀时代及原始佛教教理纲要》，《梁启超全集》，第 3750 页。
② 同上。
③ 同上。

自由这个说法是从西方哲学的角度来做的理解。故而后面梁启超论说解脱的方法的时候，也是从西方哲学的角度，尤其是康德的知情意三个角度来论说解脱的范围。同时梁启超还特别说明，所谓解脱即是制御意志，当并非是制止身心活动。如果全部停止身心活动，那么就成了槁木心如死灰了。所以说真正的制御意志一方面是意志制裁抑制，另一方却是求意志之昂进。故而说是一种积极的磨砺激励。总而言之，佛教之最高理性境界，就是涅槃。至于涅槃境界到底是什么样子，梁启超一方面引用经论说，佛教中说到涅槃常说在现法中自证自知自实现，是绝对清凉无热恼，绝对安定无破坏，绝对平等无差别，绝对自由无系缚①。另一方面他也坦言，他因为没有自证自现，所以也就不好说。但起码他指出佛教之涅槃，所谓安住涅槃，是不必脱离尘俗，也就是说涅槃与世法不相妨碍的。此处梁启超从四个绝对的角度粗略地描绘了涅槃境界：绝对无烦恼、绝对安定、绝对平等、绝对自由。前三者就真如本体与世法的不相应而言，故而说无烦恼、无破坏、无差别，后一者就真如本体之实有本然而言为自由。蒋广学《梁启超评传》为近期专题研究梁启超之总结性著作。其中第十章专论梁之佛教思想，其章标题为“以科学立教，以无我铸造人生的佛学研究”，其下分三小节，第三小节为以科学立教，以无我铸造人生的新佛教哲学②。《说无我》中则于佛果境界之诸相中单独提出无我境界而论，也是就三法印中单独就其中重要之诸法无我而言。如果从舍染之修行而言，我法二执中也是以我执为重要者，因我执不断，法执也难以从根本上断灭。梁启超云：

① 梁启超：《佛陀时代及原始佛教教理纲要》，《梁启超全集》，第 3751 页。
② 蒋广学、何卫东：《梁启超评传》，南京大学出版社，2005 年。

> 所谓“无我”者，非本有我而强指为无也，若尔者，则是为戏论，为妄语，佛所断不肯出。《大智度论·三十六》云：佛说，诸法性常自空，非以“空三昧”令法空。佛之无我说，其所自证境界何若，非吾所敢妄谈，至其所施设以教吾人者，则实脱离纯主观的独断论，专用科学的分析法，说明“我”之决不存在。质言之，则谓吾人所认为我者，不过心理过程上一种幻影，求其实体，了不可得。更质言之，则此“无我”之断案，实建设于极隐实极致密的认识论之上，其义云何？即有名之“五蕴皆空说”而已。①

此处梁启超以为佛果至境于未自证开悟之际实在不可言说，但从其教化而言，则可以从“无我”的角度加以说明，而说无我也不是一种主观的臆测而已，一方面梁启超说无我并不是说本来有一个我，但牵强说为无我，那么这是妄语戏论；另一方面梁启超说，无我说实际是用科学的方法来分析常说之我不存在，是为幻影。这里梁启超实际上是分别就哲学和科学两个角度对无我则了限定说明。如果从哲学上而言，无我论并不是牵强的理论上的戏论而已，而是要实证其为无我然后才可以言说的；而从科学上而言，也就只能就教化而言，是可以通过分析来获得无我之义理的证明的，这里梁启超特别重视分析。在《原始佛教教理纲要》中梁启超还说佛教是“从事实里面用分析综合工夫观察其本来之相”，而在《论无我》中则说“专用科学的分析法，说明我之绝不存在”。此两处细微差别在于一处承认有综合，而另一处不承认有综合，注重分析的方法，而且《论无我》中也的确

① 梁启超：《说无我》，《梁启超全集》，第 3752 页。

只用分析的方法分析五蕴皆空无实体。如果比较综合和分析两方法，实际上与佛教中真常唯心系和中观系之思想有类似之处。从真常唯心系之思想而言，真如本体是为实有可证，故而可从实证的角度来施设教化说明真心本有，此即是综合之法；而从中观思想来言，诸法本性为空即是其理想所在，即便说有真如本体，而其本体也即是空性，也是超越于真幻有无的，故而唯有从分析之法而破灭我法二执进而才可证得空性。而梁启超实际是认为无我空性是可以通过科学分析而获得义理上的确信，而真如实体之说则难以从科学的角度获得确信，充其量也只能是从直觉的非理性的角度获得信仰而非科学的证明。故而其在《佛教心理学浅测(从学理上解释“五蕴皆空”义)》一文开始即说明：

> 倘若有人问佛教经典全藏八千卷，能用一句话包括他吗？我便一点不迟疑答道：无我我所。再省略也可以仅答两个字：无我。因为“我”既无，“我所”，不消说也无了。怎么才能理会得这无我境界呢？我们为措词便利起见，可以说有两条路，一是证，二是学。“证”是纯用直观，摆落言诠，炯然见出无我的圆相，若搀入丝毫理智作用，便不对了。“学”是从学理上说明“我”之所以无，用理智去破除不正当的理智。学佛的最后成就，自然在“证”，所以“有学”这个名词，在佛门中专指未得上乘果的人而言，但佛教并不排斥学，若果排斥学，那么何必说法呢？我们从“证”的方而看，佛教自然是超科学的，若从“学”的方面

看，用科学方法研究佛理，并无过咎。①

此处梁启超首先说明佛教中义理之总括即是无我，也可以说佛教之理想就是无我，无我而我所也无。而从方法上言可以区分学与证二者。证为用直觉直观，不落言诠；而学则是落在言诠之中，是为从科学上义理上去理解，去破除不正当的理智，从义理上说明我之所以无。类似于获取正见，破除邪见的理证解悟。学也可以说是证的前提。而学的方法在梁启超看来就是心理学。故而梁启超之分析即是分析我之所以无，而难以说是证得真我之义，因为证得真我是超心理学的，是直观的证得，而非科学分析所能得到的。

该文第七小节中梁启超就无我说逐一分析破除即蕴我、神我等各个层次的我。

> 最幼稚的思想，以为躯壳中住有个灵魂，如《韦陀》所说："身中神如净珠中缕。"数论所谓神我，正指这种境界。中国方士讲的什么"元神出窍"，基督教讲的什么"圣灵复活"都属此类。其实他们的"身中神"，就佛法看来，不过"法处所摄之无表色"，不过五蕴中之一种事实，认这种色相为我，可笑可怜已极。②

此处是就种种灵魂神我而论其实为无表色，其实质为色相，为五蕴之一，故而也是无实，并非真有我。且此处所批评，涉及基督教、道教、婆罗门教、数论四教，如果对比梁启超论颉德文

① 梁启超：《佛教心理学浅测（从学理上解释"五蕴皆空"义）》，《梁启超全集》，第 3898 页。

② 同上，第 3906 页。

中论说四种不死者而看，其文中同样提及上述四教，并指出了该四教中所谓不死者，如基督教之灵魂、婆罗门即数论等外道之神我，道教之三派论不死者类似佛教之业力羯磨。虽然在彼文中仍旧是以佛说为究竟广大，但是以诸教之言不死者附会佛教之说业力、之说因果律、之说真如本体，则为昭昭明明，不可诋毁。由此比较可见，早中期梁启超的确是从本体实有的角度，从真常唯心的思想角度来接受理解佛教义理并将之扩大而理解其他诸宗教诸思想学说。但到了晚年，梁启超则改变了思想思路，尤其是对佛教思想的认识，渐渐从学与证的区分中，认为从学理上来理解佛教只能就其无我义理而做科学或学理上的分析无我而已，而难以从义理上说明真我之存有，但这还是不妨碍从信仰上信真我之有。而在此进程中，真我与假我之分别则变得尤其重要。

梁启超又进一步对西方哲学中之我进行分析破斥，这一点尤其带有破斥自己早中期学术见识的意味，实为任公学术精神中自识己非的精神。

进一步的，稍微用些内省工夫认心理过程中之“受想行”为我，最高的认“识”为我，所谓“我思故我存”一类见解，内中尤以认“识”为我者最多，如前所引《杂集论》所说：世间有情多于识蕴计执为我，余蕴计执我所。就佛法看来，他们指为观察对象之“第一我”（阿赖耶识）与他们认作能观察的主体之“第二我”（末那识）不过时间上差别之同质的精神作用，一经彻底研究，则知一切自我活动，皆“唯识所变”而已。

笛卡尔之内在之我，梁启超原来是认之为破除奴性之自由之我，类似于康德之自由意志，从而也就类似佛教之真如本体。而如今梁启超则从唯识所变的角度将之破斥，以为其仍旧是遍计所执之假我。就梁启超的分析来看，作为对象的第一我是否是阿赖耶识，能观察之我是否是末那识，似乎仍有讨论的余地。因为梁启超这里的看法是随顺唯识的讲法，以内在之我为末那识执持阿赖耶识见分以为有一内在之我，从而有根本我执。但是就笛卡尔的思想而言，可能仍旧未能达到唯识的细微深刻处，笛卡尔之所谓对象之我，并不是直观出来的，也难以说是第七识执持赖耶见分所有，极有可能是第六识思量自身所依止的末那识而有，因为笛卡尔从我思故我在之中仍旧推导出上帝之存在，故而其能思之我当仍旧是第六识而已。介于此义理牵涉较大，难以一时分辨清楚，留待别处详考。

梁启超总结说人生宇宙相互关联，生灭相续就是五蕴皆空，就是无我。

这里梁启超突破前专说人生，而扩展言全部宇宙皆是五蕴皆空的广大义。又此处梁启超言五蕴皆空即是无我，并不一定准确，因为五蕴皆空的说法是含摄法我二执皆空的意思，而无我即便含摄无我所之内也还不能就说是法执空。但就我执破灭在破灭法我二执中特为首要的原因上言也可以总说无我为破除烦恼之总称（若从唯识言烦恼与杂染两者仍旧是区分的，破我执与破烦恼相应）。所以破除无我为一手段，就其目的而言仍当言证得真我空性，梁启超也说：

> 然则佛教讲无我有什么好处呢？主意不外教人脱离无常苦恼的生活状态。归到清净轻安的生活状态，无常是不安定，不确实的意思，自然常常惹起苦恼。清净是纯粹真理的

代名。佛家以为必须超越无常，才算合理生活，合理便是清净。①

清净轻安是正面说，而脱离无常苦恼是反说。这即是梁启超说佛教修行理想时就其可能的程度而言说的了。从上述三文中的描述来看，晚年梁启超局限于从五蕴皆空的角度来论述无我之义，在解释五蕴皆空的时候有时也广泛地运用小乘或唯识的心识分析学理来进行说明，但总的来说还是偏局在心识上之无我，即没有突破到我法二执皆空的程度，也没有就大乘建立佛果净土的理想上而言。个中原因很多，一方面是梁启超晚年深入佛教比较谨慎，尤其是区分学证二者；另一方面是梁启超在开始深入佛教之际，不久就去世了，时间精力投入并不多；而其早中期随对佛教有所接触，但一直徘徊不前，且碍于种种原因，或学习不得法等，或多人云亦云地以己意进退佛说，故而实际不曾深入。所以梁启超之学佛经历实际是奇特的：其初始是被社会文化环境所影响而接触佛教，所得并不深切，且将偶尔所得的道理匆忙就用于言说之中，而其后随着其学习和接触的程度越来越深入，则让他觉得先前所说多为率意妄言，未及深思详证，故而至其晚年其所言佛教义理前后多变化，而所变不过越来越转述佛说，减少己见亦是越加谨慎而已，故而其对于佛教之究竟理想，随着其学习研究之深入反而言之愈少。

梁启超晚年对佛教义理的理解是偏向于中观思想之空无之说，而早中年对佛教义理之理解却是偏向真常之有。从有向无之

① 梁启超：《佛教心理学浅测（从学理上解释“五蕴皆空”义）》，《梁启超全集》，第3907页。

转变，是以业力因果论为过渡。其出理解业力因果之说，无论是就业力本身，还是就因果律本身都是持实有的思想，故而其能将业力—因果律与精神、真如等混为一体而论说，但到后期可能梁启超也慢慢觉察到此种混淆的误解，而转向从业报—因果之为因缘幻有的性质，从中突出的不再是业力或理想之实有，而是因缘之性空，即是无我之说。此种倾向也是梁启超与康有为佛教思想的差别所在，康有为之佛教思想并不曾有这种前后的巨大变化，而且康有为之佛教思想也极少在中观空性论上呈现，而是从一开始就建立到真常唯心之本有的基础上。对于梁启超这种从有到无的变化，研究近代佛教思想之演变尤当注意给予研究，因为近代以来佛教由信仰渐渐转变为研究，乃至有学无信的状态的发生，委实不是从此种变化中演变而来。

梁启超早中期接受理解佛教义理往往是从西方哲学的理路来接受，由此其解释真如本体之为佛教修行理想之际往往是从真如本体之为意识基础本质的角度来理解，从而并没有特别突出真如本体之为修行的理想而言。故而其论说真如本体往往是本体与理想并论。其理解真如本体首先是从华严性海之说开始的，如在评述谭嗣同思想时，梁启超说“谭嗣同闻华严性海之说，而悟世界无量，现身无量，吾人无我，无去无住，无垢无净，舍救人外，更无他事之理”①。此处梁启超既是从体上言心性本体为华严之性海之事理无碍，也从理想的角度说明了如果从修行上证悟得性海之事理无碍的境界的话，那么则得无住涅槃，从而舍救人外也就无别事了。其后又说如果“闻相宗识浪之说，而证悟众

① 梁启超：《谭嗣同传》，《梁启超全集》，第233页。

生根器无量，说法无量，种种差别，皆与圆性无碍的话，那么自然能汇万法为一，衍一法为万，从而无所挂碍，勇猛任事”[①]。此处所谓相宗识浪之说是指《楞伽经》中识浪之譬喻，而圆性则是从华严圆教而言，是故圆性即是从修行理想上而言。又如《仁学序》中以佛教无我相而类比孔子绝四之说，亦是从无我说上言佛教修行之理想为无我，复依止无我行菩萨行，类同儒家之推度仁爱之心。至梁启超《近世第一大哲康德之学说》中，其所论述仍旧是就真如本体既是心性之本体同时亦是心行道德伦理之理想而言。如其论康德之说知性类比三原理时，即以华严义理附会而论。其一方面说性海圆满之义为康德所谓世界如网之义，另一方面说康德之知性综合功用为大乘佛教之欲自度者必先度人之理。虽然梁启超之用佛理附会康德之知性综合功用，于两者皆有误解。但如从其所转述的佛教义理本身而论，则其以性海圆满之义附会世界之义时却已经透露出性海圆满即是大乘佛教修行之伟大理想，故而其复说自度无有意义、非先度他人，后才能共度自度之义，此皆是以全体众生皆得度而为佛教修行之绝大理想。是故从性海之事理无碍义中突出世界广大之义，则已经点明了从个体向全体过渡的修行含义，如此全体之义即是众生得度之义，从而也就说明了性海事理无碍之中已经包含了佛教修行之理想的性质，而不仅仅是心性本体之义。在该文中梁启超反复强调佛教思想与康德思想差异的地方在于佛说真我必是全体众生共有之一体，而康德所谓之自由意志真我仅仅是众生别有之义。在这样的区别中，梁启超突出的并不仅仅是真如本体的一体性，而是暗含

① 梁启超：《谭嗣同传》，《梁启超全集》，第 233 页。

了如何从众生个体之修行过渡到众生共有之真如一体，这个过渡过程实际即是法界等流的熏习之义，那么如果从修行的次第来说，也就等于说明证得众生共有真如之一体，即是获得佛教修行之究竟理想。

梁启超复加以论述：

> 佛说有所谓真如，真如者即康德所谓真我，有自由性也，有所谓无明，无明者即康德所谓现象之我，为不可避之理所束缚，无自由性者也。佛说以为吾人自无始以来即有真如、无明之两种子含于性海识藏之中而互相熏，凡夫以无明熏真如，故迷智为识，学道者复以真如熏无明，故转识成智。①

此处仍旧是从华严义理加以论述，其中也含摄唯识学说。首先其中真如即被认为是康德所谓真我，自由意志。凡夫为无明熏真如，迷智为识；学道则真如熏无明，从而转识成智，此处成智即是最终证得真如本体。故而梁启超此处是十分明确地说明真如本体是为佛家修行之究竟理想，而此究竟理想也就是康德之真我，即自由意志。但仍须说明的是真正成就正智正如，必不是单独个体之真我成就，而必是众生皆度的真如一体之证得。

此处梁启超是从真如本体的角度来论述佛教理想，但该文下一处案注中梁启超却开启了从业力因果的角度论说理想的方便之门。梁启超论述康德之论道德责任的时候说：

> 康德所说自由界甚精严，其梗概已略具前节，即以自由

① 梁启超：《近世第一大哲康德之学说》，《梁启超全集》，第1061页。

> 之发源全归于良心（即真我）是也。大抵康氏良心说与国家论者之主权说绝相类。主权者绝对者也，无上者也，命令的而非受命的者也。凡人民之自由，皆以是为原泉，人民皆自由于国家主权所赋予之自由范围内，而不可不服从主权。良心亦然。为绝对的，为无上的，为命令的。吾人自由之权理所以能成立者，恃良心故，恃真我故，故不得不服从良心，服从真我。……若小人无忌惮之自由，良心为人欲所制，真我为躯壳之我所制，则是天囚也。[①]

下文又从王阳明之说良知的角度再行类比：

> 是亦以良知为命令的，以服从良知为道德的责任也。阳明之良知即康德之真我，其学说之基础全同。[②]

梁启超此处指类比论证特令人目眩，粗略看来似与前论一贯无差，但细细考察其中差别甚大，又此差别则于其从业力—因果律的角度转论精神主义的理路有绝大的密切关系。此处有两点可讨论者：第一是良知、良心、真我、真如四者的关系问题；第二是所谓命令的关系。先说明第一点，梁启超前面是论证了康德之真我即佛教之真如本体，只有一点差别：即康德所谓真我有个体别有之嫌疑，但这一点并没有明确确定，而且从康德的意思来看也未必就是个体的。而此处梁启超更进一步地辗转类比，先是真我类良心，后良心类良知，如此真如真我良心良知就四者成一者，同体异名而已。于此反思王阳明之说良知，姑不论阳明之学与佛学之差异，而但论其良知。其四句中云：无善无恶心之体，

① 梁启超：《近世第一大哲康德之学说》，《梁启超全集》，第 1062 页。
② 同上，第 1062 页。

有善有恶意之动，知善知恶是良知，为善去恶是格物。但就四句偈来看良知起码不是就体上而言，是不可以从真如本体来附会的。而如果说就体用一如上说明，那也就不用从唯识的角度来细细分别了，无明真如从体上言也是一如。又如果从唯识的解释来看四句偈可以说无善无恶之体可对应于真如本体，而良知因其知善知恶之知实际是就第六识而言。就阳明之良知为意识而言，新儒家将阳明之学与康德之说相类比是合理的，因康德之说并无八识之分，西方哲学也多从六识上论，此二者之间的确有更多的类比之处。而将康德学说与佛教思想，尤其是唯识学说或者已经融合唯识古学的天台思想来类比的时候，则有着诸多的困难。如果就梁启超前文之论述而言，真我与真如上有类比之处；那么如果就此处的论述看，真如则难以与良知良心或者此处的真我类比。从有余为依唯识学来看，真如种子藏于阿赖耶识中是为别存，并不参与识变。而从天台学来看，真如无明可互熏，也没有突出真如的命令性质，更加没有突出真如的识性，即言其知善知恶之功能。第二再从命令的关系来说，真如本体是就成佛之可能性而言，并未就其必然性而言，故而命令之说亦有难处。康德所谓命令性是从自由意志之普遍立法而言，而此普遍立法如果一定要和佛教义理对应那也只能说是众生普遍皆有佛性皆有真如本性而已；又其立法中自由之义还有不为他者所迫使的含义，那么如果从佛教义理来勉强对应，即应当是真如本体之如实本空，而与有为染法不相应之义。但此不相应之义却绝无命令之义，反而在一心二门之中真如还可以从生灭门中说本觉之义。又康德之说绝对命令之中是绝不会允许有丝毫变通的，但是佛教中大权示现、方便教化之义却遍布世间，可以说舍方便示现几乎无法得见真如本体。从此诸义分辨可知所谓真我之命令义实在与佛教中真如本体与生灭有为法之间关系难以沟通。

梁启超在此强行的类比中实际已经发生了概念之转换平移，只要从其用良知来类比真我之义即可明知，是以用代体的方法，此正中梁启超批评希腊以来诸学者于时空观念上“迷用为体”的窠臼，此时他自己也正是迷用为体。在此首先说明梁启超能够发生此种误解首先固然与其个人对于康德和佛教两家学说都没有详尽了解和思维有莫大的关联，除此之外也与康德之学说与佛教思想本就难以汇通有关。因为康德之道德学说是动机论，只要动机为善，行为效果则不论，故而自由意志本体即是本体，绝无丝毫通融；而佛教却更加圆融，从真如本体上言固然是动机论；但从修行次第理想上论，却又是目的论；又从方便教化上言，又是手段论。故而从佛教来看，即便没有达到目的，手段之积累仍旧是有效的。但在康德那里就不行了。梁启超理解说：

> 凡行一手段以求达一目的者，若所目的不得达，则手段为枉用。若践履道德之责任者，即以践履此责任为目的，既践履则目的已全达矣。故此后至有效无效，于本体之分量价值毫无增减；其理甚明。①

康德所谓目的在道德论上即是动机本身，其目的和动机是为一体。但是这一点如果从佛教来看，问题就极大：首先就目的之暂不达，是否手段就无用，肯定不是这样，因为如果这样，那么此生之修行到下世全无用，此生之作恶到来生皆可勾销，则佛教修行之义全无；又如果就践履道德之动机为目的，既践履了是不

① 梁启超：《近世第一大哲康德之学说》，《梁启超全集》，第1062页。

是目的就全达到了呢？也绝对不是，如果从发心而言，真能发菩提心者，却不可以说全部破除烦恼，证得真如，成就佛果；即便是能见道开悟者，复能够依止正智，仍旧不可以说成就佛果，其仍旧需要历三大劫广修六度，积集功德才可以最终成佛。最后行为之有效无效是否就与本体之分量价值毫无增减呢？就真如本体言固然是无有增减，真如本体本就不增不减；但是从真如熏无明的角度来说，行为之有效无效却事关真如种子显现的程度，则其价值上岂无增减？如无增减，则见道之后即无修行了，但从佛教义理而言，见道恰恰是真正修行的开始。

其次再说梁启超如此误解转换概念之后，则获得另一种解释的方便。即可以从业力的角度来说明精神主义的建立。因为业力—因果律与此处的命令性质更加类似，而业力中有为善法的力量也与良知、良心、真我比较接近。而这样的解说困难的地方就是业力之中本含有无明以及众多有为恶法。如果直接将业力—因果类比于良知、良心或真我，那么善恶二法就有混淆不辩的危险。所以唯一的办法即是将业力精神化，业力不再主要用来说明有为染法之变现，而被用来说明有为善法的生成变现。梁启超的这种操作方法其实和康有为的方法有异曲同工之妙，康有为的做法是从性之包含善恶两端来进行，性中本就有善恶两端，但性之生发行为却是为推度扩充，只要把握住扩充仁心就可将业力之可能有效地转变成仁爱的推度，这样善恶就不是绝对差别的，而是相对而言，善不过是推度得更加广泛而已，所谓恶不过是推度仁爱的等差之别而已。梁启超的精神主义同样要在纵横两个方向获得推广扩充，故而业力之成为精神实际是由业力中有为善法本为真如本体之功用所转化而来。而从佛教来看，有为善法是一种手段，最终还是要破除其中的我法二执，但从真如熏无明的义理来看，有为善法中也包含了真如的可能性即熏习，故而也就给予业力精神化以可能。

到《余之生死观》，梁启超则从另一个角度来论述。《余之生死观》中最重要的概念区分其实么匿和拓都。如果从真如之为精神的角度来说明的话，那么么匿其实就是真如法界之一体熏习在个体中的种子，也就是法界等流在众生个体阿赖耶识中的真如种子；而拓都即是真如本体之一体本身。但是梁启超在论说后者的时候却多从个体影响全体的角度来进行，这带有英雄主义的痕迹，但只要推究英雄豪杰之影响社会的根本，并不是其本人的影响，而是精神因英雄之死而得以广泛传播影响才得以成就，从这个意义上说仍旧是精神本身的影响，其实也就是法界等流的含义。这两者如从佛教而言，即是众生个体修学和佛菩萨教化之义，也就是教学两者，么匿侧重是学，而拓都侧重的教化。只不过梁启超在论述的时候将众生个体的修学过程中真如本觉之功用转换成业力—因果之精神，而在论述豪杰教主教化之时又将法界等流之义置换成教主豪杰等个体精神的扩散影响而已。由此精神之影响就获得了纵横两个方向的进行次第。无论是教还是学，精神主义所暗含的真如本觉之义皆是修学教化之理想则是毋庸置疑的。

1923 年《东南大学课毕告别辞》中梁启超则就人生和宇宙两个角度论述真如本体演变成精神后在纵横两个角度的理想。该文中梁启超说儒佛二家有两大共同点：宇宙是不圆满的和人不能单独存在。这两点可以说即是宇宙人生皆不圆满，说其不圆满既是就其现状而言，也是就诸行无常诸法无我之义而言。如说宇宙不圆满则说天天流动不息，常为缺陷，故为未济。而就此不圆满上认识到宇宙世界本性上即是无常空无，由此而生出一种向上的精神，“虽有时下，但以全部看仍是向上走”，“人要能如此看，方知人生不能不活动；而有活动，却不必往结果处想；最要不可有奢望”。此处论述虽然局限于宇宙无常之中，但从其“向上”“活动”二处即可以看出仍旧有理想之昭示。论人不能单独存在时说：说世界上那一部分是我，很不对。所以孔子之“毋我”，佛家亦主张“无我”。世界上本无我之存在。能体会此意，则自己做事，成败得失，根本没有。将为我的私心扫除，即将许多无谓的计较扫除。如此可以做到“仁者无忧”的境界，即便有忧也是为人类——如父母、妻子、朋友、国家、世界——而痛苦，免除私忧，即所以免烦恼①。此处梁启超虽立于无我之空性上说，但最终还是落实在为他人、国家、世界之利他上，若从佛教而言，则仍旧是以度尽众生成就佛国净土为理想。而此人生和宇宙两个方面实际即是纵向和横向的精神影响两个方面，因为人生是从个体的前后相续的角度而言，而宇宙世界则是从个体和全体的横向影响上而言。1920 年《老孔墨以后学派概观》中论庄子一节，梁启超曾就无我和真我二义做一调和之说。此文中首先说明真我为佛教之最高理想，且此论亦承袭其论精神灵魂为真我的理论。

> 人生之苦痛，皆从生活状态之矛盾而来。肉感与灵感交战，陷于人格分裂，苦莫甚焉。②

① 梁启超：《东南大学课毕告别辞》，《梁启超全集》，第 4161 页。
② 梁启超：《老孔墨以后学派概观》，《梁启超全集》，第 3310 页。

此说即从物质与精神二分结构而切入论述，仍旧带有极强的西学色彩。但随后梁启超说：

> 无奈人类有其固有之灵性，此一点灵性，对于吾侪之肉的生活，常取批评的态度，皆由此而起。而吾侪因此乃生一种向上的推求，知现实境界之外，确别有“真我”存在；而此真我即为吾侪最后安慰之所。于是有谓此真我完全与现实境界为二物，必脱离现境，始能与之相应者，则印度多数外道及小乘佛教所说是也。有谓此真我与现境非一非异，吾侪可以不舍离现境而与此真我契合者，则大乘佛教所说是也。①

此处梁启超明确真我即为最究竟之理想，而论说真我和现境不一不异者即是大乘佛教。这是从真如本体确有的角度而言佛教理想。但其后论说庄子言至人无己时，则说：

> 无己即孔佛所言无我也，此一语可谓庄子全书关键。夫“我”若本有，则虽欲无之亦安可得？既云无我，则证知此无我者为谁？此讨论我相有无者当前立起之问题也。②

后引笛卡尔之说再次说明无我之义难成立。以此处所言之无我与上文之说确有真我之存在，则有此困惑和矛盾。义理成立上也固有困难之处。其后梁启超从论述《齐物论》中一段文字而做结论言：

> 因此悟知常识之所谓我相，绝非真我，非真我故等于无

① 梁启超：《老孔墨以后学派概观》，《梁启超全集》，第3310页。
② 同上，第3311页。

> 我；其必别有真君（真我）存焉。[①]
>
> 此真我者，离言说相，离名字相，本不应以言语形容之，特既借一义为众生说法，则不得无言耳。"天地与我并生"，则无时际差别；"万物与我为一"，则无时际差别，此二语即"真我"实相。若欲灼见，当由自证；若灼见真性，则并天地万物等名，亦不容立。[②]

后文又复言：

> 吾释此文，引印度教义及近世科学为证，虽自信非附会，（小字自注云：因事理本自无碍，故以俗谛释真谛，不为附会）然庄子所教人体验"真我"之实相，实不在此。盖真我之为物，唯用直觉亲证，乃可得见。一用理智的剖析、言说的诠议，即已落对待而非其本相。[③]

前一段中以真我离语言名言而别有，故而真我确为别有实有，说其无我有两层意思：一是就常识之所说我为假我，非是真我，故说无我；二是就真我离语言名相而别有，故从言语名相上说其无我。后一段中自注说，因事理本无碍，故而如从言语中说真我之离名言相，说真我之别有实有，一方面仅仅是名言而已，非事实相亲证；另一方面也时事理无碍，也不可以是附会妄言。现在说真我是从信上而言，是从义理上诠议而已，为诱引人信，期亲证实见而已。此处实是将真我之有与无我之说融会贯通之处。也是就佛教理想之说无我之中观空无论，说真如真我之真常

① 梁启超：《老孔墨以后学派概观》，《梁启超全集》，第3311页。
② 同上，第3311—3312页。
③ 同上，第3312页。

唯心论两者的汇通，无论何说皆是从言语名相说论说佛教之理想而已，皆有劝人信解亲证无假我有真我之义。说与不说，言与不言，为教化众生起见于无言中强为言耳。

二 从西学角度言佛教理想

梁启超接受西方思想诸如哲学、政治学等，皆是从精神主义上加以接受理解。而如果从体、用、行三方面的角度来说的话，则是西学中常言之自由、平等、博爱三者，其中自由是就体上言，平等是就用上言，博爱是就行上言。如just从西学之横向范围上言，梁启超则主知、情、意三者以范围思想之全体，其中意是就体上言，也是就行上言；而知和情两者则是就用上言。将自由、平等、博爱三者对应于佛教义理而言，自由即言真如本体，此一点上文论述康德思想与佛教思想时已经详明；平等之义如果对应于佛教义理既可以说性海之事理无碍义，也可以具体说明众生平等义，凡圣平等义，又因梁启超在论说平等之义是往往就精神、物质二者平等义而对应于佛教之说名色二者平等义，实际仍是说大乘佛教之论真如不离世间有为而有之义；最后，就博爱之义而言，即是言说诸教之慈悲救度之义。此三者皆是就佛教理想的体用行三方面而言，是一理想的三个方面。

（一）论自由理想

梁启超理解接受自由从独立自主开始。早如 1899 年《国民十大元气论》之《独立论》即从独立之义开始切入。梁启超论述独立之义是从国民习性和国家习性的角度论述，其原本是欲用独立之义来破除奴性习性。而破除奴性之说后来即被用于说明自由之义。该文篇首即言：

> 独立者何？不借他力之扶助，而屹然自立于世界者也。人而不能独立，时曰奴隶。于民法上不认为公民，国而不能独立，时曰附庸。①

由此段即可知其所论之独立即主要侧重在中国之独立，是从爱国主义角度而开始论独立之义。后文又复叹息“中国奴隶根性之人何其多也”。故言独立性者，孕育世界之原料也，而反过来无独立性者，毁灭世界之毒药也。从中亦可见其论独立性之为变法之理想，但该文简短，并未就独立之义更多阐释。

而同年《自由书》中则对独立自由之相关概念做了较广泛的发散性的思考，虽然没有形成确定性的结论，但就其思考而言，仍有着不可忽略的价值。

如《自助论》中转述中村正直之《自助论》，认为该书能振起国民之志气，使日本青年人人有自立自重之志气。说救国之目的自然是欲使国家能有自主独立之权，不为他国之入侵操纵主权。而国家之有主权，须国民全体有自主之权，国民全体之有主权，又须人民自有主权。此说以等级类比说个体之有自主权，则国家有自主权，想当然之理甚为明显。但此思想由论救国而必先塑造国民之精神而论，实奠基后来新民说的精神理路。

《放弃自由之罪》以为苟无放弃自由者，则必无侵入自由者，其罪之大原，自放弃者发之。然论述到有强弱对比的时候，则主进化论之物竞天择的原理而以为强者入侵弱者为无罪之公理。此说于激发国民追求自由之心则有，而其为强者入侵讳言有

---

① 梁启超：《国民十大元气论》，《梁启超全集》，第 268 页。

理无罪，实牵强之言。康有为晚年也曾就此论说西方学说多主竞争而无尊让之义，以致衍成世界大战之大悲剧大罪恶。

《自信力》言苟能有自信力，天下事何有焉，虽千万人吾往矣。《论强权》第二节“论强权与自由权之关系”再次重复了如果认可自由竞争的原理，那么面临强弱不等的关系的时候当如何处理，是坚持进化论的物竞天择的原则，还是从中回归到尊让的观念？这一点当是梁启超当时思考中最大的问题，因为这一问题几乎弥散在一系列的作品及其思想的核心之中，而梁启超的思索也是前前后后重复了很多次，观念甚至有前后矛盾的情况。在这一篇笔记中梁启超的主要观念是为说明强权力其实就是求自由权的力量，论述从两个方面进行：统治者、贵族等强者对弱者行施之权力即自由权；而从弱者的角度来看，弱者申其自由权以拒压制之强权，以为强弱迭代，也是自由权的一种形式。无论是强者压制弱者，还是弱者拒抗强者，都是自由权，都是强权力，故而说两强相遇，两权并行，故两权平等，自由权与强权同一物。梁启超论述这样的辩证关系主要是为了说明欲求自由权，当先自求强者而已。唯有先自强，然后才能自由。但是这个基于经验上事实及其原理，在论证中却呈现得极其繁复和勉强。因为在强者压制统治弱者的行为中很难看到自由的痕迹，而梁启超却说康德论述过此义，但康德的论述是从自由意志的普遍立法而言，故而康德所谓统治者对被统治者的统治中，被统治者实际是首先包含了统治者自身的，而不是说统治者可以有例外，可以置之事外。而弱者对强者的抗拒是否是自由，却具有双重含义：一方面如果就弱者抗拒强者的压制类比于人抗拒物欲等之压制诱惑而言，抗拒具有自由的意味；另一方面如果就弱者抗拒强者类比于人为自身之欲而抵抗强者之欲而言，抗拒仍屈服于欲望之驱使，从而无论来自自他，都并非是自由。强者强权力之为自由确是出于康德之论述，但使之广泛流传者却是尼采，也因此尼采反过来论述道德之起源是非强权的“理性”，类似于工具理性，从而使得真正的代表自由的强权力消失而转换成普遍的弱者的道德力量，道德力量是从普遍整体的压制力上而言对强权力的克制。尼采的论证显得炫目迷人，但其中逻辑也有牵强之处。故而总说梁启超此时既接受到来自西学论述进化、自由、竞争等的思想，而其中对力量的崇拜是无疑的，同时梁启超对这样的思想的接受也存在着极大的困难，需要从各个方面加以说明理解和阐释，才能够消化。他所能够接受的义理仅仅是自由就是自主，而自主权利之所以获得保持必须要保证自身强大而不可侵犯。在自身强大的论述中如果坚持在物质肉身的强大之上，那么论述就会停留在经验论通俗论证之上。佛教是从另一个角度来进行论证自由的：为了获得自由，是否需要获得自身的强大呢？佛教的回答是：的确要。而强大到什么程度呢？就是可以放弃肉体的需要，强大到了诸法无我，因缘性空的程度，因为到了这个程度既无我法二执，根本就没有什么可以伤害自身的，故而从无我的角度让我空无，从而间接地达到让自由之必须有自强之条件变成了自由是无条件的，这样自由就变成了第一位的了。当然这个转变梁启超需要更久之后才能够获得。此时对于梁启超而言，自由不光是有条件的，而且是有代价的。这也是因为梁启超认为自由力必先属于一个主体，而自由即是由自，即由此主体之自己意志，而主体之意志自身必有其界限之自我，这中间实际即是身见我见，因为我执之基础外在于身见，内在于根本我执。

其后梁启超对自由的理解在两个方向上开展，一个方向是沿着自利、自强、独立自主的方向进行，主要是论述主体力量，慢慢向西方功利主义政治学方向靠拢；另一个方向则沿着自由之克制外欲、唯理、意志自由的方向进行，慢慢向西方哲学中自由意志、精神主义的方向靠拢。

梁启超首先接触的是加藤弘之的学说，加藤的学说辗转自英国功利主义政治学的学说，以自利利己心为人类行为的根本动机，以此演义人类理性之利他实为利己，此学说就中国传统学问而言，类似荀子之说；就西方而言，当是模仿尼采而出，但其根源是英国功利主义，而就哲学上言则是英国经验主义哲学思想。梁启超在初接触到此种学说即表现出接受的不适应，以为加藤此说是为抹杀人类爱人之心，唯恐人类不知自私自利而已，且认为不宜行于当日之中国。利己与爱人之间的矛盾实际即是自由本身内在的矛盾。

梁启超后来研究霍布斯、斯片挪莎、卢梭即是从自由之含义而切入。其述霍布斯之哲学为英国实质主义、功利主义之先导，以凡物无所谓灵魂，所谓自由，不外形体之自由，即我实行我之所愿欲而已。霍布斯以此主义为根本论述道德。梁启超以此说霍布斯之学，颇与荀子相类。其所言哲学，即荀子性恶之旨也。其所言政术，即荀子尊君之义也。当然也与墨子有相似之处。此处梁启超欲理解西学，尤其此令其接受理解有不适难受之学说，必当于传统文化中找到相类者，然后从传统文化结构框架来加以接受理解。梁启超此时是从先秦诸子学说之广泛上寻找类似并加以接受的。斯片挪莎（即今译斯宾诺莎）继承霍布斯学说，不同的地方是斯片挪莎有保护自由之一事。

但卢梭的思想则与上两者有绝大的差异，卢梭是梁启超所接触到的沿着自由意志方向进行的第一位西学大家。梁启超述其立国之学说基础言：就立国之实际而考之，有两原因焉。一则因不得已而立者也，一则因人之自由而立者也。就前者而言，因人不能孤立而营生，因种种之需求，不得不通功易事，相聚以各得所欲。此说为民约论之基础，如果联系梁启超晚年《东南大学课毕告别辞》中论人生不圆满之义即言人不能单独营生，可见梁启超开始考虑这个问题是在论卢梭学术之际，而最终能够从佛教义理上加以解决汇通，却要到晚年。又因人人皆有自由之意志，故民约之中须各自由之义存。故而民约必人人自由，人人平等。于此梁启超言：

> 保持己之自由权，是人生一大责任也。凡号称为人，则不可不尽此责任。
>
> 自由者凡百权理之本也，凡百责任之原也。
>
> 且自由权又道德之本也，人若无此权，则善恶皆非己出，是人而非人也。①

此处梁启超明确显示出其思想更加偏向于卢梭之说，在此中他突出自由权为诸心识能力中之根本，也是为行为思想之究竟理想。而从此论点又批评霍布斯言：如霍氏等之说，殆反于道德之原矣。

当然梁启超也指出卢梭学说中不足之处，如卢梭后强调主权之说，人民最终却成为国家之附庸。梁启超说：夫卢氏之倡民约也，其初以人人意识之自由为主，及其论民约之条项，仅注重邦

① 梁启超：《卢梭学案》，《梁启超全集》，第505页。

国而不复顾各人，殆非卢氏之真意。

此是从个体而言自由，如果从全体而言自由，梁启超则指出卢梭之公意为公有之自由。其言：卢梭以为民约未立以前，人人皆自由主权，而此主权与自由权合为一体，后民约成，则主权不在一人之手，而在此众人之意，而所谓公意者是也。而卢梭所谓公意，极活泼自由，自发起之，自改正之，自变革之，日征月迈，有进无已，夫乃谓之公意。而公意又必属于一国之国民所有，不可属于他国及国民所有，即为国家之主权。梁启超此处之公意，是从个人之自由而出，显现为国家之主权自由。这一点到晚年梁启超则将之转化为么匿和拓都两者，即业力精神和真如本体两者，这两者的区别也是个体所含有的佛性和众生共有的佛性的差别。

从上述的论述可以看出，梁启超早期接受理解自由学说皆与其晚年佛教思想有照应关系，其初接受自由思想中的矛盾之处，要待晚年以佛教思想而将之汇通。于此中自由之被标为理想，实际即是后来以佛教真如本体为理想。梁启超循着上述两个方向接受理解西方思想，后在《近世文明初祖二大家之学说》中则以培根和笛卡尔两者的学说分别代表这两个方向而加以论述，并尝试汇通。培根之学说重外在物质现象而笛卡尔之学说重内返本心，此二者从表面上看是相反对敌的。但梁启超说培根之学说类似朱熹之学说，故而重格物之说，自此说出，一洗从前空想臆测之旧习；而笛卡尔之说同样一洗奴性，复固人心本有之自由、无自欺之心，故而此二者之学派虽然敌对，但就其有大功于世界，就破除奴性而言则为一。以此，梁启超初步尝试将经验主义功利主义与唯理论自由意志主义汇通为一，其所汇通的点有二：一是从实践功用价值上而言，二是从破除对内心之奴役的方面而言。故而其所论仍旧是以自由为西学本体上之理想。其在论述孟德斯鸠的思想中也同样表达出此种倾向，他以孟子之良知学说接受理解孟德斯鸠的思想，其言：孟氏之学，以良知为本旨。以为道德及政术，皆以良知所能及之至理为根基。其论法律也，谓事物必有其不得不然之理，所谓法也。而此不得不然之理，又有其所从出之本原，谓之法之精神。而所以能讲究此理，究其本源，正吾人之良知所当有事也。此说中梁启超以为外在事物之理，就其本原仍在于内在之良知。此说若从西学而言，则谓普遍立法之本原为自由意志，是接近康德之说，而从中国传统学说而言，则是良知之说；无论是康德还是良知，在梁启超论康德的文章中都是汇通到佛教真如本体和业力精神之为本体和理想之上的。

梁启超对边沁思想的论述，代表着他对早年所接受的功利主义思想总的批评。在这个批评中佛教思想所提供的援助相当明显。其以为边沁之功利主义思想最明显的特征就是计量之法，而这一点上边沁并不及佛教：

> 然边氏之意，虽不及此，若其术则已圆满无憾矣。弥氏（笔者案：此指穆勒）增之，得无蛇足耶？得无矛盾耶？乐之最高尚者，莫如佛说华严。佛知夫世间乐之无常也，唯无常，故乐之后将承以苦，而苦之量愈增也（小字自注：此吾所谓较先后之说所以不可不补入）。故毋宁取烦恼根而断之，忍小苦以求长乐，寻常贪肉欲之乐者，佛说谓之认贼作子。故佛最精于算学者也，最善用边沁计量之法者也。若边氏，则虽能知其术，而未能尽其用者也。抑边氏学所以为世

诟病者，犹不止此。①

梁启超此说中最为关键的即是其小字自注所云之先后之说，因为这一点在其思想中实即是佛教之权实思想，即佛教修行中方便法门之思想，而从其纵向上先后来看，即是其论业力精神之纵向上的表现。由此可见梁启超是如何接受西学中功利主义之思想，并最终从佛教义理的角度将之转换汇通的，即是从业报轮回和修行方便次第两者相结合的角度。

除了从纵向上以先后之义来转换边沁功利主义思想，梁启超还从横向上个体与全体的利益关系转换的角度来转换边沁功利主义思想。他首先说明边沁学说的关键之处是道德标准的问题，是公益还是私益？因为这两者之间是冲突的，如果不能有效地解决这个冲突，那么道德标准的问题就难以有效地建立。于此之际，梁启超复引用早年所接受的加藤弘之的学说来补充，加藤之说固然以利己心为行为根本动机，但是其言人可以以利他为手段行利己之行，此为理智的爱他心，或者也可以说是理智的利己心、变相的爱己心：

> 加藤之说，实可以为边氏一大声援，该因人人求自乐，则不得不生出感情的爱他心；因人人求自利，则不得不生出智略的爱他心。（智略中之避害的，唯野蛮时代多有之耳。至其求利的，则愈文明，愈发达）而由此两种爱他心，遂足以链结公利私利两者而不至相离。且教育日进，则人之感情，愈扩其范围。昔之以同室之苦乐为苦乐者，寖假而以同国同类之苦乐为苦乐，其最高者乃至以一切有情众生之苦乐

① 梁启超：《乐利主义泰斗边沁之学说》，《梁启超全集》，第1048页。

为可乐。故康南海常言：救国救天下，皆以纵欲也。纵其不忍人之心则然也。而谭浏阳之《仁学》，更发之无余蕴矣。①

又言：

> 若是乎？则感情的爱他心，其能使私益直接于公益者，一也。强权日行（小字自注：强权，谓强者之权利，其相亦有多种变化。加藤氏言之最详。吾所著《饮冰室自由书》中有《论强权》一篇，可参观），则人之智略，愈扩其范围。苟不爱他，则我之利益，遂不可得，而将终侪于劣败之数（小字自注：生计学家之由重商保护政策而变为自由贸易政策也，近世君主贵族之让权于平民也，皆由智略的爱他心迫之使然也。诸类此者尚多，不能枚举）。故人不欲自求乐利而已，苟其欲之，则不得不祝全群之乐利，寖假且不得不祝他群之乐利。若是乎，则智略的爱他心，其能使私益直接于公益者，二也。②

此两段论述诚为重要。功利主义思想的前提基础是人之根本动机为利己心，而利他可为一种利己的手段，称之为智略的利己心。针对此种工具理性主义，历来之态度实际有二者，一者是批判的，因为人之借助理性工具行其利己之心，这一倾向只会使世界愈趋罪恶，如战争等杀人工具的发明，即是明证；另一派则以为工具理性主义是以利他之行渐行教化之义，只要在此过程中兼顾公私利益就可以做到公私双赢。梁启超显然持后一种态度。

梁启超此处并不是完全转述边沁的学说，而是从其自己的思

① 梁启超：《乐利主义泰斗边沁之学说》，《梁启超全集》，第1049页。
② 同上。

想上来改造边沁的思想，方法是援借其他思想来改造之。其所援借的思想资源有：加藤弘之、康有为、谭嗣同，关键的地方仍旧是佛教思想。先说加藤的学说，梁启超是明言加藤的思想是边沁的一大声援，他于加藤那里所援借的即是智略的爱他心。较之《自由书》，此处梁启超将智略的爱他心发展出两种，且突出其中智略的功能。两种即感情的爱他心和智略的爱他心，其中感情的爱他心有天生即有的爱自身及爱家人等，也包括避害畏惧之感情所生的爱他心；而智略的爱他心，即从公益的角度出发说如果人人自利则终不能人人得利乐，而如果智略地爱他利，则能最终共利乐。此两点细细考察，即可知皆是来自于康有为之说性与仁之推度：康有为之说性本生之气质为性，其中本就有爱恶仁爱之心，如无智的作用，则此爱恶之心仅仅施于己身即亲人等，这就是梁启超所言之感情的爱他心；若有智之参与作用，则能通过顺逆两方扩充推度此爱恶之心而使之成为仁爱之心，由此善恶即成为推度中广狭的相对程度，并没有质的差别，此即是梁启超所言智略的爱他心。这里在理论上的困难点就是本有的爱恶心，即利己心和智略之心何者为根本，康有为的思想中，智略之心后来是获得了灵明之性的本体地位，故而更加根本；但在功利主义学说，利己心显然是更为根本的。此两者的区别到康德那里就成了至善和根本恶两者在自由意志那里的分别，诚为西方道德学说中绝大理论困难，即便康德也未能有效的解决。梁启超对于援借康有为的思想当然不用讳言，坦然宣称其接受自康有为早年《长兴学记》，此一点前文论述康有为思想时极影论述，此不具言。

再将梁启超此处的汇通思路与其佛教思想相比较即可以看出梁启超此汇通的根本框架仍旧是佛教思想的框架，且其晚年思想会将这一点更加显明地暴露出来。首先就梁启超晚年在东南大学课毕告别辞中所论述的宇宙人生不圆满的第二点而论，人生之不圆满有一个原因是因为人难以单独生存，这一点在其论述卢梭民约论思想的时候已经提及了，正是因为人难以单独生存，故而如果人人求自利，实际上不能够最终完成，最终所导致的情况只能是相互之间的争夺和战争，如此于双方其实都不得利乐。于是由此梁启超发展出互赢共利的道德算计模式。无论是民约论、仁心推度，还是智略的爱他心，皆是在说明这一点。而如果从佛教的角度而言，梁启超论康德一文在说其所理解的大乘佛教是为唯有先度众生，然后才能自度，此为大乘菩萨精神。所谓未度众生之先，即是说仍有利己之心，欲求自度即是言个体的解脱，但未度众生之先，救自度是可不能的，类似于为求自利，而不爱他，终究不能自利。于是先度众生，度尽众生，自身才得以解脱，就类似此处所言公利之行。在这样的类比中，梁启超正是以佛教义理来接受理解西方学说并将之融会贯通，由论宇宙人生之不圆满一文即可明确了知。虽然说梁启超在此对佛教义理的理解稍有差池，因为菩萨未度众生，誓不成佛的精神，也不是说菩萨于毫无修行的凡夫位即可以行此大悲行。此处佛教的说法十分灵活：一方面对从凡夫位而起修的众生而言，利他修行是为一种方便法门，既可以逐渐破除我执，也可以逐步结集功德资粮等；而对于登地大菩萨等而言，则说不急于涅槃解脱，而是留惑润生，示现十方，依止本心，广修六度，普度众生，这既可以积集功德，速成菩提，也可以广度众生，成就净土。对于大菩萨而言，其是可以自行涅槃解脱的，并不是必然先度众生，不然自身不能成佛，如果坚持这么说那么释迦佛并未度尽众生，如何能成佛？只是说大菩萨悲心发动，而慈悲众生，故而留世普度，也有佛之化身普度众生，此二者皆可普度众生，不一定要度尽之后才能成佛，故而梁启超此说理解上稍有差池。但其就大乘菩萨行精神上而将西学功利主义汇通，亦是方便教化之一例。由此梁启超分别从纵横两个方面对功利主义做了全面的批评和汇通，从而也就彻底地解决了其早年接受自由观念时的矛盾困惑。梁启超在论康德一文中就体上而将自由之理想与真如本体以及业力精神之为理想综合地结合汇通。而又在论颉德和论伯伦知理的两篇文章，依据此自由本体及理想，分别从纵横两个方面将之重新演绎阐释，总归结于精神之为理想中。

（二）论平等理想

梁启超论述平等之为理想，从三个方面进行论述：一从主权的角度论述各个体群体乃至思想文化体系之平等；二从名色平等论述主客观之平等；三从性海一如的角度说明万法平等。其思路为从个体渐而推至全体平等一如。

梁启超论述自由之为理想从自主权开始。但在接触自由观念的早期他触及自由观念中强弱对持的矛盾，因为如果秉持自由观念，那么就会产生强者压制弱者的危险后果。于此梁启超辗转多方来调和此矛盾，其自由理想的观念即为此调和理路发展的结果。在此调节过程中有一个阶段即援借平等的观念，而且其最终得以从佛教义理上调和并汇通自由观念中的矛盾也得益于佛教平等一如的思想观念。梁启超的意思是当要坚持自由的观念，那么就会遭遇到强弱对比的困境，为此弱者必然结合力量——此集合力量的过程可以从纵横两个方面来考虑：纵向上即言长期地积累力量，待其强大之后再抗拒强者；横向上即弱者通过契约联盟的方式结合成一全体力量抗衡强者——来抗衡强者，如此强者不得已改而用温良的方式对待弱者，如此两者之间就搭成平衡的状态关系。这一关系即内涵于自由的平等，平等是自由的必然后果。《自由书》中论强权与自由的关系实际的结果即是三世说中太平世之平等大义。

论卢梭一文中，梁启超更是说民约论中必人人自由，人人平等。以自由平等并列而论，但是该文中还是以自由义为主，平等义是附属论述。1900 年《十种德性相反相成义》中，梁启超却依据佛教华严之说事理无碍相入的道理，对前此所接受的自由与强权之间矛盾的思想，给以思辨的理解。该文叙言中说：

> 善学道者，能备其繁杂之性质而利用之，如佛说华严宗所谓相是无碍相入无碍。苟有得于是，则以之独善其身而一身善，以之兼善天下而天下善。①

梁启超此处援借华严事理无碍相入无碍之义，大有意味。首先梁启超此处援借事理无碍之义是用来说明相反相成的哲学道理，也就是辩证的哲理。而之所以要说明这一道理，是因为前此他所接受的自由与强权的思想之间有不可沟通的矛盾，起码在现实层面上难以一时沟通。再者自由与强权的矛盾反应实际上还涉及一个重要的矛盾，就是独善与兼善的矛盾。这是因为讲论自由的时候往往是从个体自主自强之强权而论独善，但在强权之独善中则意味着对弱者的欺凌，那么从兼善的层面上来说就构成了矛盾。从而梁启超此处接受西学强权与自由之说不仅仅就西学本身具有理解接受之困难，而且更加由此暴露出之所以会产生接受困

① 梁启超：《十种德性相反相成义》，《梁启超全集》，第 428 页。

难的原因仍旧是内因，是来自传统思想中独善与兼善在新的境遇中显现出来的解释困难。因为如果仅仅是西学知识本身，难以说会具有接受困难，如果说有接受之困惑，那必定是内在的困惑，故而梁启超在解决此内外困惑的时候又转而援借佛教义理来尝试，这个时候援借佛教义理来解决困惑，到底是从传统思想还是从外来思想解决困惑呢？可能说两者皆不是，也可以说两者皆是。佛教思想在此中外的维度上勾搭了一个十分巧妙的思想阐释的桥梁，这其实也是梁启超晚年欲从佛教史的写作中来说明的文化思想交流的大问题。又同时，此处梁启超借助华严事理无碍的义理来解释相反相成的哲理，还奠定了后来从事理无碍的角度汇通平等理想的萌芽。平等并不仅仅是两种力量的对等相持而已，而是更深入程度的事理无碍。

该文中分五组讨论了十种对立的范畴：独立与合群、自由与制裁、自信与虚心、利己与爱他、破坏与成立。从这五对十个范畴的名称就可以看出这些范畴主要都关于自由与强权、利己与利他之间矛盾关系的调和。首先要说明的就是所谓相反相成的矛盾之调和其实就是平等关系。其次再分说各组范畴的矛盾调和。独立与合群中首先推论出合群为独立之贼，独立为合群之贼；其后反驳此矛盾言独立之反面依赖非合群，合群之反面营私又非独立。故而独立与合群可以调和：譬之物质然，合无数“阿屯”而成一体，合群之义也；每一“阿屯”中皆具有本全所含原质之全份，独立之义也。若是者谓之合群之独立。文中阿屯即是 atom 之音译，为原子之义。梁启超此处所言独立之合群带有理想色彩，也是其接受民约论之基础，到晚年则发展成佛教中五蕴之蕴为集聚之义，即因缘和合之义。在自由与制裁中，同样先各自论述两个范畴，指出二者之矛盾关系，但随后即说明：无制裁之自由，群之贼也；有制裁之自由，群之宝也。由此说明所谓真正自由为一群之中，无一能侵他人自由，无一为他人所侵。梁启超这一说法与《自由书》中论强权时所说强者统治弱者之行为皆是自由的说法已经大不一样，但此处所言之自由仍旧是就力量对等对峙而言的平等之自由，并非彻底的自由。自信与虚心中言自信与骄傲异，而骄傲者常浮扬；自信者在主权，而骄傲者常客气。统一而为虚心之自信。在利己与爱他中，梁启超仍旧是依顺加藤弘之之原理，以利己与爱他皆是本于根本的利己之心，只不过爱他是变相的利己而已，所以说利己与爱他是一非二。由此而论说实践言，故善能利己者，必先利其群，而后己之利亦从而进焉。破坏与成立事关变法维新之总结，其言与成立不相容者，自然之破坏也；与成立两相济者，人为之破坏也。由此而倡人为破坏之变革等。

《新民说》第九节《论自由》中言自由精神之结果有六端，其中第一条就是四民平等问题：凡一国之中，无论何人不许有特权（特别之权力与齐民异者），是平民对于贵族所争得之自由也。

1902 年《论佛教与群治之关系》之第五点论佛教信仰乃平等而非差别，与上述讨论有重要的总结意味。梁启超在该文中论说佛教立教之目的，则在使人人皆与佛平等而已。故而说一切众生、皆有佛性；一切众生，本来成佛，生死涅槃，皆如昨梦。这里梁启超只是强调了生佛二者的平等，其中仍有许多义理没有被挖掘出来，如生死涅槃二者，在皆如昨梦的基础上也是平等一如的，这一点梁启超就没有将之突出出来。但从小标题而言，这里的平等已经由前此力量对等而转成了非差别之广泛义。这一点虽然当时没有得到足够的发挥，但在将来必将得到更大的发挥。

同年《法理学大家孟德斯鸠之学说》中似乎有将力量对等的平等与无差别之义调和起来的趋势。其言："所谓平等者，尊重个人之自由权"，此处梁启超仍旧是就自由引发的力量强弱差别之对等无犯为平等。但随后又补充说："及由自由权所生之各权，无所等差。"此处梁启超之补充则说明各项权利之无差别为平等，是从佛教言无差别为平等之义而来。其后梁启超更就这一点稍稍发挥言：虽有奇材异能，不得自恃其长，以制御众人，亦不得因此而有特权。唯以其自由权，自白其所长，以取信于众人，而众人亦以自由权选举之。从这个论述可以看得到平等之理想稍稍扩大为无差别。

1903 年，论康德一文虽然援借佛教性海之事理无碍及帝网重重的义理，并大加发挥，但该文多主真我自由而论，较少从平等一如方面明确言说。但 1915 年《菲斯的人生天职论述评》（笔者案：此处菲斯的即今常译之费希特）中论述平等之义其实却是本着康德之精神而论。梁启超转述说社会道德律不一而足，而恪守自他平等之原则，此其第一义谛。此自他平等之义康德在《实践理性批判》中详细论述过，但在彼文处梁启超并没有详细说明。此处则详细说明：我既自知我之有此理性，同时复知与我同类者皆有此理性，又知彼我同为一体，关系至为密切，而影响互相波及，则欲求我理想之发达，自必以他人理性同时发达为一重要条件。故尊重我之自由意志，同时亦尊重他人之自由意志，而非然者，则忽复与我先天之理性相戾矣。梁启超这一段论述虽然仅仅是转述菲斯的之思想，但实际其中已经带有极强的自身思想色彩，也对其前后的思想转变有着极强的关联。首先要说明在论说自由意志本身时，无论是康德还是费希特都是从知性反观的角度来描述的，并不是就纯粹自由意志本身之本然状态而来描述。故而在说明自由意志之间关系时，其实是从协调模式中而运用理性综合而认知描述。所以此处转述言我既自知我有此理性也知与我同类者皆有此理性。但在描述此协同性的时候，梁启超说知彼我理性同为一体，此说当是已经突破康德之说，如果从费希特的角度来说或许也比较拔高，因为即便是从黑格尔的精神主义来看，要通过扬弃来获得同为一体的精神本体的话，也是需要通过无数层次的否定之否定才可以最终达到的，而绝非可以说一开始就是知道的，并依止其来协调个体。梁启超这么说是一方面想将对其他主体的理性之尊重归属到我先天理性之中，另一方面也是想论说佛教第一义谛之真如本体为众生共有之一体。针对前者，就康德而言是归之于物自体无法言明，只能从知性的角度反观审思而已，而就超越康德如黑格尔等绝对精神主义者而言，绝对精神固然是一体，但是必须通过个体或物质等逐步的扬弃才可以最终显现。故而梁启超直接从知性上说明彼我理性为一体，只能是从佛教义理的角度来说第一义谛，即从真如本体、性海之于事理无碍相入无碍之义，这也就是说依止或证悟的真如本体，彼我固然知真我本体为一体，即便没有证悟，而从真如本体之为一体而言，其有是等流在众生阿赖耶识中而为真如佛性种子，从而从信仰或发愿的角度就可“知”彼我理性同为一体。总而言之，梁启超此论之中实际援借佛教义理，尤其是佛教中讲平等一如的思想，从而以此将西学思想汇通整合为其自身的平等理想思想。

上所论述梁启超之平等义，主要是从论述国家主体之独立自主自由出发，进而寻求其思想根基，经由国家精神思想，到道德学说等演进，最后仍旧是归顺到佛教平等一如的思想中。如果从佛教心识分析的角度来看，梁启超同样给出了平等理想的论证过程。此两个方面一从西学演进到佛教，一从佛教义理中含摄西学平等精神。

《原始佛教教理纲要》中梁启超分析五蕴皆空时区分五蕴为主客观两者，其中色蕴为色，余四蕴为名，总称名色。名色两者皆是认识对象，合物质生理和心理现象于一体，而名又为认识功能，尤其是其中的识。从而梁启超说主观的要素——识，与客观的要素——名色，相对待相接触，名之曰因缘。这里梁启超所说名色之间的关系是有点复杂，其实说识与名色之间的关系，就是名色之关系，也就是主客观之关系，比关系为相对待相接触。其后又从识缘名色，名色缘识的角度来说主观事构成客观的条件，客观也是构成主观的条件，两者不可离彼此而存在。该文中论述此关系也仅此而已，并没有直接说出平等之义来，虽然已经暗含了。

《论无我》中仍旧分五蕴为认识对象和能认识之主体，并重复说认识之成立，必由主客两观相对待，无主观则客观不能独存。到这里梁启超的论述都与前文保持一致，但后面梁启超说外而山河大地，内而五官百骸，苟非吾人认识之，曷由知其存在？既已入吾识而知其存在，则知其决不能离吾识而独立，故佛家之谓为识所变。这里就与前文论原始佛教教理不同，前文中对于主客观两者皆是主存在，但此处在主识有而境无，是识所变现之义，明显是依顺唯识之义。

《佛教心理学浅测》中分析五蕴，则更加复杂，既依据前此的分析将之分为认识对象和认识主体两者，也从我我所的角度来划分，这两个划分的结果并不一样。前者比较靠近西学认识论的划分。如果根据第一种划分，即色蕴和余四蕴之分为二，色蕴为色，为物；余四蕴为名，非色，为心，那么名色之间是对峙的；但是如果依据第二种划分来看，识为我，余四蕴为我所，我所为我所由，则五蕴可统一，统一于何处？梁启超说这四蕴（即我所四蕴）虽然或属物理现象或属心理现象，但都是由我观察他，认识他，所以都说是我所。这里梁启超从观察认识的角度说心所之所义，并非佛教本义，而是明显地带有认识论的色彩，心所之义即是心王所有，是与心识变现相应所有之义，没有观察认识之义，而应当是助伴之义。梁启超这么说是因为其欲从认识论这个角度将余四蕴统一到我识心王中来，其说能认识之我，一般人以为“心理活动统一之状态”的识即是我。但佛教以为这五种都是心理过程。这样就可以看出，区分为我我所实际即是先将我所四蕴统一到我中来，然后说识蕴也是认识能力，这样就以认识能力全部统一五蕴，这是延续了《论无我》中唯识变现的意思。正是在这个意义上，梁启超说：

> 这五种都是心理过程，一样无常不实，所以用平等观建设五蕴皆空的理论。

这也就彻底地点明了五蕴共性是无常不实，故而说五蕴皆空，而此义即是平等观。因为五蕴皆空，即是我我所空，主要的是无我，故而无我为佛教修行之理想，即言五蕴皆空为修行理想，那么平等一如之观即是佛家修行之理想。从唯识来说，转识成智中，第七末那识转依之后就成就了平等性智，所以从这个角度也可以说平等是为佛家修行理想之一。其他如第八识转依后成大圆镜智，第六识转依后成妙观察智，前五识转依后成成所作智，总称转识成智。

最后就性海之事理无碍上论平等一如，即梁启超在论说性海之为真如本体之自由义所论述的事理无碍，相入无碍，变现为十方世界，帝网重重之义。此处不复详论，又梁启超 1920 在《老孔墨以后学派概论》中论述庄子思想时亦多发挥庄子之相对思想，但并不局限于相对思想之中，而是从内圣外王的角度将佛教真如本体之有与无我之中观思想相结合，由此既在真如性海之平等一如的角度论述了平等之理想，也在诸法苦空无常无我的中观空无思想上论述了万法同是虚幻的平等义，最后还就此两者之有无相通义上更加深入地论述了平等之理想，所以论庄子一文中虽为明确言说平等，但实际是论说平等理想之综合，前文论庄子思想时即多有涉猎，此处不再重复。

（三）论博爱理想

梁启超论述博爱思想最为集中的地方即 1904 年《子墨子学说》一文中对诸宗教博爱之义的比较。此文梁启超首先说爱为天赋之同然，凡人类所莫能外者。故而但凡创教立宗，虽其所说爱之广狭有所不同，但没有不以爱为教义之基础的。由此梁启超区分诸教论博爱者为五类：

第一，唯爱灵魂者。以驱（笔者案：此处当为躯字之误，待考是原文误还是全集本之误）壳为罪恶之源泉，非直不爱，而恶之特至。主要为印度九十六中外道。梁启超此说是随顺佛教而言，故而言之为外道，主要是指印度诸多苦行派宗教。又梁启超以为此种宗派的爱之义最为狭隘。

第二，自爱灵魂躯壳而不顾他人者。这一派爱之义较第一种稍广，但仍旧以利己主义为宗。如古希腊之伊壁鸠鲁、中国之杨朱等，另外近代以来的进化论者，功利主义也往往以此为根基，变化新形式而出现，但究其本质仍是以利己主义为理论核心。

第三，以本身为中心点，缘其远近亲疏以为爱之等差者，即儒教所谓亲亲之杀是也。修齐治平，渐次扩充，于维持社会秩序是最为有力的一类。这里梁启超单立一类为儒家，其特点就是爱之等差的仁心推度扩充。

第四，平等无差别之爱普及于一切人类。此类有墨子、基督教等。这一类的根本理想是博爱说中极普遍极高尚的一类。但是梁启超却认为这一类博爱之实行颇多窒碍。这里所谓的窒碍梁启超在“兼爱说与社会全体之关系”中论述，其义是说此类博爱如兼爱说，要得实行，必先抛弃“所有权”的观念，其实就是抛弃自他分别的挂念。但是梁启超认为要实行这一点太难。故而其所说窒碍实际是相对于儒家之博爱随顺于社会人性而易于实行而言。

第五，圆满之爱普及于一切众生，佛说是也。最后最为广大的博爱理想主义是佛教之慈悲博爱。因为佛教的慈悲是推广于人类之外，最普遍最高尚。同时梁启超在论及佛教最普遍博爱之实行是说：至其实行，反往往与儒教相同。这一论述是比较于墨家和基督教博爱之难以实行而言。佛教之反易于实行的原因是佛教以因果立教，随因缘之厚薄而生等差，这是小乘佛教；而大乘则爱根不爱根同断，后又转述谭嗣同之论：有所爱必有所不爱，无所爱将留其爱以无不爱，梁启超以为谭嗣同这个描述达于佛旨。谭嗣同这个描述中有所爱必有所不爱，是就世间凡夫而言，有爱即有恶，故而以之为不究竟；而无所爱则为佛教大乘之义，即梁启超所以之爱不爱根全断的意思，也就是佛教中灭尽烦恼爱欲之义；而无所爱之后，又留其爱以无不爱，这里的爱与前面的爱并不一义，就言非有我法二执之爱，非有界限的爱，是没有所不爱的爱，故而说无不爱。从佛教来说即是慈悲，以般若为基础的慈悲，当然是就最究竟的断尽我法二执而言的慈悲无不爱之义。从梁启超的描述看，他近于认为大乘佛教义理为出世法，与世间法不相容，但在别处他多言大乘是世间法与出世间法相容的。又此处梁启超说小乘佛教随因缘之厚薄而生等差，这一论述不知其所确指为何，但就其随因缘之厚薄而生爱之等差也可用于大乘佛教之方便教化之义，不知为何放置在小乘法中。

总结梁启超之论博爱为理想的观念，不难发现其于佛教之偏重。就博爱范围而论，佛教之慈悲最为广大普遍；就博爱实行之难易而言，佛教之实行与儒家之实行一样易于实行。无论大小乘皆有其易于实行的方便。

三　从汇通角度言佛教理想

梁启超汇通西学与中国传统思想是以佛教深远广大的思想框架为基础，最后汇通到精神主义上。而精神主义又复被演绎成纵横两个方向，对应于其论佛教真如本体的纵横两个方向的演变。就横向上论，是以群治为范围，于中以群治主义为其理想，究竟上固然是以佛国净土、大同世界为理想，具体上则以国家之群治为近期目标；就纵向上论，是以三世演变为范围，于中以历史精神和未来主义为理想，两者亦皆是本于佛教之说真如本体的本觉终觉之存在状态。

早在《变法通议》中梁启超即从《论学会》组织中提出群与会的理想构想。其言：

> 道莫善于群，莫不善于独。独故塞，塞故愚，愚故弱；群故通，通故智，智固强。①

这里梁启超是从救国的思路出发，论述国家群通则强大，而反之蔽塞孤独则弱。其后梁启超又于群之道中突出心智的功能：

> 群之道，群形质为下，群心智为上。群形质者，蝗虫蜂蚁之群，非人道之群也；群之不已，必蠹天下，而卒为群心智之人所制。②

此说群之中也分处于形而下之本能的群和处于形而上之心智而群两者，显然后者为指人群，社会性。又进而特指学会之为精神学术而群之组织。

其后梁启超论述群之为理想直接就国教精神而言。《新民说》中第十三节专辟论合群一节以论之。该小节以能群不能群而区别能够生存、适应自然淘汰，以能群不能群为国家生存之总源。文中推能群不能群有二因：公共观念、对外之界说（笔者案：此处全集本中原文说有四因，但实际文中只列出二因。故不得而知是原有四因，后行文忘却，还是全集本有丢失之故，此待别处详考）。

此一段时期，梁启超之政治思想即是以群治主义为基调，其

---

① 梁启超：《论学会》，《变法通议》，《梁启超全集》，第 26 页。
② 同上，第 27 页。

1902年《新史学》中也提出要由群体之精神；1902年《论小说与群治之关系》中亦说欲改良群治，必自小说界革命始；1902年《论佛教与群治之关系》也同样以群治为政治改良之方法及理想。

梁启超既然以群治为政治之本质，那么群治之理想即当是国家政治之理想。而梁启超论国家精神为其救国之主要理论依据。如果就其具体思想资源而论，则如卢梭之民约论、伯伦知理之主权国家即为其国家群治之理想。于此二者中，梁启超更加偏向于后者，1903年《政治学大家伯伦知理之学说》是为梁启超论述国家群治理想较为成熟的一篇。伯伦知理之国家群治学说之基础即是国家有机体说，将国家与寻常有机物相类比，则国家必精神与形体相联合，具备肢体器官（譬喻国家之机构），结合各肢体器官为一全体，自内部发育而达于外部。这实际仍旧是说国家为一有机体，为一系统。而系统中最重要者即国家之精神，有此国家精神则能统一而为一整体系统。在这样的理论背景下，伯伦知理倾向于将民族与国家结合，形成民族国家，这是因为民族国家较卢梭之契约国家更有整体性质，更符合有机论。由此伯伦知理在国家组建形式上并不倾向于共和，而颇重主权国家，君主专制之国家，又以国家有国家自身之目的。故而梁启超于伯伦知理国家学说中最专注的乃是国家群治之须有国家精神以统一以便形成一有机整体。故其甚至在1905年《开明专制论》中说开明专制适用于当日之中国，其时梁启超之观念颇近于康有为之保守，但后来梁启超之观念具有极大的变化。

从纵向上论说精神之为理想，可以从两个角度来说，一是从历史主义来说，一是从未来主义来说。此两者在其史学思想中即可融为一体。所谓历史主义，即从历史精神而言。梁启超写作了大量的历史著作，其中不光有通史性质的，也有专门史性质的，尤其是思想史，更有史学理论著作。总的而言，梁启超写作历史，尤其是中国传统文化思想等的历史原初是出于爱国之心，为增进民众的民族自豪感而写作。1902 年《三十自述》中对此坦言：

> 一年以来，颇竭绵薄，欲草一《中国通史》以助爱国思想之发达，然荏苒日月，至今犹未能成十之二。①

此处所谓的爱国思想，即有国家精神主义，促进国家统一为一整体、增进国家独立自强之功效。

如果说一个国家是一个有机体，这是就横向上而言，以有机体来譬喻一个国家之整体；那么从纵向上说一个国家之历史也是一个有机体，而从有机体的角度来说就有一个主体之精神。这是从个体的整体譬喻一个国家的历史。那么从梁启超的论述来看一个个体之所以能够通过业力报应而轮回是因为前世造业现世受报、现世造业而后世受报，则历史也当如此。因为历史之有精神，就类似于个体之业力—精神。所以其说历史精神即是从个体之有真如本体之精神譬喻而来。如果说对于个体而言真如本体之本有为本觉之理想，那么对于国家之历史而言，历史精神之本有，也就是历史上思想文化之本有就是其本有之精神理想。此即是梁启超历史书写之理路。

1902 年《论中国学术思想变迁之大势》之《总论》开篇之一段论述即是此理论之明证：

---

① 梁启超：《三十自述》，《梁启超全集》，第 959 页。

> 学术思想之在一国，犹人之有精神也，而政事、法律、风俗及历史上种种现象，则形质也。故欲觇其国文野强弱程度如何，必于学术思想焉求之。[①]

此处梁启超首先是用人之有精神譬喻国家有学术思想，从人之有精神而言，此精神即是人之本有业力造业之精神，也即是人之本有真如本体之精神；那么国家之有学术思想即是此国家历史中本有其学术思想之精神。而如果说人之本有真如本体为本觉之理想，那么国家历史之本有学术思想亦当为其历史演变之理想。

梁启超下文类比诸国之学术思想后感叹而言：

> 虽然，近世史之前途，未有艾也，又安见此伟大国民，不能恢复乃祖乃宗所处最高尚最荣誉之位置，而更执牛耳于全世界之学术思想者！[②]

此段中即明言欲恢复历史上国家学术思想之高尚荣誉的地位，即是从恢复此历史精神及其表相而言。故而可见，历史精神之为理想的含义即是恢复中国传统思想文化之灿烂伟大之义。这一思路完全是类比佛教中以真如本体本觉为理想的思路而来，也与儒家之复性思路类似，而儒家复性之说前已论证即是类比佛教思想而来。

故梁启超再言：

> 生此国，为此民，享此学术思想之恩泽，则歌之舞之，发挥之光大之，继之而增高之，吾辈之责也。[③]

---

① 梁启超：《论中国学术思想变迁之大势》《梁启超全集》，第561页。
② 同上。
③ 同上，第562页。

如果说从一国之历史的角度来说弘扬本国的传统思想文化是囿于一国之中，就犹如说个体之本有真如本体，从而经由始觉而终觉，复固有之本觉真如本体而已。但梁启超也说过真如本体并非仅仅是个体所有，而是众生共有之一体，如果仅仅是发挥广大个体所有之精神，则是发挥我执而已，而难以说是真如本体。所以论述发挥历史中本有之思想传统，必须说明此思想传统为天下之共器，必论述非独尊一国之思想而排斥他国之思想，我他之思想必可融会贯通而为一体，此为真如本体本是众生共有之一体之义。故而梁启超下又再言：

> 他界复如此其灿烂而蓬勃也，非竭数十年之力，于彼乎，于此乎，一一撷其实、咀其华，融会而贯通焉，则虽欲歌舞之，乌从而歌舞之？①

这一段的意思是说，固然是要将中外各国之思想比较而融会贯通，这本是本体所要求，但是要全面地融会贯通非一日之功。现今于自身之思想文化尚且不能了解真切，又何从去学习了解他国之思想文化？梁启超这一思路如果从佛教修行次第来类比可以类比于自度与度他之关系。从佛教修行究竟意义上来说，固然是要度尽众生而成就佛国净土的，但是如果自度尚不能完成，或者自身尚不能见道开悟，尚不能依止于正智，又如何能正确地度他呢？如果不论自身之修学，而直接去度他，岂不有害他之嫌疑？故而从自度度他的角度而言，即便是从大乘佛教所谓众生不度尽誓不成佛的精神来说，也不应当放弃自身之修行，而妄自去度他。又梁启超这里还是随顺了部分儒家思想精神，即爱有等差，

① 梁启超：《论中国学术思想变迁之大势》，《梁启超全集》，第 562 页。

施从亲始的推度扩充次第精神。因为这一精神与佛教中修行之渐修次第并不矛盾，故而从总体上而言，广大发挥本国固有之思想精神既是阶段性的理想也是究竟理想的一个次第阶段或手段，两者之间并不冲突矛盾。而梁启超之所以突出地说于本国的思想文化要发扬光大则是针对特殊的情况而言的方便方法，犹如佛教中根据不同根器的众生而施以不同的教化一样，针对根器高的众生就说圆顿的修行方法，而针对根器不高的众生就说渐修之次第。显然梁启超认为当时学界类似于钝根众生，需要从渐修次第上缓缓进修才行，所以梁启超说：

> 今世所称好学深思之士，有两种：一则徒为本国学术思想所窘，而于他国者未尝一涉其樊也；一则徒为外国学术思想所炫，而于本国者不屑一厝也。①

此两者各偏执于一方而不知比较汇通，犹如佛教修行中莽修与瞎练者，所谓莽修者即言教理不同，自身根基不牢，即欲莽撞地修行大法，此特眼高手低者，则类徒为西学所炫目者，而不顾本国之思想；所谓瞎练者，谓固执一身之解脱，而弃众生于不顾，貌似修行解脱，实质我执未断，越陷越深而已，则类徒囿于本国思想之中，而不见他国思想之广泛，限于本国思想而不得出，亦不能于国于民之实践有所裨益而已。故而比较此两者，皆有修行上之弊端，而其中更加严重者则是炫目于西学者，因为梁启超以为外国之学术思想的输入是不用担心的，但本国学术思想如果不给予足够的关注的话，那么二十年间就可能会产生极大的损害，于彼时己之不存，犹丧善根，何谈度他？故而广大发挥本

① 梁启超：《论中国学术思想变迁之大势》，《梁启超全集》，第562页。

国思想文化之事不可等闲视之。又外国之思想繁多，其中优劣亦难辨，而其治国方法是否真有益于我国，仍需细辨，如果自身之学识不深，而不能明辨其法，又不能适当运用其法，虽有千万法门又复有何用？这一点如果从佛教修行来类比，如同说佛之说法千万，法门无量，但众生修学仍当重自力，不可全赖他力，即便有赖他力处，亦当切合自身之根器，而不可逾越次第，妄自乱学。如自身识见不真不切，亦无能识取正法，成就正见，又从何谈起自度度他，成就佛果。故而梁启超说：

> 且诸君皆以输入文明自任者也，凡教入必当因其性所近而利导之，就其已知而比较之，则事半功倍焉。不然，外国之博士鸿儒亦多矣，顾不能有裨于我国民者，何也？相知不习，而势有所扞格也。若诸君而吐弃本国学问不屑从事也，则吾国虽多得百数之达尔文、约翰·弥勒、赫胥黎、斯宾塞、吾惧其于学界一无影响也。故吾草此论，非欲附益我国民妄自尊大之性，该区区微意，亦有不得已焉者尔。①

此即是从教学两者之间应当相应的角度而论述广学西学与专注本国思想文化两者之正当关系。此等思路实皆是从佛教修学义理而来，当然也是实际情况所要求。以梁启超之广泛涉猎西学之经历而转注国学，实也是其自身修学经验之谈。

上文是专就思想史而言，故而也是专就思想文化本身而言。而同年《新史学》则从史学理论来论述。其文首言：

> 史学者，学问之最博大而最切要者也，国民之明镜也，

① 梁启超：《论中国学术思想变迁之大势》，《梁启超全集》，第562页。

> 爱国心之源泉也。[①]

从此语亦可见梁启超以史学之为学术思想核心取譬于人之以精神为核心统领之义。

史学之精神为何？梁启超在论述旧史弊端之第四点中明确说：

> 史之精神维何？曰理想是已。[②]

史学若无理想则如蜡像毫无生气，此则明证梁启超是以有机体如人有精神类譬喻历史，以人之有业报轮回有修学之成佛可能来譬喻国家之有历史有理想。而历史精神即理想，理想无非就本有而言为真如本体之本有，就修学而言即史学当描绘国家历史之未来发展的理想而已。

又说：

> 今日欲提倡民族主义，使我四万万同胞强立于此优胜劣败之世界乎？则本国史学一科，实为无老、无幼、无男、无女、无智、无愚、无贤、无不肖所皆当从事，视之如渴饮饥食，一刻不容缓者也。……呜呼！史界革命不起，则吾国遂不可救。悠悠万事，唯此为大。[③]

此则以史学革命为救国理想之最大者，谓其刻不容缓。与上一段所言联系看，则可知此理想与上之精神理想为表里二者，为体用二者之关系而已。

---

① 梁启超：《新史学》，《梁启超全集》，第736页。
② 同上，第737页。
③ 同上，第739页。

又该文《史学之界说》中拟定新史学之目标中第三点言历史当叙述人群进化之现象而求得其公理公例、求人群进化之真相，有求其公理公例，非欲以为理论之美观而已，将以施诸实用焉，将以贻诸来者焉。此处言史学所求，即是历史之理想，此理想实际有两种表述，一者是求真相，求公理，如类比于佛教义理即是就本有之真如本体，求因果业报之铁定规律；二者，所求非为纯理论而已，而是求之于实践之功用，求之于有益于将来者。这一观念甚为深刻，类比于佛教即是说，佛教义理，佛所说法非徒仅仅是知识哲学理论而已，真如本体也并非仅仅知其本有而已，而是要发见显明，并依止而从事于我人之真正受用才可，而所谓受用者又不仅仅现今之人而已，又不仅仅是个体而已，而是要全体群体，突破自我，广摄众生，突破现世，含摄无量来世之众生，必将全体三世十方众生度尽无余方为成佛之究竟。故而梁启超此处所述史学之力量已经深深引入佛教普度之精神于其中，虽未明言，终不可抹杀。

如果说前面史学与人之业报轮回的类比尚有勉强之处的话，那么 1912 年《中国道德之大原》则对此类比有了更加明显的说明。《中国道德之大原》其体裁仍旧是思想史写作的理论说明，所以从历史的角度来给予说明符合其体裁及内容。该文探讨国民道德品性之来源，并以此来源为国民精神，是梁启超精神主义思想的典型运用。而精神主义思想根源即是佛教思想，故而只要是论述精神之为理想或本体者即是暗含地论述佛教思想之本体及理想。故从历史、思想史、道德思想或道德品性的历史角度说明道德品性之来源为精神即是标立此本有之道德品性为须广加发挥之理想。文中言：

自非有一种善美之精神，深入乎全国人之心中，而主宰之纲维之者，其安能结集之坚强若彼，而持续之经久若此乎？夫既已有此精神，以为国家过去继续成立之基。

而以吾所见之中国，则实有坚强善美之国性，颠扑不破，而今日正有待于发扬淬厉者也。①

第一段文中是从体上说国民历来即有一精神，这一精神又是具有主宰作用者，且是国家建设之基础。则此处说国民道德品性为精神，即是从儒佛二家说本性的理论而来，心性本体即精神，有主宰基础之作用。第二段中说此善美的国民品性现今当发扬淬厉，即言本有此善美品性，但是因种种原因，今难得显明，且有人诋毁于此品性，故而应当发扬光大此本有之善美品性，善美品性即是理想、目标。《中国历史研究法补编》中梁启超全面地以佛教因果业报理论类比历史研究，而于其中论述历史之价值时特提出永久的价值，认为对于永久的价值不可将之抹杀，而应当将之发扬光大出来，这也是从历史中本固有的精神而言，就其不抹杀永久价值而言，是亦以之为一种历史之理想。

梁启超论述历史之目的前后多次变更，但于其中有一种倾向即是越来越倾向于用佛教因果业报的义理类比历史进程，而突出其中造业受报的义理说明。由此而论述历史书写价值和目的时则一方面突出书写历史固然要求历史之真相规律，此真相和规律即是本于其佛教思想中论业报轮回之人生真相及因果规律；另一方面梁启超又说历史之目的当为将来历史之实践提供有益借鉴处，历史非仅仅满足于书写过去，而应当注目于将来，此也是本源于

① 梁启超：《中国道德之大原》，《梁启超全集》，第2474页。

其佛教思想中现在造善业为将来受用善报的理论，则于此而特提出了未来主义之说。如从理想的角度来说，则未来之善报受用，无论是有法世间之幸福安康，还是无为世间之成就佛果佛境，都可以说为一种未来的理想。

梁启超明确说未来为理想者首出于其论颉德一文中。

> 人群之进化，实由现在之利益与过去之制度相争，而后胜于前之结果也。又曰：国界必当尽破，世界必为大同。此皆其理想之涉于未来者也。虽然，彼其所根据仍在现在，彼盖欲以现在国家思想扩之于人类统一之全社会，未足真称为未来主义也。①

梁启超这一段论述是就颉德之思想与斯宾塞之思想比较而言，两者思想中有一个共同性，即牺牲过去成就现在。而如果以此推论，则有牺牲现在而成就未来之理想的含义。从颉德的角度而言，生物之进化以短寿死亡为促进进化而求速适应于环境，进而由此牺牲现在之个体寿命，为成就后代之广泛繁殖且适应于环境；斯宾塞与此类似。从这个意思上言，未来之繁荣即为从进化论上言之一种理想。但梁启超以为此二者思想并不究竟，因为此二者毕竟多言牺牲过去，成就现在，而少言牺牲现在成就未来，故而其思想仍旧是横向平面上的扩充个体以达于全体全社会而已。而梁启超从佛教业报轮回的义理出发，则可以说牺牲现在成就未来，即言现在造善业，而未来受善报，无论是有为善报，还是无为善报，皆可以说为理想，故而此义即是佛教以修行成就善果于未来而为理想，佛教之理想为真正之未来主义理想。而梁启

---

① 梁启超：《进化论革命者颉德之学说》，《梁启超全集》，第1029页。

超之史学精神即是糅合进化论和佛教思想为一体的思想体系，从其论说史学之价值当为未来提供裨益之处而言即可知其史学思想即为真正未来主义理想。

第三节　谭嗣同论理想

一　平等

谭嗣同佛教思想的世俗应用中理想标准即可说为平等，故而从平等角度进行的研究实即是从理想的角度进行的研究，唯此理想是就其世俗方面应用而言，故而有从具体的平等如男女平等进行探讨，也有探讨其平等思想的性质的，如魏义霞《康有为、谭嗣同平等思想的相同性及其本质》[①]《平等是一种权利还是一种状态？——论康有为、谭嗣同平等思想的差异》[②]。魏义霞之研究主要是比较康谭之平等观差异，认为谭之平等观是一种终极意义，而康之平等义是一种动机或成因论，其实此两者皆可汇通。谭嗣同论述理想第一点即是平等，二十七界说中凡有六条论及平等，其从汇通之义论述通之象即为平等。而平等之义有四层，第一层是灵魂与体魄之平等，如二十七界说中第八条言：

① 魏义霞：《康有为、谭嗣同平等思想的相同性及其本质》，《福建论坛人文社会科学版》2009 年第 7 期。

② 魏义霞：《平等是一种权利还是一种状态？——论康有为、谭嗣同平等思想的差异》，《燕山大学学报哲学社会科学版》2010 年第 1 期。

通则必尊灵魂；平等则体魄可为灵魂。①

第二层是生灭之平等，第十四条言：

不生与不灭平等，则生与灭平等，生灭与不生不灭亦平等。②

第三层是新旧之平等，如第十五条中言：

生近于新，灭近于逝；新与逝平等，故过去与未来平等。③

第四层是三世之平等，如第十六条中言：

有过去，有未来，无现在；过去、未来皆现在。④

于此总结平等与通之义，平等即通一，通即是仁。如第二十四条中言：

平等者，致一之谓也。一则通矣，通则仁矣。⑤

二十七界说中论平等理想之义，是就理上而言，故而极少涉及具体事务上的平等之义。但谭嗣同于别处则从伦理具体上言及平等之理想。如《仁学》第三十七条中言：

子为天之子，父亦为天之子，父非人所得而袭取也，平等也。且天又以元统之，人亦非天所得而陵压也，平等也。

① 谭嗣同：《仁学》，蔡尚思、方行编《谭嗣同全集》，第291页。
② 同上，第292页。
③ 同上。
④ 同上。
⑤ 同上，第293页。

> 庄曰："相忘为上，孝为次焉。"相忘则平等矣。①

此处从人伦上言及儒家纲常上不平等之义，而反说父子、人天之平等，并引庄子论相忘为平等之义。

> 五伦中于人生最无弊而有益，无纤毫之苦，有淡水之乐，其唯朋友乎。顾择交何如耳，所以者何？一曰"平等"；二曰"自由"；三曰"节宣惟意"。总括其义，曰不失自主之权而已矣。②

此处又说五伦之中唯朋友最无弊而有益，这是因为朋友之义中第一即是平等之义。此两处解释就伦理上论及平等之义，又将之与儒家传统以及现代西学之自由平等义相汇通。

二　大全

谭嗣同论理想第二即求大全，这也是与康梁二位思想同一之处，皆有求大全之义。谭嗣同论大全理想是从三学上而论，其论学之大全即求全体学之义；其论政之大全，为随顺康有为之大同理想；其论教之大全即以佛统摄诸教。

首先要说明的是谭嗣同论通的各个体系其实皆有大全之义。如冲决网罗之九重网罗即已经广摄诸学政教之方方面面，最后亦以佛教而统摄全体，故而其即是追求大全之理想。又如四通之说，虽极简单，但实也有概括全尽之义，且求通之义本即要通于全体而达于一，甚至乃至于无之本体的究竟之义，故而四通之说

① 谭嗣同：《仁学》，蔡尚思、方行编《谭嗣同全集》，第348页。
② 同上，第349—350页。

仍是求大全之理想。最后就学、政、教三个方面而言，就已经在事、理、行三个方面概括全万法万理之全面了。故而学、政、教三个方面的整体说明本身即是追求大全之理想。若就学、政、教三方面中每一方面而论，也有追求大全之理想。

就学方面而言，如《仁学》第三十九条中言：

> 故尽改象形字为谐声，各用土语，互译其意，朝授而夕解，彼作而此述，则地球之学，可合而为一。①

此处言合地球之学而为一，即是全体学之谓，或者称之为合一学。而二十七界说中最后一条也暗含了全体学之义，其言：

> 格致即不精，而不可不知天文、地舆、全体、心灵四学，盖群学群教之门径在是矣。②

其论群学群教之义，即是暗示有追求全体学之理想。又谭嗣同之《报章总宇宙之文说》亦从文学之角度论述报章文体为总宇宙之文，其中即单独从文学层面中论说全体学之理想追求。

就政方面而言，谭嗣同论政治上之大全理想为随顺于康有为之大同理想。《仁学》第二十八节中谭嗣同随顺康有为三世说论述诸教之演变之义，其言：

> 而佛又自为世外出家之人，于世间无所避就，故得毕伸其大同之说于太平之世而为元统也。夫大同之治，不独父其父，不独子其子；父子平等，更何有于君臣？举凡独夫民贼所为一切箝制束缚之名，皆无得而加诸，而佛遂以独高于群

① 谭嗣同：《仁学》，蔡尚思、方行编《谭嗣同全集》，第352页。
② 同上，第293页。

> 教之上。时然也，势不得不然也，要非可以揣测教主之法身也。教主之法身，一而已矣。□□□曰："三教教主一也，吾拜其一，则皆拜之矣。"期言也，吾取之。①

此言佛教义理境界最大，故而能符合大同之太平世理想。而大同之治，父子等人伦平等，一切束缚之名皆不得加诸，而佛教独高于群教之上，这是谭嗣同以佛统摄诸教之义。故而谭嗣同说拜一即是拜佛而已。

第四十七节中论言：

> 地球之治也，以有天下而无国也。……且虽有天下，若无天下矣。君主废，则贵贱平；公理明，则贫富均。千里万里，一家一人。视其家，逆旅也；视其人，同胞也。父无所用其慈，子无所用其孝，兄弟忘其友恭，夫妇忘其倡随。若西书中百年一觉者，殆仿佛《礼运》大同之象焉。②

此处说地球之治，即类上文说地球之学，皆是大全之理想。又文中之义，论废君主，贫富均，父子兄弟夫妇等皆平等之义，皆是随顺康有为《大同书》中之说。故而谭嗣同直接说此等地球之治即类似大同之象。

就教方面而言，谭嗣同论诸教之大全理想即是以佛教统摄诸教。此义在《仁学》自叙中即已标明：

> 能为仁之元神于无者有三：曰佛，曰孔，曰耶。佛能统孔、耶，而孔与耶仁同，所以仁不同。能调（变）联融于

① 谭嗣同：《仁学》，蔡尚思、方行编《谭嗣同全集》，第335页。
② 同上，第367页。

孔与耶之间，则曰墨。周秦学者必曰孔、墨，孔、墨诚仁之一宗也。①

此中明确论言佛能统孔耶二教，又进而含摄墨家在内。第二十七节中亦论佛教为大，为修行之最后究竟处：

先生之教主，教反后行；后生之教主，教反先行，此何故欤？岂不以轨道有大小，程途有远近；故运行有久暂，而出见有迟速哉！佛教大矣，孔次大，耶为小。小者先行，次宜及孔，卒乃及佛，此其序矣。②

《仁学》第二十八节中说：

佛遂以独高于群教之上。时然也，势不得不然也，要非可以揣测教主之法身也。教主之法身，一而已矣。③

此二处皆明确说佛教为诸教之最高大者，又皆以佛教为统摄诸教之宗教，故而亦是宗教大全之理想。又《仁学》第三十九节中说：

今将笼众教而合之，则为孔教者鄙外教之不纯，为外教者即笑孔教之不广，二者必无相从之势也。二者不相从，斯教之大权，必终授诸佛教。佛教纯者极纯，广者极广，不可为典要。唯教所适，极地球上所有群教群经诸子百家，虚如名理，实如格致，以及希夷不可闻见，为人思力所仅能到，乃至思力所必不能到，无不异量而兼容，殊条而共贯。④

① 谭嗣同：《仁学》，蔡尚思、方行编《谭嗣同全集》，第289页。
② 同上，第333页。
③ 同上，第335页。
④ 同上，第351—352页。

此言统一诸教，但孔教无此能力，而佛教极纯极广，对诸教无不兼容，佛教适宜以将地球上所有群教群经诸子百家统摄为一，故而这样既是通之理想，也是求佛教大全之理想。最后谭嗣同总结说学政教三个方面之合一，也就是总述全体之学的大理想。

总之佛教能治无量无边不可说不可说之日球星球，尽虚空界无量无边不可说不可说之微尘世界。尽虚空界，何况此区区之一地球。故言佛教，则地球之教，可合而为一。由合一之说推之，西人深赞中国井田之法，为能御天灾，尽地利，安土著，平道路，限戎马，均贫富。其治河为纵横方罫之堤，实阴用之而收奇效。故尽改民主以行井田之法，则地球之政，可合而为一。又其不易合一之故：由语言文字，万有不齐，越国即不相通，愚贱尤难偏晓；更若中国之象形字，尤为之梗也。故尽改象形字为谐声，各用土语，互译其意，朝授而夕解，彼作而此述，则地球之学，可合而为一。

三　贯通

通为谭嗣同思想最大之理想，可以说其他一切理想皆是通之理想的具体表现而已，如平等即是通之相，大全合一其实也是贯通理想之相。如《仁学》之自叙中论冲决九重网罗之理想，最后言真的能冲决网罗，即自无网罗，实际是以佛学中中观般若思想论说冲决网罗之终极理想，而此理想在究竟意义上也是循环无端、道通为一。此处所谓道通为一，即是贯通之理想为通向一，故而二十七界说中说：通之义，以“道通为一”为最浑括。而通为仁通之第一义。其后说通有四通，通相为平等，通之方法为破除对待。又进而说通之体有寂然不动、不生不灭之相，通之用为感通天下、一多相容、三世一时和人我相通。而究竟境界是无对待则平等，平等即是通；无无，然后平等，平等即是通。又平等即是致一，一即是通，故而上文说合一大全其实也是通之理想的一个表象。

贯通之理想如果从哲理上说既是平等、破除对待，对象范畴的辩证转换之义，也含有整体系统性之义。如果从佛教理想而言，谭嗣同所熟悉的华严、唯识和中观般若三系思想都与其论通之理想融为一体。如论华严之事事无碍、事理无碍之圆融境界即是贯通之理想；如唯识之转识成智之大圆镜智即是贯通之理想；如般若之性空之义、无性之义即是贯通合一之理想境界。

四　不生不灭

从生灭、生死的角度论说理想时，谭嗣同说不生不死为理想。但此不生不死也并不可以说为有生有死就是理想，如果是这样，那么平凡生死不就成为理想了吗？谭嗣同并非此义，谭嗣同之说不生不灭是含有生灭的，但此生灭为微生灭、细轮回。而生灭二者在一般语言中为对待之辞，说不生不灭即是破除对待之义，故而不生不灭实际是通之平等合一之理想境界。

《仁学》第十二节中谭嗣同论不生不灭之理想时，辗转多途论说之。谭嗣同首先从化学元素之转变上论证，在化学变化中虽有物质性能的变化，但物质整体不变，而只是元素之转变而已；又在物理变化中，只是物质形态的变化，如水冰气形态的变化，而其物质本身并未变化。又如同陶器和陶土之间的变化，食物在消化前后的变化等等。谭嗣同启用众多譬喻是为了说明此诸种变化物质事物有变化但无绝对灭绝之义，于变化之中有生灭变化，但有生并不长生不灭，灭又不永灭不复生。故而从遮诠的角度说不生不灭。

第十二节中更从不生不灭与微生灭的关系说明生死理想，此义全为佛教义理。

> 不生不灭，至于佛入涅槃，蔑以加矣，然佛固曰不离师子座，现身一切处，一切入一，一入一切，则又时时从兜率天宫下，时时投胎，时时住胎，时时出世，时时出家，时时成道，时时降魔，时时转法轮，时时般涅槃。一刹那顷，已有无量佛生灭，已有无量众生生灭，已有无量世界法界生灭。求之过去，生灭无始；求之未来，生灭无终；求之现在，生灭息息，过乎前而未尝或住。①

此处不生不灭是就涅槃寂灭义而言；然不生不灭非全无生灭之义，即言涅槃非灰身灭智之绝对虚无之义，佛虽涅槃然仍有八相示现，故而说过去生灭无始，未来无终，生灭息息。谭嗣同这里的论证即是说佛教无住涅槃之义。而说不生不灭是就无余涅槃而言，但说无余涅槃已经含摄不住涅槃在内了。故而不生不灭之中既有微生灭，此也是不生不灭之全义。

① 谭嗣同：《仁学》，蔡尚思、方行编《谭嗣同全集》，第313页。

五　一多相容

上四处理想是就谭嗣同一已发挥之通的理想而言，总其理想为通，分说则为平等、大全及不生不灭。但如果从佛教义理而言，谭嗣同论及理想时仍多依顺于佛教各宗之理想，且也企图将之汇通。其所涉及的佛教理想涉及三个方面：一是华严之事理无碍的圆融理想；二是唯识之转识成智理想；三是中观般若之空性理想。从佛教义理上而言，成就佛果是为佛教最大最究竟最圆满之理想。但因为众生根器之不同，故而佛之说法应众生根器不同而方便施设不同法门，这些法门就形成不同宗派之教化。各宗派思想之理想也呈现出同中之异。

谭嗣同依顺于华严而论述理想总为事理无碍之四无碍的圆融理想，若分说则实为二者，一为一多相容，二为三世一时。前者中含有空间之相容相通，也包含了人我个体之间的相容相通；后者主要从时间序列中论述过未现之汇通理想。

六　转识成智

从唯识的角度而言，佛教修行的方法为转识成智。其中智即谭嗣同所谓智能，也即是唯识宗之四种智：成所作智、妙观察智、平等性智和大圆镜智。谭嗣同尤其重视其中藏识所转成的大圆镜智，以之为转识成智理想中最重要的部分，第二十五节中描绘言：

吾大脑之所在，藏识之所在也。其前有圆洼焉，吾意以为镜，天地万物毕现影于中焉。继又以天地万物为镜，吾现影于中焉。两镜相涵，互为容纳，光影重重，非内非外。①

此处谭嗣同以其己见描绘藏识相状和大圆镜智之相状，他说藏识在大脑之中，而大圆镜智即在藏识之前有一个圆形的凹处，类似镜子，万物都投影成像于其中，后人有以其中影像为镜，人又投影成像于中，如此反复循环，两镜相涵，互为容纳，光影重重，非内非外，即是虚幻之相，重重叠叠。这里谭嗣同说大圆镜智即是脑中一实在的组织，类似镜子，当为臆说，谭嗣同之说类似人脑中视觉神经之终端处，有接受成像的功能，故而类似圆镜。但谭嗣同以为此即是大圆镜智，未免执有妄说，若以为大圆镜智即是投影成像之谓，那么声、香、味、触等如何能生成？此处谭嗣同之说粗浅固不待言。

第二十六节中转述转识成义言转识之次第为六七八前五识之顺序，而此八识所转成之智，前已说明，今但略示，前五识转成成所作智、第六识转成妙观察智、第七识转成平等性智、第八识转成大圆镜智。谭嗣同还以儒家修学之义类似唯识转识成智的修学进程。如说：

十五志学也者，亦自意诚入手也；三十而立，意已一而不纷矣，然犹未断也；四十不惑，意诚转为妙观察智矣；五十知天命，我执断矣，然犹有天命之见存，法执犹未断也；六十耳顺，法执亦断，为平等性智矣；七十从心所欲不逾矩，藏识转为大圆镜智矣。转识成智，盖圣凡之所同也。智

① 谭嗣同：《仁学》，蔡尚思、方行编《谭嗣同全集》，第331页。

> 慧者，孔谓之道心；业识者，孔谓之人心。[1]

此处以佛教转识成智的修学进程类比说明孔子自述毕生修学进程，以孔子修学契合佛家修学之次第原理。而转识成智就不仅是佛教之理想，也是圣凡之所同之道心，此处道心即从真如本心正智而言，区别于作为业识的人心。

又《仁学》第四十五节中复说转识之次第当先就第六意识断灭起。意识断，则我相除，我相除，则异同泯；异同泯，则平等出；至于平等，则洞澈彼此，一尘不隔，为通人我之极致矣。

七　般若空性

谭嗣同论佛教理想亦并不局限于某一宗一派，其所擅长偏好的固然是华严与唯识，但谭嗣同在论及佛教义理与儒家等其他思想学说比较汇通时，以及在汇通时论及佛教究竟理想时，往往都谈及般若空性义理。如《仁学》自叙中言冲决网罗之究竟理想时言：

> 然真能冲决，亦自无网罗；真无网罗，乃可言冲决。故冲决网罗者，即是未尝冲决网罗。[2]

此处言真能冲决则自无罗网，冲决网罗即是未尝冲决网罗，其实即是以般若空性之有无相待而性本空之义论网罗冲决。

二十七界说中论平等之义为破除对待之义，本即有性空之义；而后文说破对待之理想为无无，是就有无双谴之义上论平等

① 谭嗣同：《仁学》，蔡尚思、方行编《谭嗣同全集》，第 332—333 页。

② 同上，第 290 页。

为空性。

《仁学》第十节中论述性（此处所言之性较为广泛，含摄人性、物性、性爱等）时亦以无性之说阐释般若空性之理想：

> 以性所本无故。性所本无，以无性故。①

此处说性本无即是性空之义，其中无字不可做全无绝无之义解。

第四节　小结

本章论三家理想安立。三家论救世理想从论世界之苦反出，世间存在之苦为界限分别，就根源而言是虚妄分别、我法二执。故而理想即是去界限分别、灭断我法二执，而汇通成平等一如之境界。三家所安立之理想皆具佛教思想色彩。

康有为论述理想总说有三个层次：一是大同理想，二是侧重外境的净土理想，三是从心性证悟上论述修行理想。其中大同世界理想最为人熟悉，后两者则少有人知。就大同理想而言，首先大同世界中已经带有部分佛教理想的规定；其次大同理想之后，就其究竟境界而言则为佛教理想；最后大同理想和究竟的佛教理想两者具有统一关系，大同理想是通达佛教佛境理想的阶段性成果，可说为化城理想，佛教究竟理想是大同理想的必然归属。从此三个方面而论，大同理想通摄于佛教理想之中，带有极强佛教理想色彩，是佛教之化城理想，也可说为相似净土理想。如果说

① 谭嗣同：《仁学》，蔡尚思、方行编《谭嗣同全集》，第305页。

大同理想尚有相当强烈的儒家色彩的话，那么康有为佛教诗歌中所描绘出的净土世界理想则具有更加纯粹的佛教理想色彩，其中有宗华严的华藏世界描绘，有对西方极乐世界的描绘和向往，更有直接言说净土、乐土的诗句。另康有为更从心性证悟上说明对于利根众生而言的理想安立当为佛教所论心性上的证悟。康有为从三个角度说明证悟解脱：一为对烦恼的断灭，二为对真如佛性的证得，三从有无双遣的般若空性上说明究竟理想是离于有无对待的。从上三层次的论述可明显看出康有为论救世理想安立以佛教所论理想为基础，同时汇通儒佛二家义理，认为从究竟义上论为佛教理想，从次第适宜上论为儒家理想，由此而言儒家理想为通达究竟佛教理想之现世方便。

梁启超晚年明确说明其理想即是佛教究竟理想，无论就其个体而言，还是其论社会群体之理想。但梁启超对佛教理想的认同有前后的变化，前期多从真如本心上说明，谓当证得真如本心，但其论真如本心颇多混淆于精神本体，从佛教究竟义上看未为究竟；晚年梁启超又从般若空性上说明佛教究竟理想当是离言绝待的，是实证的，故而未证之际，不可妄论，故而晚年每涉及究竟理想又多回避。此二者本可汇通一如，但梁启超未曾详尽论述。但即便就梁启超早中期的整体思想而论，其论理想之佛教色彩也已经相当强烈。因梁启超救世思想注重从真如本心之为根本精神而发挥汇通功能，故而其论理想即是精神力量之发挥和汇通，由此有二次第：一是由散乱、庸俗的心性状态证悟到根本的精神状态，即是佛教证得真如本心之义；二是依止根本的精神力量而汇通诸分别的心识结构，此即佛教所谓依止根本智而行救世方便。此二次第中皆以根本的精神为究竟理想，也即是以真如本心为究竟理想自身，以证得真如本心、依止真如本心为究竟理想状态。由此梁启超基于此佛教理想安立而汇通中外诸说之理想范畴，如汇通西学中自由、平等、博爱之理想，又如儒家之仁心理想、道家之无为理想、墨家之兼爱理想。故可总说梁启超所论之理想即是汇通为一，此即佛教理想之平等一如义。

谭嗣同论理想更加明确简明。若总说可为平等，也可说为道通为一。若就学问上言，可说为大全、全体学；若就生死上而言，可说为不生不灭；若就空间数量上而言，可说为一多相容；若就心识上而言，可说为转识成智；若就有无上而言，可说为般若空性。此七种说法皆是从不同角度分说佛教究竟涅槃理想，而其中明确为佛教究竟理想范畴的就有四者，即平等义、华严一多相容说、唯识转识成智说、中观般若之般若空性义。其他如大全即总论佛教理想广大义；道通为一是就虚妄分别、人我分别而反说断灭烦恼杂染之境界；不生不灭是涅槃义之发挥。

故总论三家说理想皆具强烈的佛教色彩，稍稍保守如康有为，激进如谭嗣同。三家皆以佛教究竟理想为广大深远究竟理想，由此汇通诸教诸说之理想。康有为侧重外境之果，故其由大同而论净土之义，兼论心性双遣之义；梁启超侧重内境真如之果，故其以真心无我为心性根本汇通古今中西诸家诸学之本体论，又进而以佛说因缘染净义理汇通时空、历史地理等纵横演变，故在梁启超汇通为一即是理想；谭嗣同侧重外境之烦恼断灭义，故其冲决网罗、心力挽劫，但谭嗣同也兼重外境之果，故其以平等、道通为一、全体学为理想。汇通三家之说，即可见此理想之全貌，即佛境之广大深远、平等一如、清净永乐。

第六章　论救世方法

第一节　康有为论救世方法

郭朋等所著《近代佛教史论稿》中特别关注康有为《大同书》中说去家与佛教出家之义的差别性①，这一点论述是延续民国期间的观点。钱穆早就此做过评论，其《康有为学术述评》中说《大同书》中的去家思想和佛教出家思想意趣不同②。释东初也持同样看法。李向平《救世与救心》中论述康有为救世方法时虽侧重其政治实践，但仍旧指出康有为是以佛教菩萨圣贤之使命为己任③。

一　康有为救世方法重视宗教

康有为救世方法是通过比较诸种救世方法而抉择出来的，此

① 郭朋等著：《中国近代佛学思想史稿》，巴蜀书社，1989 年。

② 钱穆：《康有为学术述评》，《清华大学学报》1936 年第 3 期。

③ 李向平：《救世与救心——中国近代佛教复兴思潮研究》，上海人民出版社，1993 年。

抉择原则即是次第之适宜，既包含国情风俗人性之适宜，也包括社会历史发展次第之适宜。在诸种救世形式及手段中，康有为首要重视的是宗教。《与沈刑部子培书》中论教说：

> 若夫教，何以为教哉？有高有下，有浅有深，因人而发，要足以救今之弊，兴起人心成就人才而已。①

此处已经指明教何以为教重要的一点就是能够救今之弊端。此处的教主要集中在教化义上，于现今所谓宗教义不尽相同，但在康有为那里教与宗教具有可以汇通的空间。

1912年10月7日《孔教会序》中康有为重新谈到教之重要性：

> 夫凡为圆首方足之人，身外之交际，身内之云为，持循何方，节文何若，必有教焉以为之导。②

这里论说教之必要性可以说与现今所谓的普世性义相近，因其说但凡为人则必需教为之导，即是教导教化之义，故而其所谓教仍旧是广泛的教学之义，似乎仍与狭隘义上的宗教义不尽相同。康有为也觉察到有必要理清此二者之间关系。康有为认为教是广泛的，其中可以分为两种种类：一为神道教，一为人道教。前者即现今一般意义上所言之宗教，对应于英文之religion，religion初由日本翻译过来为“宗教”；后者康有为专门用来指代儒家之教，康有为不满儒家思想只是诸子思想之一种，而致力于推广儒家思想亦为一种宗教——儒教，并鼓吹将儒教设立为国教。

① 康有为：《与沈刑部子培书》，《康有为全集》第一集，第238页。
② 康有为：《孔教会序》，《康有为全集》第九集，第346页。

早在 1898 年康有为即有此构想，其在《请商定教案法律厘正科举文体听天下乡邑增设文庙谨写〈孔子改制考〉进呈预览以尊圣师而保大教折》及《请尊孔圣为国教立教部教会以孔子纪年而废淫祀折》两本奏章中即已经表明此种构想。而由此构想当时实际是出于应对外侮。

> 吾举国皆在孔子教中，何待设教会？然圣像之毁，可为寒心，非合众聚讲，不能得力。
>
> 虽然，外侮之来，亦有所自。我中国名虽尊圣，然尊而不亲；天下淫祀，皆杂他鬼神。士庶自成童，离其乡塾，口不复诵孔子之经，身不得拜孔子之像。
>
> 若夫为教之法，自朱子讲明义理、发明四书，元明尊之，以四书义试士，本欲天下士人日诵圣言，发明大道也。而积久弊生，岁科试之试生童，专务防弊，试以搭截取、枯困、纤小之题，创为破承、开讲、提对、中对、后对、结对之体，连上犯下之法。①

康有为此处先说明本来举国皆是处于孔子之教中，本也不需要设立教会尊为国教之类的，但是就内在的情况来看，实际是徒有尊孔之名，而无尊孔之实，即便是科举考试也已经演变成一种淘汰的考试形式而已，更不用说其中作弊行贿之风了。正因为此也导致了外国人谓中国无教：

> 西人谓吾为无教之国，降之为三等野番。故近年使臣皆调从非洲，横肆凭陵，实用待野蛮之法，固由国弱所致。而

① 康有为：《请商定教案法律厘正科举文体听天下乡邑增设文庙谨写〈孔子改制考〉进呈预览以尊圣师而保大教折》，《康有为全集》第四集，第 93 页。

> 国弱之故，民愚俗坏，亦由圣教坠于选举、四书亡于八股为之。故国亡于无教，教亡于八股。①

综合来看即是说内外和合而成就内忧外患之况。教之重要性必要性既是因为内部圣教腐化无实，也是因为外国势力以无教而行待野蛮之法。故而重尊孔子之教，适宜时代之要求，尊为国教，建立教会等形式则成必要。康有为在这里是参考了西方基督教之设立教会、尊为国教的方式而构想孔教或儒教。但这中间有着极大的理论困难：其他宗教具有神道教的色彩，而孔子学说历来是外于鬼神之外。故而康有为为解决此困难，牵强而言：

> 夫神道设教，圣人所许，乡曲必庙，祷赛是资。而牛神蛇鬼，日窃香火，山精木魅，谬设庙祠，于人心无所激励，于俗尚无所风导，徒令妖巫欺惑，神怪惊人，虚糜牲醴之资，日竭香烛之费。而欧美游者，视为野蛮，拍像传观，以为笑柄，等中国于爪哇、印度、非洲之蛮俗而已。于国为大耻，于民无少益。②

康有为一方面说神道设教是圣人所许可的，另一方面又将大量的民间信仰形式排斥在外。观其理由，实在是取西方人的眼光，以此等民间信仰形式为低级粗俗的野蛮信仰形式，是一种国耻，且于民也无益。康有为此设想导致了严重的后果，即清末到民国之间大量的占领夺取寺庙财产为建学校之风，康有为本人也

① 康有为：《请商定教案法律厘正科举文体听天下乡邑增设文庙谨写〈孔子改制考〉进呈预览以尊圣师而保大教折》，《康有为全集》第四集，第 94 页。

② 康有为：《请尊孔圣为国教立教部教会以孔子纪年而废淫祀折》，《康有为全集》第四集，第 96 页。

受到强烈的谴责。毁庙兴学运动中大量佛教道教寺观受到了冲击，康有为在《我史》中无奈地说：

> 吾以乡落各有淫祠，皆有租入，故欲改以充各乡落学舍，意以佛寺不在淫祠之列。不意地方无赖，借端扰挟，此则非当时意料所及矣。①

发生这样始料未及的情况，根本源于康有为当时理论论述上的疏漏。为何当时康有为特别强调神道设教为圣人所许？虽然他从儒佛沟通的角度论述了儒家也有神鬼轮回之说，也有因果报应之说，但一当认可神道之教为儒家所许，那么就必须承认各种民间信仰形式也当是圣人所许。而如果要排斥此种种民间信仰，则势必会排斥佛道二教，甚至会反冲到儒教本身。康有为论述儒教并非神道之教的观念在此处没有明确的界限才导致这样的后果。

中期之后，康有为对此则有了更加明晰的认识，做了比较严格的区分。《中华救国论》中康有为渐渐开始区别神道和人道的差别：

> 日本之称宗教也，译自欧人，英文所谓厘离尽（religion），该专以神道设教，故有以孔子不欲神为非宗教者，此不明教之为义也。夫人之食饮男女，天也；若夫身外之交际，身内之云为，持循何所，节文何加，则必有教焉以导之。太古尚鬼，则神教为尊；文明重人，则人道为重。要神道人道，其为教人民则一也。孔子者，以人道为教，而亦兼存鬼神。

---

① 康有为：《我史》，《康有为全集》第五集，第95页。

> 夫各国不迷信，未有若中国之早者也。然以灾祥祸福，劝善惩恶，当此浊世，实不可废，故孔子何尝不尊天明鬼神。①

这里的阐述足够详尽明确，康有为既需要为儒教博取一点宗教性质，又想特别地强调儒教是人道之教，所以说是兼人道神道，而以人道为主。康有为这种观念中仍旧带有早期吸取西方人文明进化观念的痕迹，越是文明的社会越是重视人道，而不重鬼神之教，但是基督教明明是神道教，却又是康有为眼中的文明世界，这又当如何解释呢？在此康有为的文明进化理论已经与西方宗教观念不同了，而是带有其三世说的痕迹。康有为之保留神道教的理由是从方便教化上而言的，因为在此浊世完全弃舍鬼神之迷信是不可能也是不适宜的，而康有为说儒教之重人道其实也是从方便教化上而来，可以说在大同之后，重人道之儒教是可以被仙佛之佛道而取代，这也符合其三世说的推论。

由上论述来看康有为所说之教与宗教两个范畴之前的关系，则可明白康有为由早期部分认同西方宗教观念，而渐渐突破出来，他经由比较神道人道之教而重新扩展了宗教概念的指代范围。他认为宗教概念应该是广泛的教化之义，而其中可因侧重不同、方法和理想之不同分成神道和人道两科，关键的是宗教的观念必须得到更新扩展，而不可以偏狭于西方概念之中，也就是偏狭于神道教之中。

> 今人之称宗教者，名从日本，而日本译自英文之厘里近（religion）耳。在日人习用二字，故以佛教诸宗，加叠成

① 康有为：《中华救国论》，《康有为全集》第九集，第326页。

词，其意实曰神教云尔。然厘里近之义，实不能以神教尽之，但久为耶教形式所囿，几若非神无教。然教而加宗，义已不妥，若因佛、回、耶皆言神道，而谓为神教可也，遂以孔子不言神道，即不得为教，则知二五而不知十者也。①

康有为的思路实际上可以这么理解：孔子学说要和宗教汇通起来，而一般所谓宗教偏狭于神道教，那么要么说孔子学说也讲鬼神祸福因果报应，要么就说宗教概念不当如此偏狭，而应当更加广泛地包含不讲或者说不侧重讲鬼神祸福因果报应的教化学说。如此从两个方面来努力增进儒家思想的宗教色彩。而其增进儒家思想的宗教色彩的目的也因此而可从两个方面论说：一个方面指出儒家亦有鬼神祸福因果报应之说，并不缺少对异于人的神秘力量的信仰崇拜，因而也不缺少由此而有的教化力量与教化方便；另一个方面指出宗教的本质并不在于神鬼迷信，而在于对人的教化导引，因此儒家思想为宗教中最适宜于人类的，尤其适宜于中国，而其他宗教则未必有此方便适宜之特性。康有为晚年对于比较诸教思想更加老练圆熟。一方面他更加严格地区分神道教和人道教，另一方面也从宗教信仰自由和融合诸教的角度企图汇通神道教和人道教。

1923 年 4 月《开封演讲辞》中简明严格地区分了神道教和人道教：

既在世界而为人，即有人之道，即应知人之所以为人之道。日本人曰宗教，在英文为哩利尽 religion，即神道教也，如婆罗门教、佛教、基督教、回教，皆劝人为善者，但只注

① 康有为：《孔教会序》，《康有为全集》第九集，第 345—346 页。

> 重灵魂，所谓神道教也。日本人译为宗教，不误也。在日人全宗佛教，下有禅宗、真宗、天台、华严、慈恩诸宗。故宗教诚为神道教，与中国数千年所谓教，诚不同也。中国汉前诸教未入，所谓教者，非孔子而何也。孔子之教，不专言灵魂，而实兼身兼魂，无所不包，简而言之，曰人道教而已。①

康有为这一段论说虽然也说儒教为兼身兼魂，无所不包，但最终还是简洁明了地确定儒教是为人道教，与神道教诚不同。此为康有为分别二教最为严格处。只有在严格区分开二教之后才可以明确地汇通，不然会有混淆之过。康有为之汇通有两种取向：一是从宗教信仰自由，一是融合诸教。

康有为论宗教信仰自由是与设立国教之设想联系在一起的，两者之间并不冲突，就其实质当是儒教与其他神道教的关系。1913 年 4 月《以孔教为国教配天议》中言：

> 盖信教自由者，宽大以听人民之好尚，特立国教者，独尊以明民俗之相宜。义各有为，不相蒙，亦不相累也。②

此中所宽大以听人民好尚的即是含国教在内的诸教，实即是诸神道教，而国教即儒教。两者地位之设立目的不同，也不冲突。康有为融合诸教的设想见《长安讲演录》中之第五次演讲：

> 夫地球之上，各教之多，皆诲人为善。然人数至众，风土至异，吾少着《大同书》，即拟联合诸教。

① 康有为：《开封演讲辞》，《康有为全集》第十一集，第 236 页。
② 康有为：《以孔教为国教配天议》，《康有为全集》第十集，第 94 页。

> 吾教同人攻吾叛教，吾谓非此不能保教也。欲采大地各教主之所长，联合诸教，约吾共行之。①

康有为曾游历四大洲、欧美诸国，视野开阔非当时一般知识分子所能比拟。其比较诸教视野之开阔也非当时一般宗教信徒所可比拟。所比较的诸教范围广大，既有本国之儒道释及各种民间信仰，也包括其他国度民族之各种宗教诸如基督教、回教、波斯教、婆罗门教等。而于诸教之中，他反复比较之后仍旧以儒教为最适宜之教。这源于他诉诸宗教之救世力量的原则乃是要宗教随顺人性、人情、国情、民俗等，在此基础之上他才肯承认宗教救世力量的效果。康有为比较诸教的原则总结起来即是随顺、适宜、次第。所随顺的是人性人情，尤其是人之情欲和有生死之局限；适宜所针对的主要是国情民俗等外在条件；次第所针对的是社会历史发展的渐进规律。在所比较的诸教之中，康有为主要比较的还是儒佛二教，有时会涉及西方现代学说，尤其科学与进化论，但这个层面的西学并非是狭隘意义上的宗教，也难以与康有为所言之广义的教化相对应，只能说在一定条件下才可以。所以总的来说康有为比较诸教主要即是在儒佛之间进行比较，这可以从《大同书》中看出。通过这样的比较，康有为认为从究竟广大的意义上而言，佛教的确比较广大究竟，其也能包含儒教；但佛教较偏重于出世，而儒教较偏重于在世教化，故而就现世的教化而言，还是儒教比较适宜。长远地看，二教可以互相补充融合。这一观念贯穿康有为终生。早在《康子内外篇》中，晚到

① 康有为：《长安讲演录》之《第五次讲演》，《康有为全集》第十一集，第288页。

晚年诸讲演之中，无一不是贯穿这一圆融观念。介于儒佛之间，或者能够圆融地沟通儒佛两教，又能够随顺适宜现世教化的，无疑是康有为所提出的大同世界的理念。从次第上而言，大同世界也是从现世儒教教化过渡到仙佛出世修行的中间阶段。所以总结而言，康有为救世思想最核心的当是救世须重次第，而不可逾越阶段。至于随顺、适宜二特点，实际是依循次第在横向截面的表现而已。故康有为于《大同书》绪言中十分肯定地说：

> 吾既生乱世，目击苦道，而思有以救之，昧昧我思，其唯行大同太平之道哉！遍观世法，舍大同之道而欲救生人之苦，求其大乐，殆无由也。大同之道，至平也，至公也，至仁也，治之至也，虽有善道，无以加此矣。①

1910年1月27日《与梁启超书》中言：

> 故以随顺觉性为无上妙法，有家有国，皆顺人道之宜。②

信中所谓随顺有家有国、随顺人道的无上妙法，实即是大同理念。

该年2月4日《与梁启超书》中于信尾特加一句言：

> 今益信吾大同之药方诸圣不如。③

此信前文已分析过，时康有为大病未愈，稍稍悔悟当初“好入火坑”“好入地狱”救苦救世之强行大愿，而欲遁世隐居、

① 康有为：《大同书》，《康有为全集》第七集，第6—7页。
② 康有为：《与梁启超》，《康有为全集》第九集，第118页。
③ 同上，第124页。

养病修身。在此情况之下，思量再三，仍旧说大同之说为诸圣不如之救世妙方，可见其对大同学说之自信。

二 抉择与融合

与其说康有为在比较诸教之后抉择了儒教，还不如说康有为通过融合诸教而创造了儒教。所谓儒教，已经是站在新的宗教角度重新看待传统儒教思想及其教化。在上文的叙述中，已经指出所谓儒教的发明，是同时在两个方面进行的：一是重新阐释传统儒家思想及其教化，以便将之与各宗教甚至西方科学理论汇通；一是在接收其他宗教及西学的时候，适当改造扩充其概念范畴，以便将之与儒教思想及其教化相沟通。在这样的双向改造之中，康有为才发明出儒教这种新的救世范畴。在区分神道教和人道教的时候，康有为已经在进行这种融合诸教的设想，传统儒家思想是不乱语力怪神的，但是康有为重新阐释说，这种观念恰恰是误解了儒家思想，首先从经典文本上，康有为创立今文经学学说、孔子改制托古的说法，从而依据今文经学之讲祸福祥瑞等文献论证儒家思想并不缺少神道教的内容，其次他进一步指出孔子承许鬼神报应等学说的存在及效应是建立在随顺民俗、方便教化的基础之上的，而如果像理学家那样只讲抽象道理，而不讲鬼神祸福等，则是没有建立教化之方便，也无法在摄众上获得广大民众的亲近，故而只是得到孔子真学的一部分而已，是狭隘的儒教，是哲学化了的儒教，是缺少生命力的儒教。最后康有为由此指出正是因为儒教兼包含了神道教的内容，也包含了人道教的内容，从而说儒教是包容广大的；但是儒教在此两者之间，又是以人道教为主的，也是在以人道教为主的原则上容许神道教的内容。所以康有为以人道教为基调的儒教接受神道教的内容并没有什么奇特之处，他以人道教的方便教化的原则来接受神鬼祸福等学说。如果将这一原则贯彻到底，那么儒教本身即是一种教化之方便，而除了方便之外并无一种实体的教化存在。任何一种宗教，其理论及教化实践都是针对特定受众的方便教化，如果脱离了所需要教化的受众，那么宗教之教化将不复存在，也没有存在的必要。康有为这样的观念是比较彻底的佛教观点，而且这一点在康有为那里为暗藏状态，康有为从来没有明确表述这一观念，但是无论从哪个角度来推度康有为的观点，最后都会得出这样的结论。这样的观点在康有为早期，呈现为一种主体化的经验论，即他认为任何义理都是人为了自营而运用智来观察并总结出的事情发展趋势及规律。可以说义理既是人为自营而发明出来的，同样以此推度，宗教同样是发明出来的，但要注意并不是任何人都可以发明，义理宗教等高级形态的经验规律为圣人所发明。圣人发明义理宗教是为了拯救民众，正如诸教教主都是仁爱民众，欲以其方拯救斯民。如果没有需要拯救的民众，那么圣人及其救世药方就没有必要了。所以人道教之本质即是教化之方便，而神道教之被接受也是教化之方便；在神道教盛行的国家地区时代，神道教固然也是教化之方便。两者不可截然分别，只是侧重点不同而已。

教化之方便施设在康有为那里需要具有三个原则：随顺、适宜、次第。随顺即随顺于人性情欲等；适宜，即适宜于国情民俗等；次第，即合符社会历史规律或圣人所发明的教化义理之次第。方便体现在三个方面，这三个方面是就方便施设的对象而言。此三个方面又可以总结为两个方面，即纵向和横向两个方面：纵向是指次第，因为次第往往是从时间、演变规律上而来说明发展演变应当符合适当的顺序，不可以慢于或快于适宜的阶段；而随顺适宜两者则主要针对横向的方便，而随顺适宜两者在横向上又可以继续分为两个方面：一是个体上的方便，一是群体上的方便。随顺人性情欲等主要是针对各个个体而言，也可以说是人类群体，但毕竟情欲等是个体性的；而适宜则主要是说明各种组织制度的适宜性，故而是特别针对群体而言。

（一）随顺

因为随顺是特别针对人性之情欲等方面而言的方便教化，所以部分内容会与论述心性本体的部分相关。从时间上而言，康有为思想之发展有三个时期：第一时期，康有为侧重于逆人情之学，强调克制人性中本有之食色之性。虽然这个时期他已经能够在理论上指明仁心本体之推度有顺、逆两种方式，但是他还是认为逆的方式比较适宜。强调逆人情成学与维新变法的观念相通。故而在维新变法失败之后，康有为流亡海外之际，他所做的一系列著作及其全部思想，都是转而偏向随顺人情人性。中期康有为的思想阐发形式是以重新阐释经典的方式呈现的，而在重新阐释经典的时候，康有为特别偏重讲述仁心本体，由仁心本体则进而讲述仁心之推度扩充，这一点如果反过来从人与天的关系来看其实就是随顺，也就是说人承天命、依于天性、随顺仁心。随顺仁心的角度是主要的，随顺人性中当有的情欲等则是次要的，康有为在论述这两个方面的时候并不在意理论的周密性。所以有的时候他说性即是包含善恶两端的人性，但有的时候又依顺于经典讲仁体本性为性之所依止。但就其全部思想的整体来看，康有为所说之人性仍旧包含善恶两端，作为可能性而存在。善恶两端之间有争斗，而争斗是取决于后天之习气。又人性本善之说，康有为的理解是人性中固然有善端，但也不尽是善端，仍有粗朴之恶端，但作为可能性之端而言，说善说恶都不准确。而能明确区分出善恶者要待后天习气形成，并见之行事动念之中。另外从智之推度而言，康有为认为无论善恶皆是自营，关键是看其能够克制自营，而推度仁爱至于他人，乃至宇宙万物，即言超越自身而将自营仁爱之心施设到他者身上。从这个角度而言，善恶皆是相对而言，并无绝对固定之善恶，也无善恶定性之分。所以康有为除了随顺仁心本体之外，还从教化的角度讲教化要随顺民众个体的承受能力，即人情人道本身必需的食色之性等。就民众或实践者本身而言，也应当循序渐进地克制情欲，不然修行上会产生不良后果，如周围环境不允许，如过于激进会产生退失之后果等等。随顺人之情欲，康有为具体说明的时候，即是说明食色之性二者，而且他论述这两者的时候，明显是针对佛教而言。就食之本性而言，他针对的是佛教之说不食肉戒杀生，如果不杀生仅仅是关系到战争杀人的话，那么康有为无疑是极其同意佛教戒杀观念的。但是当戒杀生涉及不食肉的时候，康有为的反应似乎比较大，这是因为他反复地提到这一点，即便在《大同书》中他也化了极大的篇幅来讨论这一点。他自己也承认无法做到长久不食肉。另外就戒性欲之说，康有为也花费大量的篇幅来讨论。在《大同书》中他从多个角度来讨论这个问题，如戒除性欲是否会导致人类绝种、是否会导致动物统治世界、是否会导致教化的重复等等。对食色二性的随顺，代表了全部人伦人道的随顺，康有为在此基础上总结指出新的儒教教化之道是不离于人伦人道之教化，其适用的阶段是乱世到升平世，而不适用于太平大同世间，即便到了大同世界戒杀生不食肉可以执行，完全戒性欲却仍旧不可以执行，其原因仍旧是人种不可绝。康有为晚年论说随顺之教化，主要是依据《中庸》首三句而开展，其中道即被阐释为不可离人，不可离日常人伦之道。

康有为早期论说随顺人情之言论如《康子内外篇》中说：

> 圣人之教，顺人之情，阳教也；佛氏之教，逆人之情，阴教也。①

1898年9月《与沈刑部子培书》中从不忍心为欲望且不可抑制辗转论证当随顺人性情欲：

> 夫仆不忍人之欲，岂有奇特勉为者哉？犹人有声色之欲耳。仆未忘声色之欲，以为不应于义，则抑而制之。若毒蛇猛虎、大火怨贼，不使其纵焉。有不忍人之欲，以为合于义矣，则因而纵之。近知此欲万无可纵之日，于是引万物刍狗之说，坐视其颠连困苦而不顾视。不忍人之欲，亦如毒蛇猛虎、大火怨贼，抑而制之。……则此欲亦时时决裂触发，而必有不能尽制者。②

康有为中期论随顺性情之说较多，不能尽引，捡其要者录如下：

《春秋董氏学》中说：

> 引天性之所好，而压其情之所憎，率性为之道不可离，既不可离，故唱而民和，动而民随。吾向谓：凡道民者，因

① 康有为：《康子内外篇》，《康有为全集》第一集，第103页。
② 康有为：《与沈刑部子培书》，《康有为全集》第一集，第237页。

> 人情所必趋，物性所不能遁者，其道必行。所谓言虽约说，必布人之为道，而远人不可以为道。精义妙道，真能发明孔子立教之本也。[①]

此处天性所好指仁心本性，情之所憎为自营之恶者，故而前者引导，后者压制。道之不可离，即言道当是人之可以行，而不是过于高远人不能行者。所以说立教当因人情所必趋，物性所不能遁者，然后道才可行。其中所谓不可离即是当随顺人情之义。

《春秋董氏学》中就有欲一点专门说：

> 使民有欲，顺天性也。[②]

《孟子微》中亦说不离之道：

> 人伦者，人道之自然，人生所必交之序，而不能离者也。人伦之道，乃人人天命性中之仁所自有，而行之久暂、精粗、大小、深浅，恐未能适得其宜。唯圣人累经考验，择其至精善者，修治而施行之，切于人情，可为人法，如为方员者之不可离规矩者也，尧舜是也。[③]

此处言人伦之道本是仁中所含有，但就程度深浅相对而言则有善恶分别，而善恶分别关键仍在适宜，所谓适宜即是随顺，如下文所说切于人情。

《中庸注》中更是明说道之为不可离：

> 道，犹路也。人身出入动作由之，无离乎路者，以明人

---

① 康有为：《春秋董氏学》，《康有为全集》第二集，第387页。

② 同上，第398页。

③ 康有为：《孟子微》，《康有为全集》第五集，第415页。

> 性之有交接云为无离之者，即为人道也。自形上言之为阴阳，自继成言之则为善性，自形下言之则为夫妇、父子、兄弟、君臣、朋友，皆人道之不可离也。若离乎道者，腾空缘壁盖有之矣，然非人所共由，不谓之道。故舍阴阳、善性、父子、夫妇、君臣、兄弟、朋友，亦有以为教者矣。然或爱奇好癖之人，行之非人人所共由，即非人道也。孔子之教，盖人道不可离者也。①

此段论述为康有为晚年思想所本，其中释道为不可离之路，即是一切修学行道之所由。进一步具体化即是日常人伦，从此不离日常人伦即可见其立教是随顺人情，故而文中处处说人人所共。对于离日常人伦而设立之教，康有为的意见是其非人人所有之道，虽其亦有存在之价值，但非人道，即是神鬼道而已。

康有为晚年论道之不可离，俱是依顺《中庸注》中所阐释的义理，其详尽阐释见晚年诸次演讲之中，前文已有分析，此处不复引述。

（二）适宜

康有为所说适宜主要针对群体制度而言，所须适宜者为国情民俗民风等。康有为建立此说基于医治疾病的譬喻，其谓立教救世犹如视病下药，故须对症下药才可，亦须视其体质而权衡药之轻重等等。其论说此譬喻如：

1898 年 9 月《与沈刑部子培书》，1—259 中言：

> 仆谓教者犹医者然，因其病而已。②

① 康有为：《中庸注》，《康有为全集》第五集，第 370 页。
② 康有为：《与沈刑部子培书》，《康有为全集》第一集，第 238 页。

《日本书目志》中亦云：

> 圣人譬之医也。医之为方，因病而发药。若病变，则方亦变矣。圣人之为治法也，随时而立义，时移而法亦移矣。①

其论立教救世须适宜于国情者，如当维新变法时期，其时国情为守旧恶变之症，而传统之中亦有求新之义，且苟不革新，则亡国亡种之危迫在眉睫，于是适宜于此国情者舍变法维新无他道。《外衅危迫分割洊至急宜及时发愤大誓臣工开制度新政局折》中论说维新变法之为必要适宜则说：

> 夫病症既变，宜用新方；岁步既更，宜革旧历。②

后文广引儒教经典论说维新为必要适宜。又反面论说若不革新则如印度土耳其之削地灭亡。

再论述维新变法之为必要适宜之际，康有为还突出说明维新变法当全盘变法，也要注意其中轻重缓急之应变：

> 然徒言变法，条理万端，随举一事，皆关重大，少一不变，连类无功。③
>
> 若惑于庸人之论，不为全局之谋，徘徊迟疑，苟且度日，旧弊未去，变法不全，则责言日闻，幅员日割，手足既缚，腹心亦封。虽欲偏安，无能为计矣。④

---

① 康有为：《日本书目志》，《康有为全集》第三集，第263页。

② 康有为：《外衅危迫分割洊至急宜及时发愤大誓臣工开制度新政局折》，《康有为全集》第四集，第13页。

③ 同上，第13页。

④ 同上，第16页。

此说似乎有悖于随顺适宜之义，然正是考虑到国情之紧迫，民俗积习之深厚，方才有此激进之策略，故而虽有悖渐进之序，实则适宜于艰难危急之国情。

民国之初，国家澶变于共和与革命之间，康有为倾向于共和立宪，而稍排斥于革命，故而其于《告同胞印事书后》中论说立宪与革命之抉择时讨论国情所宜云：

> 今吾中国之病，但求民权、立宪二药医之，则可立瘳，而为大地人种之巨无霸矣。兹用革命自立之方医之，吾恐如印度之一剂毙命．首难之麻喇加人，虽欲联邦而不能而就灭也。中国果服革命之药，则死矣无可救矣；操革命自立之医者，恐如林大剂之逾垣夜遁而不得也。①

康有为此时已经陷入保守派之列，其鼓吹立宪而排斥革命，从后来的历史趋势来看固然是不合时宜。但就康有为本人之思量考察而言，亦有其道理所在。革命必生巨变，而巨变之后，国将无主，国政不稳，势必为西方列强之所划分。康有为是鉴于印度等国亡国的先例而论及于此。从后来历史趋势看，革命之后，国家陷入军阀混战多年，亦可见康有为之先见。然康有为所未能料及的是第二次世界大战之后，全世界掀起的民族革命浪潮，此全球之趋势使得康有为所预料的帝国列强之瓜分最终不能得逞。所以从当时的国情做判断，革命之势的确也有其弊端之处。

就立教当适宜于民俗等而言，康有为侧重说明的是立教之中固然要立足于人道教而行，但考虑到民俗沿革之情，也应当适宜地引入包容神道教的内容。1894 年《书余莲珊尊小学斋集后》

① 康有为：《告同胞印事书后》，《康有为全集》第六集，第 369 页。

中论述儒家亦有鬼神祸福之说即是一证。

> 孔子改制“六经”，与民同患，席不暇暖，救民之厄，乃发为鬼神祸福报应之说，以明其民。
>
> 而佛氏因果、道家报应之说，乃独据而罗纳吾民，儒者有之，反遗遁而不居中。以宋儒统贯大道，穷理至精，尚蔽惑于伪说，于是儒术益隘，泽寡下逮。其流弊乃并修身亦去之，而道为须矣。①

康有为此说儒家本有鬼神报应之说，不当求之于佛道二教。姑不论儒家是否确实有鬼神报应之说，即便有之，其于社会历史中实际应用又有多少。而只就其提倡应当容许鬼神报应之说于教化之中而言，亦可见其随顺于民俗之信仰。其1913年4月《以孔教为国教配天议》中论宗教信仰自由时则说容许民众自由信仰其他宗教，而不妨碍儒教之为国教，其理由即是听民之好尚，所谓好尚即是随顺民俗之谓。康有为《意大利游记》中论及基督教时亦有容许之义：

> 然方今愚夫多而哲士少，尚当神道设教之时。设无畏警，则尽藉人力，其于迁善改过者必不勇，盖观于朱子为无鬼论而可证矣。耶教以天为父，令人人有四海兄弟之爱心。此其于欧美及非亚之间，其补益于人心不鲜。但施之中国，则一切之说，皆我旧教之所有。孔教言天至详，言迁善改过魂明，无不备矣。又有佛教补之，民情不顺，岂能强施？因救人而兵争，至于杀人盈城野，未能救之而先害之，此则不

① 康有为：《书余莲珊尊小学斋集后》，《康有为全集》第二集，第11页。

可解者矣。[①]

康有为此段论述涉及佛、儒、耶三教。表面读来似乎处处言说儒家之大全无不备，似乎是只论儒教，排斥他教之说。但细细思之，则可见其说有隐义。若其说儒教本有耶教之爱心迁善等，既如此又何须说民情不顺？若强调民情之随顺，当排斥耶教，则佛教又如何不排斥，而言之为补充？是则，如欲纳佛教为儒教之补充，则耶教亦可为补充。又若论说基督教为一神教，十字军东征之事本为救人却杀人盈城野，并以此为不顺民情，则康有为论不可全戒杀生之义又当何解？其可杀鸟兽等，与杀人盈城野，亦不过五十步笑一百步而已。若此中所区别者为一神教与非一神教之差别，则儒教佛教皆非一神教者，当不至于有排斥他教之狭隘义，则儒教又为何不可纳耶教为补充？又康有为论述宗教史时多以为耶教出于佛教，那么佛教即可作为补充，耶教自当已经为其补充矣。以此左右反复论证，实际可见康有为言下之意已经是容许诸教之为儒教之补充，其大义为其论宗教信仰自由之主张。此等容许即是其融会诸教以成普世大教的宏图所在，亦是出于民俗方便所在，因为“方今愚夫多而哲士少”，“设无畏警，则尽藉人力，其于迁善改过者必不勇”，这两个理由已经考虑到民俗之适宜了。

（三）次第

救世之教当符合应有之次第、循序渐进，不可保守亦不可激进，这是康有为救世立教最根本的原则。因为康有为以社会历史发展之必然规律为其救世立教之理论基点，那么如何确定救世方

① 康有为：《意大利游记》，《康有为全集》第七集，第398页。

法之诸内容则必须依据于对时代处于演化何阶段的判定之下，只有准确地判定了所处时代当处之阶段，才能依此判断所处时代是发展迟缓还是发展过急，然后制定相应的教化策略，使之符合正确的发展次第。康有为论说发展次第的系统范畴主要为三世说，也间接地参照了西方的进化学说，佛教之论世间轮回以及出世间的修行次第两套系统。

三世说为康有为思想的主要系统结构，也是其思想最基本的解说框架。在前文分析世界之时间结构的时候已经谈及三世说，此处主要就三世说与救世方法之重次第而论。运用三世说来实践救世构想最重要的一步即是判断所处时代为三世中何种阶段，并进而以此来判断所处时代是保守还是激进，由此进一步确定救世方略。

《大同书》绪言：

> 吾既生乱世，目击苦道，而思有以救之，昧昧我思，其唯行大同之道、行太平之道哉！①

此处言生于乱世，则乱世即是据乱，故而康有为在此处判断当时所处之阶段为据乱世。但乱世一词有可能是泛指，所以此处不得为确定之证据。又康有为《大同书》所作所成之年亦有多种说法，所以其所谓乱世亦难以精确判断为哪一年；再者其言生于乱世，此处之生是否是说出生还是整个人生之谓，亦难以断定。故而此处所说似乎不得为确证。《大同书》中又处处言大同，并未明确确定方今之世为何阶段，唯一可确定的是：当世不是大同世。但是从康有为在书中所给出的标准来看，却难以一下

① 康有为：《大同书》，《康有为全集》第七集，第6—7页。

子断定是据乱还是升平，因为有时两者的标准似乎都符合。

《中庸注》：

> 譬之今当升平之时，应发自主自立之义、公议立宪之事，若不改法则大乱生。①

此处则明确指出当今应当是升平之世，应当行自主自立、公议立宪之说。考察康有为言下之意当是说当时中国所行迟缓于次第，仍旧是保守性质。而其所谓升平世的重要标准即是立宪制，其理由是立宪为公议。但考《大同书》之大同合国三世表，则可见据乱世之第四条也提及有公议会，但指出无公政府。而康有为所谓公政府是为国与国合并之后的公政府，类似今之联合国，或者欧盟之类。所以此处康有为以公议立宪而论升平之世并不严谨，而其所暗含之义可能即是以西方富强之国为升平之世，而以中国落后之况为据乱之世。

《中华救国论》中说：

> 夫世者，三十年之谓；百世者，三千年，今近其时也。孔子预计据乱小康之法，只行三千年中，尔后则先行升平，皆平世大同法也。今者共和告成，君主已去，乃由据乱而入升平之世，孔子自有升平太平大同之道，推诸四海而准者也。②

此处以时间而推论当今已经进入升平之世，除了时间上的推论，另一个重要的标准即是共和之建立，君主被去除。考《大

① 康有为：《中庸注》，《康有为全集》第五集，第387页。
② 康有为：《中华救国论》，《康有为全集》第九集，第327页。

同书》之人类进化表中论升平世有二条论及此，升平世第二条云：

> 无帝王、君长，改为民主统领，有言立帝王、君长为叛逆。[①]

而据乱世与此义相反，为有帝王。

又升平世第七条云：

> 皇族虽未废而仅有空名，不执权。[②]

据乱世于此相反。

由此两条来看，共和成、君主去的确可以成为由据乱入升平之标准。但考《大同书》大同合国三世表中升平世第九条云：

> 各国多为统领，亦略有帝王，而统于公政府。[③]

此中说略有帝王，不知其所谓略有为何意？又考其第十六条（总第十六条，即该表最后一条）云：

> 渐削帝王、君主位号，改为总统、议长（中华本有议长一词，全集本无）。[④]

此则于西方资产阶级政权方式较接近。当如英国等仍是有帝王之号。康有为此说也只能就大略而言，以有无帝王而分。如果以此来判断，则中国当在 1912 年为据乱升平之分，该此时清帝退位，民国成立。但是其后袁世凯和张勋之复辟又当如何说明

---

① 康有为：《大同书》，《康有为全集》第七集，第 48 页。

② 同上，第 48 页。

③ 同上，第 145 页。

④ 同上，第 153 页。

呢？或许以其不成功而迅速遭人反对而致帝王梦破灭正说明升平之正确。但事情似乎并没有如此简单，当康有为将三世重叠而论时，似乎给予判断带来了更加复杂的局面：

《长安讲演录》之第四次演讲中云：

> 吾国人向轻外，此据乱也。今引欧美文明为友，而轻各野蛮国，升平也。一切可推之，亦可推三世为九世，有据乱之据乱、有据乱之升平，有据乱之太平，有升平之据乱，有升平之升平，有升平之太平，有太平之据乱，有太平之升平，有太平之太平。各地世既不同，制亦相反。今中国尚有生番，而俄已行过激。因时制宜，与世消息，孔教固无所不包，所谓“溥博渊泉而时出之”“道并行而不悖”也。①

这一段论述首一句似乎说明中国从前是据乱世，后成为升平世，其中变化当是在民国元年所成。这似乎在说中国升平之中尚有升平之据乱，且此升平世中之再分三世时又是从空间地方上之不同二分。如果是这样，那依据什么判定为整体之升平，为大多数地区进入升平世？还是从政府而言？康有为也没有明确说明。

就总体而言，康有为在判定所处时代的阶段性问题时，其基本认定民国之前中国为据乱世，所行策略为迟缓于应当所处的升平世，是过于保守，所以康有为制定的策略即是维新变法，虽其后在维新变法失败之后，仍有保皇之保守举动，但在康有为自己看来保皇与保国保种一样，仍旧是在维新大方略之中的。至民国成立，清帝退位，由封建帝制国家进入现代共和国家，康有为认

---

① 康有为：《长安讲演录》之《第四次讲演》，《康有为全集》第十一集，第284页。

为即是进入升平世，且是升平世之开始，那么康有为认为这个时候的策略应当是循序渐进地巩固落实升平世的建设，所以其注重君主立宪之共和制。而对于其他共和制度，甚至革命派，他认为过于激进，判定革命派为超越阶段的方略。

（四）从佛教的角度说救世当符合次第

三世说主要是就儒家思想系统而言，康有为还从佛教义理的角度论述救世方略当符合次第，这主要反映在其佛教诗歌中。康有为佛教诗歌中描绘救世方略当符合次第主要是运用象征手法，通过描绘诸天、化城、金轮等佛教法相来传达其次第理念。首先，在康有为看来佛教所指示的理想境界是究竟广大，具有终极意义，如果将之立即施于目前，在康有为看来又是过于高远而不切实际；其次，他也看到佛教除了比较侧重于描绘究竟理想的佛境，并不缺乏对通达究竟佛境而必须经过的中间阶段，这就是佛教中所言的修行次第，即描绘如何从一个凡夫通过修行逐渐达到究竟的佛境，而且大乘佛教中也不仅仅是描绘个体的修行状况，而是通过菩萨行的修行法门突出众生群体的修行次第，这一点与康有为注重国家社会的改造是极其类似的，所以康有为将之纳入自己的救世思想体系之中。所谓诸天，在前文论述佛教理想境界的时候已经涉及，其含有两种形式：一种是佛教中描绘世界结构的时候认为世界有三界六道众生界，其中天人界即是康有为所谓的诸天，与中国传统所谓的仙人有类似之处。按照佛教义理，凡人如果在世间行善或者修订，则在后世可以上生到天界，成为天人，成为天人之后仍旧可以继续修行，则可以最终成就佛果。当是佛教中大多数宗派认为天人乐多与苦，容易沉湎于乐中而不能精进修行，反之地狱旁生等众生又是苦多乐少，陷于苦中，从而条件难以具备，也难以方便修行，进而通达佛境；最终只有人间是苦乐均等的，从条件上说比较容易进入佛教修行门中，也就比较容易最终通达佛境。另外一种诸天，即是佛教中所说的佛国净土，这是由他方世界佛菩萨发愿而建立的国度，如果人世间或其他世间的众生精进修行，发愿进入此佛国净土，符合该净土世界佛所发愿的要求，临终之际彼国佛菩萨等就会来接引他进入此净土之中，并按照其修行程度分成各种不同等级。彼人在进入此佛国净土之后，则凭借此净土世界优良的条件继续修行，最终通达佛境。又此佛国净土也在世间，有时即在天界，也有宗派认为娑婆人间也是释迦佛所发愿欲成就之净土世界。故而这两种天界有交合之处，且从佛教修行次第而言，无论是天人世界还是净土世界都还是在轮回之中，并没有真正地通达佛境，即便在净土世界中，众生还是需要继续修行，只不过彼处的修行条件较人世间有好些，如无苦等。依龙树《十住毗婆沙论》中的说法而言，经由天人或净土的次第而修行最终通达佛境的修行法门是易行道，即谓是一种简易方便的法门；而在苦乐均等的人世间修行，经由无量劫，最终成就佛果是为难行道，因为苦乐均等的人世间是五浊世间，就苦乐而言并非如净土世界之纯乐无苦，也不如天界之乐多于苦。但这两种条件之说，各有方便，或说苦乐均等为优良条件，或说乐多于苦、纯乐无苦为优良条件，其实都是佛教中论说修行法门的方便善巧，是针对不同根器的众生而言。若有众生具有较高的根器，能够发宏大志愿，那么在此人世间修行难行道，则能迅速成就佛智佛德；如有众生根器不高，仅凭自力，难以于短时间中成就果位，那么待其进入净土世界或天人界中，凭借彼处较少干扰的环境条件而增进修行，也可缓缓通达佛境。亦有宗派认为在净土世界或天界成就不退果位之后还可以发愿到人世间来行菩萨道普度众生，最终共同成就佛果。不管是难行道还是易行道，其实康有为都是认同的。康有为也认为区分出难行道和易行道是根据众生根器的不同，所以在《董氏春秋学》中说：

君子议道自己，而制法以民。使民有欲，顺天性也。不得过节，成人理也。若夫为己，则遗物蜕秽，以无欲为贵。欲为民者，有欲。欲为圣人者，无欲。①

这里康有为以有欲无欲而区分了不同根器，即言：如果是他自己，则是欲为圣人，自然根器较高，志愿也大，所以是欲无欲的，且就康有为自己所言，他是要无畏于入地狱而救众生的；而对于一般大众，他则认为根器较低，志愿不大，应当令其从事易行道，随顺他们的天性，寡欲而已，不必求全部断绝情欲。这里是就情欲而言，实际是可以扩展为人道所有的诸种欲望需求的。而这里所说的欲为圣人者，无欲，即是暗指佛教修行的目标。

康有为佛教诗歌中从佛教义理的角度论说救世方略当因循次第，主要从三个方面通过象征手法的运用而呈现：诸天（天人）、化城、金轮（及其他轮）。这三个方面因为诸天在论说第二部分论说世界构成的时候已经详细论述，故而此处不再重复；天人的部分因为涉及主体行为，故而放置到后文进行论述。所以此处重点论述化城和金轮两个部分。正如在论说三世说与次第的问题时一样，依据佛教义理来论述次第重要的是所处世间的判定，依据判定说明发展是快是慢，然后给出救世方略。康有为在佛教诗歌中论说此人世间之苦即第二部分所论述世界构成及苦，

① 康有为：《春秋董氏学》，《康有为全集》第二集，第398页。

依据康有为的判定，此人世间是五浊世间，如同地狱泥犁，是坏空如梦幻泡影。其所给出的救世方略即是化城与金轮两者。

1. 化城

所谓化城，典出《法华经》之《化城喻品》。化城本义为变化成来的城池，用来譬喻小乘涅槃。经中譬喻说佛境为最终境界，而要达到此终极境界，道路长远，佛因害怕众生疲惫懈怠，故而变现化城，令众生于此中途化城，暂作休息，休息之后仍须前进，以便最终通达究竟佛境。经文略录如下：

> 譬如五百由旬，险难恶道，旷绝无人，怖畏之处。若有多众，欲过此道至珍宝处。有一导师，聪慧明达，善知险道通塞之相。将导众人，欲过此难。所将人众，中路懈退。白导师言：我等疲极，而复怖畏，不能复进。前路犹远，今欲退还。导师多诸方便，……于险道中，过三百由旬，化作一城。……是时疲极之众，心大欢喜，叹未曾有。……尔时导师，知此人众既得止息无疲倦，即灭化城，语众人言：汝等去来。宝处在近，向者大城，我所化作，为止息耳。①

从次第上言，文中所言珍宝所即是究竟佛境，则化城为中间阶段；化城即是变化所现，故并不是真实所有，而是虚幻，故而不可执着；化城是导师即佛陀所变现，故化城即是佛之方便法门，不可以之为究竟。康有为之救世方略如以大同为说，则大同并非究竟境界，因大同之后仍有仙佛境界，但康有为以为大同理念为方便药方，无上妙法，是其方便之说。故而其说化城实即是譬喻大同说。

---

① 鸠摩罗什译：《妙法莲华经》卷三，《大正藏》，第9册，No. 262，第25页下。

《假寓华埭伍氏福荫园两月，亭池静丽，已而遭从兄子勋丧，哀感徘徊而去》中说：

　　此身已拼束高阁，发愿从今依化城。[①]

此首中康有为较早用化城典故。诗中言辞语调即是佛教中发愿之文辞，而诗中所说之依化城，即言皈依于化城这一救世法门，也可以说皈依于《法华》，所以康有为此说之中并非说以化城为究竟，而是以究竟佛境为究竟，但度化众生却是以化城之方便为抉择。康有为皈依化城必定是含摄究竟与方便两者的，而绝不可以仅仅以化城或大同为究竟，也不可以究竟为玄远目标而无实践之方便。

《游印度舍卫城访佛迹》中说：

　　世界本来有成坏，化城无碍现华严。
　　天龙神鬼围千亿，似有雷音震塔尖。[②]

《与邱菽园论诗，跋卷尾三首》中说：

　　鸟啼花放知何世，水绕云阴自在行。
　　别有诸天千世界，化城无碍起纵横。[③]

这两首诗中化城都是和“无碍”二字联用的，即是表明康有为论说化城之救世方略融摄方便与究竟于一体的圆满法门。第一首中说世界本来即是有成坏的，那么任何有所建立的有为法皆是有生有灭的，如果这样，是不是就不再从事各种有为建立呢？

① 康有为：《假寓花埭伍氏福荫园两月，亭池静丽；已而遭从兄子勋丧，哀感徘徊而去》，《康有为全集》第十二集，第148页。

② 康有为：《游印度舍卫城访佛迹》，《康有为全集》第十二集，第224页。

③ 康有为：《与邱菽园论诗，跋卷尾三首》，《康有为全集》第十二集，第317页。

无论是国是家，还是成圣作佛，是不是完全虚无，终究皆会破灭，而无需努力呢？康有为说世界本来有生灭是不会妨碍化城之安立，更加不会妨碍作为究竟佛境的华严世界的出现。此处所谓不碍有二义：一者世界本来成坏，即言世界是幻有非实有，则化城亦是幻有非实有，如皆幻有，则无碍义成立；二者世界本有成坏，既言世界之本性为空，而空非谓绝对之无，而即是因缘幻有，但即便因缘幻有，而就其性而言则是真实无虚，故而说世界成坏，化城安立，都无碍于华严真实佛境之出现，故而无碍义成立。第二首中说除了此人间之外，尚有诸天等三千大千世界，接此句之后即言化城无碍，此中义说此人间之自在，诸天等十方世界等，其实皆是化城，故而其后说纵横，以纵横而言十方世界。此诗句又意味着，虽别有诸天等三千大千世界之快乐无苦，但这并不妨碍吾人专救此人世间而起化城之法门。总结而言，康有为论说化城为救世之方便法门，是融摄方便与究竟于一体的，并不仅限于大同世界而已。正是在此意义上说康有为救世思想皈依于佛教思想，带有极强佛教救世思想色彩，也是以佛教义理之整体框架为其救世思想之整体框架。

2. 金轮

金轮为佛教典故，经中常言转轮王有七宝，其中一宝为轮宝，即金轮；又转轮王有四种，为金银铜铁四种轮之王，故其中金轮王最为尊贵。金轮所到之处皆臣服，故金轮王拥有天下。所以金轮的象征意义首先即是国家在政治军事上兴盛强大，从实践上言，也可以说金轮即象征着国教在政治军事上的革新变法。金轮的象征含义还意味着在世的救世（人世间）取向，如果说诸天、净土、化城等救世方略是倾向于出离人世间而于他方世界中成就的话，那么金轮所象征的则是在此人世间成就离苦得乐的理想目标之初步。如果说诸天、净土，甚至化城等为易行道的话，那么金轮则带有极强的难行道色彩。

《戊子秋夜坐晋阳寺，惊闻祈年殿灾，今五百年矣，始议明年归政》中说：

> 金轮忽放大光明，万千世界莲花生。①

这一首是康有为佛教诗歌中较早运用到金轮这个象征意象的诗歌。诗中金轮是直接象征光绪帝之即将登位执政，而后一句则象征着净土世界，即西方极乐世界，且二者之间有承接关系：因此世间之金轮大放光明，才能够成就万千世界众生将来能够往生极乐世界；这首诗中所言万千世界也包括了此人间世界，是则康有为此处还是暗示着欲将此土化净土的志愿。与此诗中金轮象征意义相似的还有：

《日本国民党领袖佐佐友房以所撰《战袍日记》见赠，赋谢》中说：

> 金轮成牝朝，谁为勤王起？
> 奄奄待国亡，愧此健男子。②

此诗中金轮仍旧是直接象征光绪执政之事，暗含其为维新派，而与金轮相对的是牝朝，为慈禧等保守派的象征。以金轮象征此人世间，尤其是中国之政治改革者如：

---

① 康有为：《戊子秋夜坐晋阳寺，惊闻祈年殿灾　今五百年矣，始议明年归政》，《康有为全集》第十二集，第155页。

② 康有为：《日本国民党领袖佐佐友房以所撰〈战袍日记〉见赠，赋谢》，《康有为全集》第十二集，第193页。

《示任甫》中说：

> 神鬼天龙日夜围，时时说法万花飞。
> 金轮千转相不动，紫府灯光宝焰微。①

《游西湖，馆钱塘县吴季清明府德潇署。季清神识清妙，深悟大证，哲子铁樵中道奄逝。行时索诗，赋此》中说：

> 况魂无不之，又已证大慧。
> 与我转金轮，更驾联云袂。②

第一首中所谓金轮千转，即谓说法立教以救世之努力，其主旨仍在于此人世间，尤其是国家的政治军事经济改革等。所谓千转即譬喻所涉及方面众多。第二首中云与我，即谓与我为同志，所从之事皆同为救此人世、救此家国。

《丁酉元夕，唐薇卿中丞夜宴观剧，出除夕诗见示。即席次韵奉和》中说：

> 妙音历尽几多春，往返人天等一尘。
> 偶转金轮开世界，更无净土著天亲。③

这一首中偶转金轮之义即是康有为毕生重复的偶入人世间救苦众生的悲愿。所以此处转金轮即是入此世间，在人世间实践救苦方略之义；又金轮仍旧注重政治方面的救世方略，而非仅仅讲宗教或文化、道德等。这也是康有为之救世思想较为实际之处。

① 康有为：《示任甫》，《康有为全集》第十二集，第172页。
② 康有为：《游西湖，馆钱塘县吴季清明府德潇署。季清神识清妙，深悟大证，哲子铁樵中道奄逝。行时索诗，赋此》，《康有为全集》第十二集，第174页。
③ 康有为：《丁酉元夕，唐薇卿中丞夜宴观剧，出除夕诗见示。即席次韵奉和》，《康有为全集》第十二集，第187页。

1912年2月《与梁启超书》中提及康有为性格之务实：昔张研秋谓吾识极空，性极实。从中亦可见康有为之救世方略重次第即是重方略之切实可行。

三　救世之主体行为

可以说康有为毕生皆在为救国救民救世而奔波，若欲论说其救世方法中主体之行为，则须总其一生之传记方能尽之。故此处所叙之救世方法有两重限定，在此范围之内而论述为本文所限。一者此处所述之救世方法须是依循上述救世方法之原则，如随顺人情、适宜国情以及遵循次第三者；二者此处所述救世方法主要依循其佛教思想而安立之救世方法，故所涉及文献亦以其佛教诗歌为主，兼摄论说文中谈及佛教者。康有为认同佛教思想中大乘菩萨行思想，是因为大乘菩萨行具有在世修行、利他修行、净土佛果等能够与儒家思想相汇通的地方，也因为大乘菩萨行具有即心即佛、心性本觉、悲愿救苦、不住涅槃、究竟广大等能够包摄儒家思想在内而不仅限于儒家的地方，从这两个方面，康有为既以佛释儒，以佛摄儒，从而形成康有为救世思想之既重在世实践也能兼摄出世长远理想，且其依据佛教生灭无住之本心而行菩萨行，也使得其思想不会陷入物欲有为法之中而不得出。那么论其救世之主体行为本亦广大，但仅依据佛教自利利他之分别而以自利之自身修行、条件准备和利他之救世大行为两方面分别论述。

（一）自利自修行为

康有为自利修行大略有三类：读诵经论、参访寺院和修习止观。参访寺院含有听法亲近善知识恭敬三宝等熏习多闻积累资粮的修习方法；读诵经论含有数数研习经论义理、如理思维、法随法行等集聚智慧资粮的修习方法，此二者俱为积聚资粮。修习止观则为正修，康有为并未侧重于戒律，而是侧重于修定与观慧二者。

1. 读诵经论

早在西樵山读书期间，康有为即接触到佛教经典，并广为阅读。《读书西樵山白云洞》第三、四首中自叙云：

> 仙馆清斋读道书，黄庭写罢证真如。（三）
> 西北月同南月影，证从指月夜提携。（四）①

第三首中“道书”“黄庭俱”指道家书，而真如则暗指佛家书，是此时兼读佛道二家书籍。第四首中尾句指月指禅宗《指月录》，稿本中注云：“有三湖，上作书院。与梁铁君兄弟日夕步湖堤，时读《传灯指月录》，共证性海同源，绝无差别也。”是可知确是读佛典，且自谓有证悟。

又如《澹如楼读书》一首中更明确言：

> 三年不读南朝史，琐艳浓香久懒熏。
> 偶有遁逃聊学佛，伤于哀乐遂能文。②

康有为自述早年读佛道书事，除文首所引《戊戌轮舟中绝笔书籍戊午跋后之再跋》外，另如《我史附日记之光绪十年》中说：

> 春夏，寓城南板箱巷。既以法、越之役，粤城戒严，还

① 康有为：《读书西樵山白云洞》，《康有为全集》第十二集，第 142 页。
② 康有为：《澹如楼读书》，《康有为全集》第十二集，第 143 页。

> 乡居澹如楼。早岁读宋元明学案、《朱子语类》，于海幢华林读佛典颇多。上自婆罗门，旁收四教，兼为算学，涉猎西学书。秋冬，独居一楼，万缘澄绝，俯读仰思。①

此述早年诵读经论之事，后毕生不舍，虽流亡在外，携带不便，然亦有读诵。如1912年2月《与梁启超书》中言："深山无事，日读佛典。"由此可知，其于流亡国外之际，仍诵读不释。又常读者有楞伽、华严、维摩、唯识等诸经论。如《丁巳夏五，六月间，蒙难避地美森院即事》中云：

> 庭荫南柯方觉梦，几摊大藏读楞伽。
> 吾生自有安心法，所遇皆欣即是家。②

又康有为藏经藏事，毛春翔《古籍版片常谈》云："康有为藏此经（指普宁藏）一千二百余册，后售于王绶珊，今不知何存。"另又如《赠菽园以焚余〈楞伽经〉》一诗中云：

> 此为震旦证心书，我住南洋挟与居。
> 大海波涛渺无住，闻狮子吼证如如。
>
> 书三百箧被秦焚，此是焚余敝帚珍。
> 一卷楞伽经历劫，付君心印一时闻。③

诗中明言住南洋时携带此经常自诵读，并谓观无住而有证如如。

① 康有为：《我史》，《康有为全集》第五集，第64页。

② 康有为：《丁巳夏五，六月间，蒙难避地美森院即事》，《康有为全集》第十二集，第343页。

③ 康有为：《赠菽园以焚余〈楞伽经〉》，《康有为全集》第十二集，第214页。

2. 参访寺院

参访寺院、亲近三宝等事于康有为诗歌中则俯拾皆是。《汗漫舫诗集》中载自戊子（1888）年始往来京粤之间，参访寺院众多。如在京则游晋阳寺、枣花寺、谭柘梵宫、碧云寺、灵光寺、卧佛寺、法源寺。其中尤以游晋阳寺和法源寺所作两首最为佳妙。录法源寺一首以观其参访精进：

> 百劫精蓝在，深秋杖屦寻。
> 碑幢攲翠栝，殿阁翳苍林。
> 龙象惊谈法，香花礙人琴。
> 一龛余夙愿，长听海潮音。①

诗中叙事质朴，写景恬淡；谈法复鼓琴，生清净乐，甚为雅致怡人。

明年九月出京，返粤途中游西湖诸寺，诸如龙井寺、韬光寺、天竺寺；又转道江西，游访庐山诸寺，如海会寺、栖贤寺、归宗寺、东林驿，于中归宗、东林二诗俱是长篇，尤以归宗一首为胜。

自庚寅年（1890）至丁酉年（1897）八年间居粤，授徒讲学于万木草堂，其间诗歌俱收于《万木草堂诗集》（全集诗歌第三卷）。其间游罗浮桂林诸寺，俱有诗篇见留。如游茶山寺、华首台、冰井寺，内中以游华首台两首为胜，两首之中俱直言说法词句。如《华首台》二绝句云：

> 青山若现庄严相，白水时阐清净音。

---

① 康有为：《偕陈镇南编修、罗樨林兵部、梁橙里上舍过法源寺，与寺僧清霖讲经，听橙里鼓琴，生清净乐。赋诗写与僧》，《康有为全集》第十二集，第161页。

尽日孤青常说法，诸天华雨万重深。

万绿压山松径深，白云缭绕碧阴阴。
时从树杪窥飞瀑，夜夜梵声悟到今。①

诗中庄严、说法、诸天华雨、梵声等词俱禅意浓浓，又间之以青山白云、万绿白水，于绿松碧树中时听清净之音，夜夜深悟梵声大义。

即便是流亡境外，亦不忘四处参学，游访寺观。如其旅居印度之际，遍游五天，寻访佛迹，然此时印度佛教衰败，已无佛寺可观，遂感世界败坏。此次游访始于辛丑年（1901），其间诗歌俱集于《须弥雪亭诗集》，集中寻访佛迹诗歌如《自阿喇霸邑寻佛教僧寺，有人言刹都喇有之，至则绝无；寻至了忌喇爹利，即古之舍卫也，亦无佛迹。大教经劫，感慨而歌之》《游印度舍卫城访佛迹》《由逝多园须菩提布金所营精舍，登角楼，拾石而归。此石二千五百余年矣，自吾入中国，可为瑰宝》《访鸡足山伽耶灵塔佛迹，时天寒雨大，道滑马蹶不能行，挺车中野，久之改坐牛车入寺，艰险至矣》《偕同璧游印度鸡足山伽耶塔》。诗题叙所历事甚详，观题即为游记矣。

又戊申年（1908），常居槟榔屿之际，访游锡兰，观楞伽山，寻觅佛迹，所留诗歌集于《南兰堂诗集》。中如《游楞伽山晏那拉札布拉佛迹，楞伽即锡兰印音也。其佛迹凡四，一在后山深林中，人迹不到；一在班打拉乌伊拉之崇山，距干地不远，仅石上一佛足迹，无可观，吾不游。唯近哥林布之迦利腻尚有道

① 康有为：《华首台》，《康有为全集》第十二集，第178页。

场，而此地湖山幽胜，佛迹最伙，石柱万亿，千年前僧十五万，今零落之余，尚可一一摩挲也》《四游干地，在锡兰山上，高千余足，气和不暑，故星吉厘王都此，今英长官衙在焉。前临明湖，林峦倒影，湖边古寺，今有藏经台，俯临湖波，前为佛骨塔，右为故王官，外为公园，万卉成汇，幽胜独绝。雨后游之，尤秀倩也》《锡兰再访佛迹数处，其塔殿最庄严者，皆千年来物，非佛迹也。自晏那拉积布拉外楞伽真迹，近在歌林布二十里者，迦利腻圆塔颇大，周廊二百柱。天已暮，燃灯掷花佛前，塔前有菩提树，僧摘叶相赠》《秋九月再游印度。昔闻密遮拉士有寺数十、僧万数，吾至问居人，皆不识僧寺者》《游孟迈外舟行九英里曰象岛，有佛坐道场处，凿岩作堂，左龛下有潭，水清碧，右亦一堂，柱数十，象伟巨，大半完好，唯龛中皆改供湿婆淫物矣。积翠深深，既思说法龙象之迹，又感浩劫净秽之不择也》《九月避地再游印度，绝无僧寺，伤念大劫，感怀身世》。此诸篇多为长篇伤怀之作，诗题叙事亦详，只阅诗题即可知其所游所见所感矣。诗中大感圣教历劫，教法衰微，世界坏空，以为是人弘教，非教弘人。此等义理别处详谈，此不暇说。

癸丑年（1913）回国后，亦多重游故寺，《纳东海亭诗集》起自甲寅年（1914），集中载多篇重游故寺诗篇。如《再登韬光》《由灵隐寺、飞来峰，寺经毁后重修，甚丽，殿前石塔无恙，重摩有感》，《憩华阴庙》《龙井》《理安寺》《丙辰九月朔，游凤阳龙兴寺太祖为僧处，碑甚多，有大铜锅四，乃题太祖像》《重九登金山塔，今新修矣，寺前沙州又新生者。丹徒令章君觐瀛置酒，寺中僧出纸请题，写二诗付与》等等，不具录之。

总结而论，康有为毕生游亡，足遍中外，迹履四洲（亚非欧美)，每至一处，必访寺观，略有五期：戊子年间游京杭赣诸地佛道寺观；庚寅年至丁酉年间游历粤桂两地诸寺院；辛丑年间寻访佛迹于印度舍卫鸡足等地；戊申年间更游锡兰楞伽等地寻访佛寺；癸丑年回国后遍访故国寺观，广涉浙皖陕鲁等地。由斯足见康有为虽素言辞夸诞，行为乖张，然其佛教情怀固守一生，未尝退舍，亦是至诚之徒矣。

3. 止观修习

最后论说康有为佛教诗歌中言及的止观修习。萧公权《康有为思想研究》中已经提及康有为有静坐顿悟的经历①，但是萧公权书中对此不甚关注，且对顿悟时间和阅读经论的论证似有错乱。故其书虽权威，但因其偏于政治学而于佛学处不免时有偏见或错漏。康有为所谓止观修习并非严格遵循佛教方法而修行，观其大略类似明末心学之徒，以静坐习定为主，参以朱子格物而修观。依此法修所得境界恐距佛教真实见道开悟尚远。即便修行成就高如王阳明之自谓见道开悟，亦尚有争议，以为其未必是真见道。逮至康有为虽自谓彻悟，若从佛家修行谨严衡量，恐其只是悟得一二世间道理、获得滴许心思平静而已，绝非禅宗所谓真见道。是故，除却愚蒙门徒，世人对其自谓开悟多不以为然，然此亦不妨碍其人格魅力、摄众能力，更无损于其思想之伟大，历史地位之崇高。康有为尝试静坐修定始于其于澹如楼读书之际。除文首所引《戊戌轮舟中绝笔书籍戊午跋后之再跋》中自述长斋静坐，后归家“视妻孥如髑髅”云云。另如《我史附日记之光绪四年》中亦自述：

① 萧公权著、汪荣祖译：《康有为思想研究》，台北：联经出版事业公司，1988年。(该书原著出版于1974年)

忽绝学捐书，闭户谢有朋，静坐养心。同学大怪之，以先生尚躬行，恶禅学，无有为之者。静坐时，忽见天地万物皆我一体，大放光明，自以为圣人则欣喜而笑。忽思苍生困苦，则闷然而哭。忽思有亲不事，何学为？则即束装归庐先墓上。同门见歌哭无常，以为狂而有心疾矣。至冬辞九江先生，决归静坐焉。此《楞严》所谓飞魔入心，求道迫切，未有归依之时，多如此。①

又同书光绪五年中更说：

以西樵山水幽胜，可习静，正月遂入樵山，居白云洞，专讲道、佛之书，养神明，弃渣滓。时或啸歌为诗文，徘徊散发，枕卧石窟、瀑泉之间，席芳草，临芳草，修柯遮云，清泉满听。常夜坐弥月不睡，恣意游思，天上人间，极苦极乐，皆现身试之。始则诸魔杂沓，继则诸梦皆息。神明超胜，欣然自得。习五胜道，见身外有我，又令我入身中，视身如骸，视人如豕。既而以事出城，遂断此学。②

观此二段记录修定之况，当为习定初步，由掉举而渐静，既而或有幻象出现，是故此当尚未入正定。其以《楞严》五十种魔境自况，亦恐是夸大其词，兀自附会。

由此而到光绪十年，即康有为自谓证悟之年。此事《我史》及《康南海自编年谱》中记载相通，俱谓："秋冬，独居一楼，万缘澄觉，俯读仰思。至十二月，所悟日深。"后文过长，盖谓因观显微镜而悟小大齐同之理云云。又复以此汇通儒佛中西诸

① 康有为：《我史》，《康有为全集》第五集，第62页。
② 同上，第62页。

理。1912年2月《与梁启超书》中对此事云：

> 吾自冠岁受学礼山，笃信守道，至廿七岁兼通诸教，悟彻天人。以显微镜悟物之无大小也，以星光电光悟物之无久暂也，与维摩诘“七日为一劫，一劫为顷刻”同。庄生“天地不足以穷至大，毫末不足以穷至小”，亦见此也。大小久暂既破，于是以诸天为体，亦以日用常行为用。但无如吾有不忍之一念何，于是就其闻见至近者推行之。程子所谓“识得仁体，不须防检，不须搜索”；白沙所谓“得此把柄入手，使天地我立、万物我出”；王龙溪所谓“以天地万物依于身，不以身依于天地万物”。吾自谓从致知格物悟得之后，有无限之全权。沉地球，灭诸天，黄金铺地，皆为极小事；而日用洒扫，亦为极大事。邵尧夫所谓“卷舒万古兴亡手，出入千重云水身”，亦粗窥此意也。[①]

此语甚为平实中肯，于光绪十年事只说兼通诸教，悟彻天人。若就字面言可理解为：解悟诸教，于理上汇通中西儒佛而已；又所彻悟者只是天人之理，亦即大同之理，非佛家出世之至理。又从后文所引证诸说，可明知俱是心学路线，后文亦直说此为致知格物，是则所谓观显微镜、星光电光等实即朱子格物之类。信末再三说粗窥此意而已。

康有为诗歌中对此事亦有记载，如诗《止观自证》云：

> 嫣红姹紫满山春，采药寻香欲赠人。
> 曲径危桥都历遍，出来依旧一吟身。[②]

① 康有为：《与梁启超书》，《康有为全集》第九集，第283页。
② 康有为：《止观自证》，《康有为全集》第十二集，第145页。

该诗似另有一版本，见载于梁启超《诗话之六十九》（《新编中国名人年谱集成康有为梁启超》中所录与之同，当是参考梁之诗话而增加者）中：

> 南海游罗浮诗颇多，内一首云："万峰走神仆，绝顶立飞仙。俯视但云气，山岳尽茫然。迷蒙难见日，呼吸欲通天。白帝如能问，蓬莱驾紫烟。"又一首云："万紫千红总是春，升天入地不犹人。曲径危桥都历遍，出来依旧一吟身。"此皆可见入格诗也。①

诗话中所载第二首与《止观自证》极类，后二句同，唯前二句略异。"万紫千红总是春"与"嫣红姹紫满山春"义同辞略异，后句用《牡丹亭》中成语，"升天入地不犹人"与"采药寻香欲赠人"句义则大有异。

若从时间上考证，《止观自证》一首载于全集第十二册中诗歌第一卷《延香老屋诗集》，编排时，前几首依次为《游扬州，久经兵燹，名园尽毁，繁华无睹。怆然赋诗》《由扬州出镇江瓜州渡江，大风雨，望金山寺塔，已夕，小舟甚危，思亲綦切》《登金山妙高台，寺僧出东坡玉带相示，摩挲久之》《登镇江北固楼》《游金陵明故宫及孝陵秦淮旧板桥》；后一首为《苏村卧病写怀》，再后一首为《除夕答从兄沛然秀才，时将入京上书》。考《康南海自编年谱》之光绪八年中云：

> 五月顺天乡试，借此游京师，谒太学，叩石鼓，瞻宫阙，购碑刻讲金石之学。时崔夔典编修甚敬余，将扫室馆

① 梁启超：《诗话》，《梁启超全集》第十八卷，第5330页。

我，既罢，还游扬州、镇江，登平山堂泛舟金，焦而归。①

《新编中国名人年谱集成康有为梁启超》中光绪八年记载略详：

> 游扬州镇江金陵，登金山妙高台，北固楼，游明故宫各有赋诗。②

以此中所记游历顺序，参考诗集中诗歌编排顺序，则可知其水路形成为舟泛运河，出扬州则由水路至镇江瓜州，后至金陵，此一水路为由北往南，复东向至上海。《康南海自编年谱》中未记游金陵事，而《新编年谱集成》中加载游历金陵等，恐亦是依据诗文而增详。勿论其他，康有为游金陵并赋诗之事当在光绪八年五月之后，则《止观自证》一诗亦当在此之后。

又《康南海自编年谱》光绪十一年中云：

> 既而张延秋招游京师，二月将行，二十三日头痛大作，几死。③

以此合《除夕答从兄沛然秀才，时将入京上书》及后一首《感事》（题下注云：时马江败，诣阙上书请变法）三相考辩则知：所谓将入京上书即是因马江海战兵败后拟入京上书者，马江海战在光绪十年，则上书事当在光绪十一年。由此可推断诗中所言除夕当为光绪十年除夕，年谱中所云二月仍为光绪十一年二月。是则《止观自证》一首当作为光绪十年。

① 康有为：《康南海自编年谱》，台北：文海出版社，1972年，第12页。
② 杨克己编：《民国康长素先生有为梁任公先生启超师生合谱》，台北：商务印书馆，1982年，第41页。
③ 康有为：《康南海自编年谱》，台北：文海出版社，1972年，第15页。

然康有为卧病苏村诗在此一阶段有两首：《苏村卧病写怀》一首，《乙酉除夕病卧苏村》一首。参年谱中所载，凡生病有两次：一次为光绪七年臀起核刺；一次为光绪十年头痛大作。则《苏村卧病写怀》或为光绪七年作，或为光绪十一年作。然仔细揣摩《苏村卧病写怀》四首，有两点可注意：一者第三首中云：世界开新逢进化，贤师受道愧传薪。又云：南望九江北京国，拊心辜负总酸辛。前两句中言及进化，而康有为涉猎西学，实始于其光绪八年从上海归来之后，年谱光绪八年中言“途径上海繁盛，益知西人治术之有本。舟车行路，大购西书以归讲求焉。十一月还家，自是大讲西学，始尽释故见”。诗中云贤师受道愧传薪，此意暗指己学西学，有愧于恩师九江先生，下文又进一步说：南望九江北京国，拊心辜负总酸辛，诗中以九江名嵌于句中，则以为自学西学，辜负恩师之义甚明，此辜负之义因九江先生之去世，愈加悲切，而朱九江之去世正在光绪八年，且在其出京之前。此一点可证《苏村卧病写怀》中之卧病非光绪七年之臀刺之病。另《我史附日记》之光绪五年中云：“吾自师九江先生而得闻圣贤大道之绪，自友延秋先生而得博中原文献之传。尝有诗怀之曰：南望九江北京国，拊心知己总酸辛。实录也。”其中所录诗句与诗集中诗句有一词之差，后句改“知己”二字为“辜负”。由此改动当可推度，此诗本事为怀九江先生及张延秋先生，为九江先生去世后，方改“知己”二字为“辜负”二字，此义甚明。又《我史》为事后所写，此处非是日记，故诗句虽见载于光绪五年，然诗不必作于光绪五年；且观其语调，谓“尝有诗怀之”，当为后来之事，是故不可以此证此诗作于光绪五年。又第二点可注意者为诗中云：纵横宙合一微尘，偶到人间阅廿春。此句中以己身为天地微尘，偶然入世之佛教义已颇明朗，若参《止观自证》中“曲径危桥都历遍，出来依旧一吟身”合观，则二诗中入世之义极类似，且《苏村卧病写怀》一首意思更明确，可知该诗当作于《止观自证》之后；又诗中云：拟经制礼吾何敢，蜡屐持筹事未分，颇有大同拟定，从容待死之感，从此亦可辗转推知此诗当作于光绪十一年，唯未必晚到除夕，是不必与《乙酉除夕病卧苏村》为同时所作。由此则《止观自证》当亦作于是年。

上由年谱及诗集反复推论，暂定《止观自证》一首最早当在光绪八年五月之后，或十一月之后；最晚当在光绪十一年除夕之前。终究是与光绪十年自谓彻悟天人、兼通诸教之事密不可分。

又对比全集中所录版本与梁启超诗话中所录版本，明显可看出梁本粗糙，全集本精致。而梁启超谓该诗为游罗浮之诗。《万木草堂诗集》中所录《游罗浮》一首稿本有注云：《伪经考》被劾焚，携门人叶湘南同游。由此可知，光绪二十年确有游罗浮一事，《新编中国名人年谱集成 康有为 梁启超》中光绪二十年中详载此事，并俱录梁启超《诗话》中所录之二诗，字句无异，料其亦参梁启超诗话增加于此。然以版本粗精而言，《止观自证》自较诗话及《新编年谱》中所载罗浮诗要精致，罗浮诗当为草稿，《止观自证》当为成品，然如此则成先有定本，后有草稿，理必不当如此。吾意恐任公记忆有误，诗话为流亡日本时所作，有一二记悟，恐也难免。又梁启超初所见者当为其诗话所载之版本，而康有为后来结集诗歌时必定又有修订，是故全集中所载当为其后来修订之本，然其将之置于《延香老屋诗集》中故因其最初所作年代为光绪十年，而非光绪二十年。抑或康有为早年曾有此作，后于游罗浮中咏及此诗，然时隔十年，又复为应景，故词句有所差异，梁启超等诸门人辗转听闻，辄记录以为光绪二十年所作，亦未可知也。

综上所述，《止观自证》定为其二十岁自谓彻悟之留诗作证之作。

此诗七言绝句，其中佛禅之意甚浓，又此禅意俱用象征之法而写出。首句“嫣红姹紫满山春”象征欲证之至境，康有为诗中以春喻证境之句甚多，如《大同书成题词》中云：

> 人道只求乐，天心唯有仁。
> 先除诸苦法，渐见太平春。①

《偕若海、公裕品茗不忍池中无着亭看月。已而病，若海以二诗来，答之》中云：

> 众生有病吾遂病，世界微尘我人尘。
> 玉宇琼楼不归去，人间少住未知春。②

《赠侗公》中云：

> 落花流水带平芜，天上人间春尽无。
> 国土华严犹可致，家居□坏抑何愚。③

此几篇中“春”字俱有太平、大同、净土之境义。是故可证《止观自证》中“满山春”之义即是欲证之净土大同之义。

① 康有为：《大同书成题词》，《康有为全集》第十二集，第136页。

② 康有为：《偕若海、公裕品茗不忍池中无着亭看月。已而病，若海以二诗来，答之》，《康有为全集》第十二集，第325页。

③ 康有为：《赠侗公》，《康有为全集》第十二集，第333页。

二句“采药寻香欲赠人”，仍是用典兼象征，象征入世救度之义。采药，上文已证即用佛典中喻佛为大医王，所说经论诸法为药，教授众生为疗治众生之病义；寻香，上文亦已证，即用维摩诘于上方众香国取香饭之典故，此处康有为用来象征寻取救国拯苦之方法，赠人即入世救度之义。三句曲径危桥都历遍，即是诗中常言之历劫之义。末句出来依旧一吟身，谓于止观自证有所得后，仍以贫贱书生之示现入世救苦。

自此之后，康有为遂以此得，奔走国事。然静坐习定之事并未于此而断，间或亦有从事。如1910年8月5日《与梁启超书》中言：

> 每日静坐止观，以澄万有之物感，乃学者必当有事。[①]

《馆门深闭，终日大雨无人，吾是老僧入定矣》一诗中亦描绘：

> 薜荔蒙墙树蔽天，院门深闭晒茶烟。
> 偶逢淫雨日昏黑，便是僧寮入定缘。[②]

是亦可知，康有为毕生每有闲暇机缘，辄自静坐习定，以为学者必当有事。至此，已说修定自利之行毕，观慧一事，当于观外境处详说，此不暇言。

总结而言，康有为佛教诗歌中所述自利修行有三者：诵读经论、参访寺院、修习止观。此三者俱起自少时，毕生未舍，然其于所修所证亦常有夸大之辞。康有为所谓止观修习本于理学格物

---

① 康有为：《与梁启超书》，《康有为全集》第九集，第151页。

② 康有为：《馆门深闭，终日大雨无人，吾是老僧入定矣》，《康有为全集》第十二集，第340页。

致知之法，与佛教止观略有差异。其自谓定境，距佛教正定尚远，不可盲信；其所谓彻悟当是儒家心学所谓自悟，类佛家中解悟世间道理，不可混淆于真见道开悟。

（二）利他救世行为

康有为依据佛教义理而阐发其救世思想多见于其诗歌中，而诗歌从文学体裁来看则为抒情言志之体，故而康有为于其佛教诗歌中描绘其救世思想时，往往采取抒发情志的方式。可以说抒发其悲愿入世救苦的菩萨大愿为其佛教诗歌的唯一母题。今从三个方面略加论述：发愿救世的主体形象；悲愿入世的动机；入世救苦的模态。

1. 发愿救世的主体形象

康有为佛教诗歌中主体形象即其所常自况之形象，广涉佛菩萨祖师大德及其他，于中亦兼涉对他人形象之象征譬喻。今分佛、菩萨、天人、祖师大德四个部分分别论之。

（1）自况佛祖

康有为佛教诗歌中抒怀表志之际，常自况教主，此为其诗歌象征之核心。延之佛教，自况教主则自况为佛。此若从理证而言，则本于中国佛教常言之吾人心中本具佛性，只因其被客尘所染，暂不现见；若能对治烦恼杂染，舍染趋净，则可使本具之佛性重新见现。若从心性而言，则本于心性本净之说，心性本净，客尘污染。此诸说实即众生俱有成佛之可能性而言，非直言众生本来是佛，后被污染，复堕尘世。若从境行而论，则本佛陀为度众生，化身示现。然或有众生，自谓是佛，恐有未证说证之大过。经言佛陀示现，瑞具八相，岂是众生凡胎随意附会可哉？是故但凡言及化身示现，多从菩萨历劫而言，未必直言佛陀，盖佛陀福智双俱深广，迥非菩萨及二乘凡夫所可比拟附会。是故，康有为于其诗歌中每每自况佛祖，当以文学玄思幻想视之，亦当从其悲愿心切而同情视之。文学家言事抒情、适怀表志，每有夸大虚诳、不切实事之癖好，其只为修饰增华，鼓舞激荡而已，必不可循言执实，于幻化事，起疑见责，死于句下；亦不可真伪不辨，虚实无知，愚信盲从，自信教他。

康有为佛教诗歌中首次明确自况佛祖者，当为《京师晋阳寺下车伤足，陈简持庶常、黄湜生孝廉为吾裹药，赋谢》一首。此诗出于《汗漫舫集》（全集编为第二卷），为康有为五游京邑上书言治时作。该诗稿本下注甲午五月，则当为公元1894年5月作。又汗漫者，茫无涯际义，又或为远游仙家之名者，《淮南子·道应训》云：吾与汗漫期于九垓之外。《京师晋阳寺下车伤足，陈简持庶常、黄湜生孝廉为吾裹药，赋谢》全诗如下：

> 康子下车伤其足，夜投萧寺求一宿。
> 扶墙跛躄行不得，颓卧匡床如枯木。
> 乐正幽忧病有色，汉高扪趾错云腹。
> 提婆达多与我有宿业，瞿昙高座难免酷。
> 黄生跋报为裹药，简持磨丸如削玉。
> 诘晓步履可归来，嗟我故人情谊笃。
> 天下躄者有万千，安得君等勤勤起枯偏？
> 我有药丸服之可以为神仙，愿谢公等至长年。①

标题及首四句，叙伤足事，文辞朴实。五六句用典，具象征

① 康有为：《京师晋阳寺下车伤足，陈简持庶常、黄湜生孝廉为吾裹药，赋谢》，《康有为全集》第十二集，第171页。

义。“乐正”典出《礼记·祭义》：

> 乐正子春下堂而伤其足，数月不出，犹有忧色。门弟子曰：“夫子之足瘳矣，数月不出，犹有忧色，何也？”乐正子春曰：“善如尔之问也！善如尔之问也！吾闻诸曾子，曾子闻诸夫子曰：‘天之所生，地之所养，无人为大。’父母全而生之，子全而归之，可谓孝矣。不亏其体，不辱其身，可谓全矣。故君子顷步而弗敢忘孝也。今予忘孝之道，予是以有忧色也。壹举足而不敢忘父母，壹出言而不敢忘父母。壹举足而不敢忘父母，是故道而不径，舟而不游，不敢以先父母之遗体行殆。壹出言而不敢忘父母，是故恶言不出于口，忿言不反于身。不辱其身，不羞其亲，可谓孝矣。”①

《礼记》述乐正子春事取其孝行，康有为于此但取其伤足病忧之事。然则，其所忧果同否？细揣摩之，则觉其非。

“幽忧”典出《庄子·让王》：

> 尧以天下让许由，许由不受。又让于子州支父，子州支父曰：“以我为天子，犹之可也。虽然，我适有幽忧之病，方且治之，未暇治天下也。”夫天下至重也，而不以害其生，又况他物乎！唯无以天下为者，可以托天下也。舜让天下于子州支伯。子州支伯曰：“予适有幽忧之病，方且治之，未暇治天下也。”故天下大器也，而不以易生，此有道者之所以异乎俗者也。舜以天下让善卷，善卷曰：“余立于宇宙之中，冬日衣皮毛，夏日衣葛絺；春耕种，形足以劳

① 杨天宇撰：《礼记译注》，上海古籍出版社，2004年，第623—624页。

> 动；秋收敛，身足以修食；日出而作，日入而息，逍遥于天地之间而心意自得。吾何以天下为哉！悲夫，子之不知余也！”遂不受。于是去而入深山，莫知其处。舜以天下让其友石户之农，石户之农曰：“卷卷乎后之为人，葆力之士也！”以舜之德为未至也，于是夫负妻戴，携子以入于海，终身不反也。①

此中幽忧之病，当为以物害心，未能契道之病，是故虽委与天下而无暇受。若简言之，则为心性精神之迫切急要之病。以之参上文言乐正子春之伤足病忧，则可知，康有为在此用乐正子春伤足之事，而复取庄子幽忧之义，则虽伤足，卒不以为病，而其所病者，深有焉也，庶可以心犹未契道，而无暇兼治天下者乎？

“汉高”句典出《史记·高祖本纪》：

> 楚汉久相持未决，丁壮苦军旅，老弱罢转饟。汉王项羽相与临广武之闲而语。项羽欲与汉王独身挑战。……项羽大怒，伏弩射中汉王。汉王伤匈（胸），乃扪足曰：“虏中吾指！”汉王病创卧，张良强请汉王起行劳军，以安士卒，毋令楚乘胜于汉。汉王出行军，病甚，因驰入成皋。②

纪中明言：实伤胸口，诈言伤足。康有为用此典，乃再三言此即彼：实伤胸口：此处用之则象征心未契道，弘志不申；诈言伤足：于康有为虽实伤足，实非以为病，皮肉之伤，微不足道耳，以之为象，有所指征耳。反复读诵，深感诗家之委曲心

① 孙雍长注译：《庄子》，许嘉璐主编：《文白对照诸子集成》，广西教育出版社，1995 年，第 137 页。

② 司马迁撰：《史记》，中华书局，1999 年，第 265 页。

思焉。

上来三典，辞用象征，兼涉儒道，七八句则典关释氏。此处三典：乐正、汉高及瞿昙，能为喻者，取象有征，俱本于伤足之事。乐正真伤足，汉高假扪趾，提婆达多出佛足血，无一不关足事，诚典用之巧妙，象征之周密。提婆达多出佛足血之典，佛典中多有言之，兹录一则，聊备一观：

佛说地婆达兜掷石缘经第七

闻如是，一时佛在阿耨大泉，与大比丘众五百人俱，皆是阿罗汉，六通神足。唯除一比丘，阿难也。是时佛告舍利弗：往昔过去世，于罗阅祇城，有长者名曰须檀，大富多饶，财宝象马七珍，僮仆侍使，产业备足。子名须摩提，其父须檀，奄然命终。须摩提有异母弟，名修耶舍。摩提心念："我当云何设计不与修耶舍分?"须摩提复念："唯当杀之，乃得不与耳。"须摩提语修耶舍："大弟共诣耆阇崛山上，有所论说去来。"修耶舍曰："可尔。"须摩提，即执弟手上山，既上山已，将至绝高崖头，便推置崖底，以石堆之，便即命绝。佛语舍利弗："汝知尔时长者须檀者不？则今父王真净是也。尔时子须摩提者，则我身是。弟修耶舍者，则今地婆达兜是。"佛语舍利弗："我尔时贪财害弟，以是罪故，无数千岁，在地狱中烧煮，为铁山所堆，尔时残缘，今虽得阿唯三佛，故不能免此宿对。我于耆阇崛山，经行为地。婆达兜，举崖石长六丈广三丈，以掷佛头。耆阇崛山神，名金埤罗，以手接石，石边小片，迸堕中佛脚拇指，即破血出。"于是世尊，即说宿命偈曰：

我往以财故　　杀其异母弟

推着高崖下　　以石堆其上
以是因缘故　　久受地狱苦
于其地狱中　　为铁山所埵
由是残余殃　　地婆达下石
崖片落伤脚　　破我脚拇指
因缘终不朽　　亦不着虚空
当护三因缘　　莫犯身口意
今我成尊佛　　得为三界将
阿耨大泉中　　说此先世缘

佛语舍利弗："汝观如来，众恶已尽，诸善普具，诸天龙神，帝王臣民，一切众生，皆欲度之。尚有宿缘，不能得免，况复愚冥未得道者，舍利弗等，当学如是，莫犯身口意。"佛说是已，舍利弗及五百罗汉，阿耨大龙王天龙鬼神干沓和阿须伦迦楼罗甄陀罗摩休勒，闻佛所说，欢喜受行。①

此经中意，言佛虽众恶已尽，得道成佛，欲度一切众生，尚不可免此宿缘，而足伤血出。晓谕众生，当深信业报，莫犯三业。康有为用此典故，亦重宿缘业报，是故诗中云：提婆达多与我有宿业。然诗中直用"我"字，则以"瞿昙"自况己之伤足义甚明，则虽伤足出血，于己则言，宿有恶缘，今则尽报，非可怨他；于人则言，虽为其伤，尚不舍众生，仍思普度。是则，幽忧诈言之伤病，实乃悲愿慈行之深旨。至此诗意方明。

"黄生"四句，赋谢之义。尾四句，由己之伤，而兼思天下

① 《佛说地婆达兜掷石缘经》，《大正藏》，第4册，No. 197，第170页中。

躄而不能行者，亦有深意。天下躄而不能行者，盖象征天下苍生，深陷众苦，犹足伤不能行；彼思以药治之，则象征入世度人之悲行也。又此四句直取杜工部《茅屋为秋风所破歌》诗中大义，试录之以做比较：

> 安得广厦千万间，大庇天下寒士俱欢颜，风雨不动安如山。呜呼！何时眼前突兀见此屋，吾庐独破受冻死亦足。①

较之可见，二诗辞调悲怆，推己度人，如出一辙。

又此四句中，突发以药疗病得神仙长生义，似显突兀。此实又一暗藏之双关典故。盖上文用乐正典，以《礼记 · 祭义》乐正子春伤足事为典故本事。然当知乐正者，复有别典。明黄宗昌《崂山志》卷五载：

> 乐正子长，不知何许人。尝遇仙于崂山，授以巨胜赤散方，服之，年过百八十，颜如童。入崂深处，不知所终。②

志中巨胜赤散方者，正乃长生不老之药也，正契诗中："我有药丸服之可以为神仙，愿谢公等至长年"之义。然康有为果直为得道家之长生否？康有为诗中用药为喻，多有深意，盖取佛典医王疗众生五阴病重之喻。参《大同书成题词》诗三首即可明了。

> 千界皆烦恼，吾来偶现身。
> 狱囚哀浊世，饥溺为斯人。
> 诸圣皆良药，苍天太不神。

---

① 杜甫著、钱谦益笺注：《钱注杜诗》，上海古籍出版社，2009 年，第 127 页。
② 黄宗昌：《崂山志》卷五，台北：文海出版社，1917 年，第 49 页。

万年无进化，大地合沉沦。

人道只求乐，天心唯有仁。
先除诸苦法，渐见太平春。
一一生华界，人人现佛身。
大同犹有道，吾欲度生民。

廿年抱宏愿，卅卷告成书。
众病如其已，吾言亦可除。
人天缘已矣，轮劫转空虚。
悬记千秋事，医王亦有初。①

诗中明言："诸圣皆良药"，"众病如其已"，"医王亦有初"。曰药、曰病、曰医，回环反复，协成一统，正取佛典大医王与药疗众生苦无常病之譬喻也。又此三首诗，语极朴实，一义三申，极类偈颂。非取佛喻，其为何者？是故则知，前诗中所言"我有药丸"者，乃指胸怀治国平天下、悲愿心动普度众生之大略也，欲使众生暂生天人，终至佛境之良方也。

上来兹费辞墨，仅释一诗，非徒逞典实掌故，实诗家心思委曲，不得已而寻章摘句，辗转论证，俾读者洞晓文章潜义，诗家隐怀。

《京师晋阳寺下车伤足，陈简持庶常、黄湜生孝廉为吾裹药，赋谢》为康有为现所见诗中首次明确以佛自况者，其中言佛，不言佛名，但言瞿昙，取其俗家名姓，盖取其世俗因缘业报

① 康有为：《大同书成题词》，《康有为全集》第十二集，第136页。

之义。其奔亡日本之际所作《登箱根顶浴芦之汤》一首中，亦言瞿昙之名而自况为佛：

> 化身曾八千，恻怛又税驾。
> 仲尼本旅人，瞿昙乃乞者。①

前诗以提婆达多伤佛足事象征己之伤足，谱成一章；后诗中则以瞿昙乞者、仲尼旅人象征自身维新事败，奔走东瀛，艰难度日，形同旅人乞者，复以此似相谱成一章，反复申述一己本愿大事：化身曾八千，恻怛又税驾，即历劫无量，偶入世间，恻隐慈悲，欲度众生之义。

税驾之辞，非但此处，另如《为某僧书扇》中亦复用之，盖此首作于《晋阳寺伤足》诗后不久，延用此义，详明己意而已：

> 浩风无量劫，所历知几舍。
> 三十有二相，现示随变化。
> 偶披垢腻衣，来税人间驾。
> 说尽千万偈，漆灯明暗夜。②

此诗虽未明言瞿昙或佛者，但全诗浅白描绘俱是佛事：历劫无量、三十二相、示现变化、税驾人间、说法万偈，如灯破暗。盖此诗为他人扇题，自不便直以己况而见之于文，遂虽不明言，而实自况况他之意，俱以现矣，亦共勉之辞哉。

又《集外韵文》中所载《无题》诗第一首云：

① 康有为：《登箱根顶浴芦之汤》，《康有为全集》第十二集，第191页。
② 康有为：《为某僧书扇》，《康有为全集》第十二集，第172页。

> 婆伽婆现众生界，梦中梦话旧因缘。
> 造化以余为块垒，吾心悲悯亦欣然。①

婆伽婆，佛之名号，含义繁多。康有为尝试解释，然恐有误，其《于甥女谭达印书（1923）》中言：

> 佛之为旨，曰婆伽婆。婆者，破也。伽婆，烦恼也。尽其教旨，以破烦恼而已，故曰忍土，曰无怒土，曰极乐世界，曰以喜悦为食。②

此本为私信，若言有差误，亦无所谓，况其大旨无误。然信中别言儒佛差别在于人伦，以佛悖人伦，多属以声闻小乘教义之偏而概五乘教法之全，亦是其大行不顾细小之迹。参《大智度论》卷二：

> 复次，婆伽名破。婆名能。是人能破淫怒痴，故称婆伽婆。③

又参北本《大涅槃经》卷十八、《佛地经论》卷一、《玄应音义》卷三俱言婆伽婆有能破、破烦恼之义；然又皆以婆伽为一义，后婆为一义。未曾见有经论中言伽婆合为一义者。是故，此为小疵，不碍大义。

以破烦恼义而言佛，于其诗中，亦有数篇，如《乙丑十月三日，散原道兄冒雨来一天园赏菊，饮酒话旧，及晚冒雨归，不及留。丧夫人及冢嗣师曾。今多年矣，余哀未已，不作。故有以

---

① 康有为：《无题》，《康有为全集》第十二集，第398页。
② 康有为：《与甥女谭达印书》第十一集，第311页。
③ 鸠摩罗什译：《大智度论》卷二，《大正藏》，第25册，No. 1509，第70页下。

解之》中言：

佛生只为破烦恼，孔经专用除忧患。
无量轮回偶示现，因缘业报勿悲欢。①

《巴黎登汽球歌》中云：

不忍之心发难灭，再入地狱救斯民。
特来世间寻烦恼，不愿天上作神仙。②

《丁卯二月五日，七十览揆，承恩赐寿。纪事述怀七章》中复说：

吉凶不忍同民患，忧乐何先恐陆沉。
我是化人亦烦恼，云中临睨怵深深。③

参上引诸篇，可知其用婆伽婆者明言为佛，实是自况虽有烦恼，而为寻烦恼以破之之义。后文“造化以余为块垒，吾心悲悯亦欣然”中块垒者即为有我执我执烦恼，若造化以执我为块垒而欲销之，吾亦欣然，则喻破执我烦恼而或解脱之义。

是故，总结而言，康有为佛教诗歌中主体形象塑造首以自况佛祖为象征，多以己之际遇与佛相似者而起兴赋比，曲成象征之义，进而抒发己之悲愿救世之宿志。

---

① 康有为：《乙丑十月三日，散原道兄冒雨来一天园赏菊，饮酒话旧，及晚冒雨归，不及留。丧夫人及冢嗣师曾，今多年矣，余哀未已，不作。故有以解之》第五，《康有为全集》第十二集，第381页。

② 康有为：《巴黎登汽球歌》，《游法兰西诗》，《康有为全集》第十二集，第249页。

③ 康有为：《丁卯二月五日，七十览揆，承恩赐寿。纪事述怀七章》第五，《康有为全集》第十二集，第365页

（2）自况菩萨

以佛自况，固有夸诞之嫌；自况于菩萨者，则少讥嫌。因菩萨等次差别殊多，能登八地，入不退转位，固是菩萨大士；然才发菩提，布施安忍，精进不息，又能同事摄众，说法利他，亦得名初发意菩萨。且经中常言，菩萨行者，自初发意，精进不退，尚须满三大阿僧祇劫，集聚福智资粮，方有可能入佛境地。是故于此无量劫中，可得化身为凡夫众生相，而锐意修行。康有为佛教诗歌中主体形象塑造因此多自况菩萨而抒发一己悲愿救世情怀。

康有为佛教诗歌中所写及的菩萨固是不少，但以维摩诘菩萨为主、亦常以之自况。其他菩萨，虽多有言及，然未引以自况。如说文殊菩萨，如《游印度舍卫城访佛迹》尾句中言：

> 夕阳驱马重徘徊，再上台阶认劫灰。
> 迦叶曼殊膜拜处，更无香火首频回。①

写作此诗时为其避难印度，游历各地，然难见佛寺，遂深感印度佛教败坏，有悟于世界成坏本来有之，无须伤感。诗中曼殊即文殊菩萨之名曼殊室利之简省。迦叶为声闻弟子非菩萨。

又如《携同璧游那威北冰海那岌岛颠，夜半观日将下没而忽升》：

> 渍珠跳玉似相濡，万载寒冰冷我躯。
> 骑狮清凉访文殊，琼楼玉宇寒如如。②

① 康有为：《游印度舍卫城访佛迹》，《康有为全集》第十二集，第 224 页。

② 康有为：《携同璧游那威北冰海那岌岛颠，夜半观日将下没而忽升》，《康有为全集》第十二集，第 286 页。

又有说普贤菩萨者，如《柏林观剧，有十三岁女儿入狮槛抚狮，骑之抱之鞭之，以首入狮口，可谓神乎技矣》一首：

弄狮女儿亦神全，绿衣入槛抱狮眠。
起执长鞭骑狮走，不畏狮吼如普贤。①

然此诗亦为怪异，恐是康有为记忆有误。佛教中以狮为坐骑者当为文殊，而普贤以白象为坐骑。盖文殊主智慧，经中常用狮子吼喻智慧说法，故画师常以狮子为文殊坐骑；而普贤主悲愿大行，经中常以白象喻慈悲大行，故画师常以白象为普贤坐骑。何故此诗中说“不畏狮吼如普贤”？

另如其赠未脱士牧师一诗中说：

试读弟子品，文殊普贤名渺茫。
帷有舍利弗第一，成戒定慧大教行。②

其他菩萨名号殊为少见，观音大士未曾有见。弥勒之名，只见一次，然非菩萨名号，乃寺院名号。是故仍是以维摩诘菩萨为主且自况颇多，今专叙维摩。

康有为佛教诗歌中较早提及维摩诘菩萨是在《示任父、孺博及曾重伯翰林》一诗中，但这首诗中并未明确提及维摩诘的名号。

---

① 康有为：《柏林观剧，有十三岁女儿人狮槛抚狮，骑之抱之鞭之，以首入狮口，可谓神乎技矣》，《康有为全集》第十二集，第245页。

② 康有为：《基督新教浸礼会牧师未脱士传教中国廿年，今为僧于锡兰。吾游缅甸、锡兰，见英人为僧者数矣，皆赤足苦行，此为中国教士耳，但其所得仍是南宗，盖印度北宗已亡，但入中国。耶教出于佛之小乘，本近南宗。今印度译佛书虽二百余种，皆小乘也。惜西土佛会未闻吾中国大乘，他日译出其倾倒归心转移教宗，必不可思议也。劫有轮回，道有深浅，他日大同之世，佛教必复兴于大地也》，《康有为全集》第十二集，第313页。

三千劫里横金翅，二六时中看白牛。
终日散花忘结习。诸天闻乐少淹留。
脱将璎珞亲贫子，故入泥犁救重囚。
丈室百千狮子座，金身偶现不须收。①

此诗中明确地用到《维摩诘所说经》中的一个典故：散花。《维摩诘所说经》卷上之《观众生品第七》中云：

> 时维摩诘室有一天女，见诸大人闻所说说法，便现其身，即以天华散诸菩萨、大弟子上，华至诸菩萨即皆堕落，至大弟子便着不堕。一切弟子神力去华，不能令去。②

正因此，下文说脱将璎珞者，当为菩萨，因经中常说菩萨着璎珞示现庄严；又璎珞多在家者着，声闻众出家，则不着璎珞，而菩萨多示现在家居士相；且维摩诘菩萨于本经中即为居家大居士，是故综合而论，此处当为维摩诘菩萨。

散花典故在此被康有为用作为说法之象征。经文中本说维摩诘说法，赞大弹小，时天女散花，花落沾衣，至大乘菩萨身上则自然落下，而至声闻大弟子身上，则终不肯落，以此而谓声闻乘未为究竟。是故未必以散花即是说法，然后世或有赞叹说法精妙者则谓之：天花乱坠，地涌金莲，前取喻于本经，后者取喻于《法华》。是故康有为此处散花即说法义。结，结使，烦恼义；习，习气，亦烦恼义，二者并列，谓前粗后细，前显后隐。又习气，又名种子，为烦恼深细者。忘结习，即言说法功德令人销灭烦恼。由此则可明了，康有为自况维摩诘菩萨的重点在于精妙说

① 康有为：《示任父、孺博及曾重伯翰林》，《康有为全集》第十二集，第172页。
② 鸠摩罗什译：《维摩诘所说经》，《大正藏》，第14册，No. 475，第547页下。

法，这正于其在毕生讲学研修之事相契，遂以此为象征，阐发心愿。

《菽园以书告译〈天演论〉者得奇女子慕而嫁之。亡人闻之，忘其忧患，以国事郁郁久矣，今日轩渠，可愈肝疾，写寄观天演斋主邱菽园》一诗中亦用此义：

> 传闻天女嫁维摩，花着花飞说法多。
> 绝世爱才何悱恻，生天诸界共婆娑。①

此诗盖是揶揄严复与吕碧城之事，然严复与吕碧城有师生情缘，未曾听说有慕嫁之事。又传闻吕碧城思慕而嫁者是梁启超、汪精卫、汪容宝等。是故康有为又于此诗下注曰："事涉游戏，不知真否。不忍削去，留为佳话。"姑置此等烟柳巷谈不论，而观此诗中用维摩典事。诗中用维摩典故，仍以说法为主，明确将散花与说法二事相联。所荒唐者，为首句为揶揄严吕之事，而以传闻说天女嫁维摩诘。然此不过轩渠一日，以慰操劳国事郁郁久矣，故大可不必较真见责。然此诗实康有为佛教诗歌中首次明确提及维摩诘菩萨名号，又延续前诗用散花象征说法之构思。

另如《题梁任甫所藏唐人写维摩诘经》中云：

> 半生行道长挟此，日饭三升毛孔香。
> 我本摩诘所化身，众香国里吾久熏。②

此诗中明确自况为维摩诘化身。又经中说维摩诘菩萨于上方

---

① 康有为：《菽园以书告译〈天演论〉译者得奇女子慕而嫁之，亡人闻之，忘其忧患，以国事郁郁久矣，今日轩渠，可愈肝疾，写寄天演斋主邱菽园》，《康有为全集》第十二集，第204页。

② 康有为：《题梁任甫所藏唐人写维摩诘经》，《康有为全集》第十二集，第321页。

香积佛众香国处取妙香食物至此娑婆世间供养世尊及诸大菩萨声闻大弟子等。康有为于此诗中说日饭三升毛孔香，又言众香国里久熏习，实以食香饭事象征听闻佛法熏习善种，非徒实言食饭俗事。

《丁卯二月五日，七十览揆，承恩赐寿。纪事述怀七章》之二中曰：

> 播耨迦观奚足感，维摩诰病岂能无。
> 金身万亿随时现，寿者短长何喜吁。①

此诗为康有为七十寿辰之际作，为晚年总结之一。诗中原有二自注：一注播耨迦观，为天眼看他世界；二注维摩诰病句曰：半月来感病。而《维摩诘所说经》中说法因缘即是维摩感病，世尊令声闻十大弟子往问病，而大弟子俱谓不敢去，历说因缘，由此才得引发维摩文殊二大菩萨殊胜精妙之往来论辩说法。是故康有为此处以维摩诘菩萨由感病因缘而说法晓谕众生之事象征自己虽年老而不畏生死，仍思示现入世，普救众生。

于此总结，康有为佛教诗歌中自况菩萨之象征以维摩诘菩萨为主，以维摩诘菩萨因病起缘、说法散花、香积取食三事象征自身不畏生死、讲学施教、自修熏闻等如理思维、法随法行事。诗中象征多从自身日常生活之起居饮食等事，起兴成象，妙合佛典，抒情叙志，穷穷不已。

（3）自况天人

> 若论次第，入佛知见，得大涅槃，固是究竟，然过遥

① 康有为：《丁卯二月五日，七十览揆，承恩赐寿。纪事述怀七章》第五，《康有为全集》第十二集，第365页

渺，作成理想，固无可非，若论下手，却无所措；即论菩萨，甚深难行，布施无极，忍不堪忍，满三大劫，尚难成就；况此凡夫，偏执一世，局限人生，何因何缘，能生意乐，渐行渐进？古来大德，抉择法门，说教言宗，讲经参禅，无非此忧。今康有为，每况教主，自诩历劫，化身入世，欲度群苦，施设何等，方便善巧？出入今文，公羊三世，乱升太平，渐入大同；凡圣人天，奋力金轮，造我化城，渐趣华严，亦何有异。曩说诸天，复阐大同，天游化人，宿志悲愿，适彼大同，后后仙佛。

上来拟说偈颂，略述康有为援儒入佛之思路。康有为于儒佛思想之间，总论则以为佛大儒小，以佛含儒；复以儒为入佛之初始且迫切处，佛为究竟超越处。其次则以为若欲最终成佛究竟，则必须从入世儒学下手，而入世儒学之渐修，又不可妄谈心性唯识，尚必须从家国仪礼、物质境遇等处循序渐进，是故其从今文经学公羊学中吸收并阐发三世大同之历史进化发展论而附会佛教义理：先须从在世政体上入手，此在佛教为金轮王治；其次则渐从小康趣入大同，此配合佛教《法华》所言化城；终则从大同而修仙修佛，此于佛教则是华严净土之究竟。是故其于佛教清净本性、佛国净土非不谈论，而以为过于玄远，奢谈耽行；而求实际，则宜乎化城，盖此为切近适宜之理想，以理想过近则溺，过远则茫，率皆无效。以化城之中介而诱引众生群苦之策略甚为善巧，此《法华》会三归一之方便也。康有为论化城则以诸天言之，是本于五乘种性之人天乘说。若详论教义，人天乘实难堪为化城，化城之说本喻二乘；若以人天乘亦是渐进之一阶，喻为化城之一，亦无可非。康有为说诸天，本在世大同说，复附会人天化城二说。于诸天则说天人。是故，当知康有为说天人实有此沟通儒佛之次第深意。

天人与诸天，二分内外，诸天为外境，天人为主体。此处论自况天人事。康有为以天人自况，凡有三阶段，今一一论之。

较早明确于诗中提到天人的是《珠江艇子题画》一首：

> 天边清露泻芙蓉，玉液琼浆取次逢。
> 偶尔轮回到人世，不知神女最高峰。
> 已了人天信色空，不应惆怅对华丛。
> 芳馨一片凭谁寄，肠断孤篷明月中。①

诗中人天，即是天人，为平仄故颠倒。又可解为从人至天之进程。

此诗作于《止观自证》诗之后，《自题三十影像》诗之前，《延香老屋诗集》中排序如此，是故当在三十岁前作。《止观自证》诗为其自谓大悟自证之作，又其自编年谱中言其大悟之时为二十七岁，即光绪十年（1884）；又1912年致梁启超书信中亦说其大悟自证时为二十七岁；比较两处文字，俱有雷同，俱谓从观显微镜而自谓开悟，是则可大略知《止观自证》诗当作于光绪十年。

又《珠江艇子题画》诗中谓“已了人天信色空”，对比《大同书成题词》之第三首五六句中谓：“人天缘已矣，轮劫转空虚”，两诗中俱言人天事已了。是则可知所谓人天事已了，当谓以度众生之人天的改革思路已经形成，而此思路实际从春秋三世说中演化出来之大同思想，而附会于佛教思想则是人天化城之

① 康有为：《珠江艇子题画》，《康有为全集》第十二集，第152页。

说。而《大同书成题词》诗作于游印度期间，为 1901—1902 年间，但大同思想之发轫成熟却是在光绪十年即 1884 年。康有为《大同书》自序中言该书成于光绪十年，当谓其草稿或思路形成在光绪十年，非谓书成于该年，又其自编年谱中亦说光绪十年悟人类公理说。综此则知，诗中所谓人天缘已矣，即谓悟得此理，出成此法。

另如《日本井上圆了博士，哲学第一名家也，访余于金刚宝土。留之下榻，赠诗索和》诗中言：

万死怜亡救国危，余生身世入须弥。
偶从空谷闻鸾啸，了尽人天更不疑。[①]

此诗虽为中期所作，但其中"了尽人天更不疑"与《珠江艇子题画》中"已了人天信色空"，一信一不疑，正反同义，辞调亦类，所信而不疑者，确知为此汇通中西三教之大同化城之救世良方也。盖井上圆了之思想正是汇通诸教，融古于今，以现代哲学重释佛教之典范。康有为另有诗赠井上，为彼索题四圣堂之作，题下自注云：以孔子、释迦牟尼、格底、康德为四圣。诗云：

东西南北互为中，时宜春夏复秋冬。
轨道之行虽各异，本源证之则各同。
先圣后圣之拨正，千里万里之心通。
一堂捧经相质从，羹墙如见梦相同。
化星方寸与天穷，藐兹亿劫如旦暮。

① 康有为：《日本井上圆了博士，哲学第一名家也，访余于金刚宝土。留之下榻，赠诗索和》，《康有为全集》第十二集，第 232 页。

以俟来者之折衷。[1]

由诗中之义可明知其人折衷中西、会同古今为一宗之概要，与康有为之革新儒说，附会佛教，义旨类近。

总结而言，该诗作于康有为自谓彻悟之后，乃承叙其所证之理法。诗中已了人天，信色为空俱是其自谓彻悟之证，亦即沟通儒佛乃至中西三教而汇通无碍，以至最终形成其大同化城的救世方法。有此肇端，康有为始可广用天人之说入诗，而间或于中自况天人。如早岁《诸天讲》、中期《丙寅六月游黄岩》及晚年《游华山莲花峰顶》诗中皆署名天游化人，即是天人之自诩。

除却自诩，间亦以天人赞许他人，其中共勉之义甚明。

《题黄仲弢编修〈龙女行云图〉》中云：

风鬟雾鬓现天人，下界骑龙转法轮。[2]

诗中天人即龙女，典出《法华》。诗中下界转法轮即是入世说法救度之义，从中可见咏怀自勉情怀。

《宿归宗寺》中二句云：

我佛发金蓖，人天作导护。[3]

诗中金蓖指以金针疗治眼疾之术，刘禹锡《赠眼医婆罗门僧》诗云：

三秋伤望眼，终日哭途穷。

---

① 康有为：《日本哲学博士井上圆了索题四圣堂》，《康有为全集》第十二集，第232页。

② 康有为：《题黄仲弢编修〈龙女行云图〉》，《康有为全集》第十二集，第155页。

③ 康有为：《宿归宗寺》，《康有为全集》第十二集，第170页。

两目今先暗，中年似老翁。
看朱渐成碧，羞日不禁风。
师有金篦术，如何为发蒙。①

所谓金蓖，即是治眼发蒙之术，康有为此处非实用，乃象征喻指救世方法，亦即后句所言，以人天之法为导护；亦可解说为有人天等作导护，大旨相同，皆以人天自况，普发大同化城之方，开蒙世俗。该诗下文，遍说禅净诸大师，当谓诸大师等尽皆作导护之天人，是故亦见共勉义。

《送门人梁启超任甫入京》中一、三两首俱说天人：

道入天人际，江门风月存。
小心结豪俊，内热救黎元。

悲怜心难已，苍生疾苦多。
天人应上策，却曲怕闻歌。②

第一首中谓天人为道，第三首中谓天人为上策，俱是天人为康有为自悟救世方略之明证。第一首中化用杜工部《自京赴奉先县咏怀五百字》中："穷年忧黎元，叹息肠内热"两句成"内热救黎元"。第三首中说"却曲怕闻歌"，谓天人之道理当是上策，但却不可直言之。按杜少陵《自京赴奉先县咏怀五百字》诗中本有委曲致志之义，如云：

杜陵有布衣，老大意转拙。

① 刘禹锡著、瞿蜕园笺证：《刘禹锡集笺证》，上海古籍出版社，1989 年，第 964 页。

② 康有为：《送门人梁启超任甫入京》，《康有为全集》第十二集，第 176 页。

许身一何愚，窃比稷与契。
居然成濩落，白首甘契阔。
盖棺事则已，此意常觊豁。
穷年忧黎元，叹息肠内热。
取笑同学翁，浩歌弥激烈。
非无江海志，潇洒送日月。
生逢尧舜君，不忍便永诀。①

诗中首四韵，凡一韵一转，极尽抑扬曲折之妙，结成沉郁顿挫之美。既老拙已矣又窃比稷契，既白首濩落又常志觊豁，既年穷被笑又浩歌弥烈，既有意江海又不忍永诀，此等婉转委曲心思，反复申辩，辗转咏诉，实穷士仁心之悲歌哉！于今诵之，仍令人衷肠内热、泪湿青衫。

康有为化用老杜精神，却谓“却曲怕闻歌”，盖有不得已之苦衷。此诗既是赠梁启超，则当于梁启超《清代学术概论》中评述《大同书》一段文字比较相证：

有为虽着此书，然秘不以示人，亦不从以此义教学者，谓今方为“据乱”之世，只能言小康，不能言大同，言则陷天下于洪水猛兽。其弟子最初得读此书者，唯陈千秋、梁启超，读则大乐，锐意欲宣传其一部分。有为弗善也，而亦不能禁其所为，后此万木草堂学徒多言大同矣。而有为始终谓当以小康义救今世，对于政治问题，对于社会道德问题，皆以维持旧状为职志。自发明一种新理想，自认为至善至美，然不愿其实现，且竭全力以抗之遏之，人类秉性之奇

① 杜甫著、钱谦益笺注：《钱注杜诗》，上海古籍出版社，2009年，第35页。

诡，度无以过是者。有为当中日战役后，纠合青年学子数千人上书言时事，所谓“公车上书”者是也。中国之有“群众的政治运动”，实自此始。然有为既欲实行其小康主义的政治，不能无所求于人，终莫之能用，屡遭窜逐。而后辈多不喜其所为，相与诋诃之。有为亦果于自信，而轻视后辈，益为顽旧之态以相角。今老矣，殆不复与世相闻问，遂使国中有一大思想家，而国人不蒙其泽，悲夫！启超屡请印布其《大同书》，久不许，卒乃印诸《不忍杂志》中，仅三之一，杂志停版，竟不继印。①

今不吝纸墨，全录此段。读此段则知康有为初得天人之说，草出《大同书》后，反秘不示人，亦不以为教。盖其以为今世当为小康之教，不可行大同，否则陷天下于洪水猛兽。后国事纷乱，时与更新，革命方兴，虽极自信顽固，奈何英雄年暮，世不相闻。读之不禁令人感而叹之再三。以任公此段，参以工部隐情，再读康有为《送任甫》诗，则可明了诗中虽内热却怕闻之曲情婉义，亦反复得证诗中天人即是大同学说，亦即附会法华化城之救世良方。

上所论叙为康有为说天人第一阶段：初得天人之说，虽秘不示人，然亦颇以自得为喜，且反复以之勉人励己。然至维新事败，屡遭窜逐，进而游历印欧诸地，虽增广见闻，亦感慨世界成坏。则于天人说又进一层矣。

《丁酉元夕，唐薇卿中丞夜宴观剧，出除夕诗见示。即席次韵奉和》一首中云：

① 梁启超：《清代学术概论》，《梁启超全集》，第 3099 页。

妙音历尽几多春，往返人天等一尘。
偶转金轮开世界，更无净土著天亲。[①]

此处于人天前多出“往返”二字，承前句言“妙音历尽几多春”。妙音，此处象征说法，即指康有为自身入世救苦之行；历几多春与往返俱明言颇多经历成败得失事；等一尘，意有悲凉，迥异初得人天时之慷慨悲怆。

《将往加拿大游欧，宴文部大臣犬养毅，大学教授松崎藏之助及柏原文太郎、陆实、桂五十郎诸名士于明夷阁，口占赠诸公》：

陆海浮沉未可知，人天去住亦无期。
明夷阁上群仙集，留取风流作后思。[②]

该诗较之前诗，愈转悲凉：浮沉未知，去住无期。依表义言，则因窜逃，漂泊无定，居无定所，才发此无期之叹。然亦开以无住说人天之辞。

《送曼宣行，兼示薇，璧。时薇、璧亦次第行》：

桑下盘桓为六宿，壶中离别又重经。
我来专为寻烦恼，去去人天何所营。[③]

《再宿塔之泽环翠楼，主人铃木出吾旧诗札，只字不遗。口占即赠》：

---

① 康有为：《丁酉元夕，唐薇卿中丞夜宴观剧，出除夕诗见示。即席次韵奉和》，《康有为全集》第十二集，第187页。

② 康有为：《将往加拿大游欧，宴文部大臣犬养毅，大学教授松崎藏之助及柏原文太郎、陆实、桂五十郎诸名士于明夷阁，口占赠诸公》，《康有为全集》第十二集，第196页。

③ 康有为：《送曼宣行，兼示薇，璧。时薇、璧亦次第行》，《康有为全集》第十二集，第285页。

再卧故居真似梦，新添白发共登台。
殷勤地主重谈旧，历劫人天几去来。①

《薇、璧二女久别，以母张氏夫人逝世来沪奔丧，送葬于茅山。事讫分散，以七月十八日同行。会少离多，又有家国存亡之感，老夫虽有天游之学，亦复凄黯不可为怀。同游半淞园拓影，得诗四章送之》：

后会扶携定何日，新园拓影且留图。
人天聚散知难免，骨肉分离最可吁。②

诸篇中皆发此等伤怀悲凉之语。乃至古稀晚年，思之再三，如《丁卯二月五日，七十览揆，承恩赐寿。纪事述怀七章》中仍有言：

童稚嬉游叹白须，杖朝岂意到潜夫。
尘尘世界爱憎过，劫劫人天成坏徂。③

此诸篇中人天既指当年所证得之大同化城救世之方，亦实指年来家国身世，事多变迁，况四处逃遁，漂泊无定，骨肉分离，亲朋分疏。然检点诗集，则发现此等去住无期的悲凉之声，实早已有之，如《桂林风洞与门人曹仲俨、龙赞侯、况晴皋、黎少

① 康有为：《再宿塔之泽环翠楼，主人铃木出吾旧诗札，只字不遗。口占即赠》，《康有为全集》第十二集，第323页。

② 康有为：《薇、璧二女久别，以母张氏夫人逝世来沪奔丧，送葬于茅山。事讫分散，以七月十八日同行。会少离多，又有家国存亡之感，老夫虽有天游之学，亦复凄黯不可为怀。同游半淞园拓影，得诗四章送之》，《康有为全集》第十二集，第348页。

③ 康有为：《丁卯二月五日，七十览揆，承恩赐寿。纪事述怀七章》第五，《康有为全集》第十二集，第365页。

峰、汤觉顿看雪，怀梁卓如，兼示麦孺博。时二子皆在上海，卓如将为美游》一诗中有云：

苍崖碧草映红树，青山变作白头翁。
已知人生无去住，颇感行脚如转蓬。[①]

此诗中虽未提及天人，但人生无去住之义已显。后维新事败，流亡日本，则翻转此义，如《登箱根顶浴芦之汤》中云：

我生亦何之，历劫更多暇。
信宿席不暖，去住心无挂。[②]

是故则知，去住无期之辞实是化用早年之句，翻转而附新意。至上所引《将往加拿大游欧》一首中始于天人相结合。此义后又与世界成坏义相结合，更将一己悲凉转施外境世界，此于康有为游印度访佛迹不得中犹未强烈。因世界空坏义拟于后文详说外境中论，今姑录一二句，以观前后变化，如其游览阿喇霸时一诗中云：

遍寻佛教万里无，成住坏空本非相，亿劫变幻只须臾。[③]

此诗中虽未言人天，亦未言去住，然须知人天去住事即空间去住上言，则此处世界成住坏空亦是从空间上言，坏空即去，成

① 康有为：《桂林风洞与门人曹仲俨、龙赞侯、况晴皋、黎少峰、汤觉顿看雪，怀梁卓如，兼示麦孺博。时二子皆在上海，卓如将为美游》，《康有为全集》第十二集，第186页。

② 康有为：《登箱根顶浴芦之汤》，《康有为全集》第十二集，第191页。

③ 康有为：《自阿喇霸邑寻佛教僧寺，有人言刹都喇有之，至则绝无；寻至了忌喇爹利，即古之舍卫也，亦无佛迹。大教经劫，感慨而歌之》，《康有为全集》第十二集，第223页。

住即来。是故当知此一时期康有为于诗中大谈成住坏空，实从去住无期之辞义中辗转而来。

至此可总结言之，此为康有为论述天人的第二阶段，可名之曰天人无住，区别于第一阶段之初得天人。又，上来分析此二阶段谈说天人，多辗转论证诗中辞调语义前后承转，未得详明自况天人之象征义。虽未明言，其中得失之喜悲，溢然于表，如初得天人之喜妙，天人无住之悲凉，俱可以情征人，自况喜悲，自然其中，无须多言。

康有为固非一味沉溺悲苦凄凉之人，其每遭困厄，愈发激愤，故任公言：有为亦果于自信。是故康有为虽于诗中屡谈天人无住空坏，然并不因此而舍却悲愿心行，由不舍此志，则复观外境必不至于如此空坏无住，而内境亦不必如此悲凉凄苦。试观《埃及棺盖露首戏拓影像自题》（按：此诗作于戊申年即 1908 年）中有云：

> 盖棺论定是何人，后死斯文话劫尘。
> 了尽人天偶乘化，此心未死死心新。①

诗中重提了尽人天义，复加一句此心未死，虽死亦得更新。于死心新后自注云：宋名僧有死心新，于帐中悬死字自警，因以死心为名。此用宋临济黄龙死心悟新禅师典故，自况虽了天人无住，世界空坏，而此心不死，尤当悟新。

至《庚戌三月廿七日阅报有作》一诗中则更进一步云：

> 身病得心乐，途穷入道资。

① 康有为：《埃及棺盖露首戏拓影像自题》，《康有为全集》第十二集，第 301 页。

人天游戏久，成坏亦何悲。①

诗中于身病途穷不生悲苦，反以为乐，谓此正是习道资粮。后句直言成坏亦何悲，一扫前番悲凉凄迷之感。此中说人天则用“游戏”二字，深可玩味。“游戏”二字虽早有用之，然合天人而言游戏，则自此诗始。后多袭之，如《开岁忽六十篇》中二句云：

江海几浩荡，天人自游戏。②

《赠乙盦尚书四章》中亦云戏：

庄惠相忘在壕濮，马龙无碍戏人天。
无生已了得大慧，出世聊为入世缘。③

《丁巳十月廿二夕，美使派文武吏士专车护送出京，铁宝臣尚书，顾亚蘧侍郎、商云汀侍讲即来慰问。道谢并呈》中云：

神州临睨重徘徊，游戏人天一瞥回。
万物入机劫终坏，众生有病我仍来。④

此诸篇俱以天人游戏之情，化解天人无主之悲凉，而复激发不屈再来之悲怆救世情怀。又如前所引《诸天讲》《丙寅六月游黄岩》及《游华山莲花峰顶》诸篇中皆署名天游化人，实亦是用游戏天人之义。

故总结言：康有为谈说天人，本于建立大同之说，附会佛教

① 康有为：《庚戌三月廿七日阅报有作》，《康有为全集》第十二集，第316页。
② 康有为：《开岁忽六十篇》，《康有为全集》第十二集，第337页。
③ 康有为：《赠乙盦尚书四章》，《康有为全集》第十二集，第341页。
④ 康有为：《丁巳十月廿二夕，美使派文武吏士专车护送出京，铁宝臣尚书，顾亚蘧侍郎、商云汀侍讲即来慰问。道谢并呈》，《康有为全集》第十二集，第344页。

化城之教，标其救世理想，况其救世情怀。其自况天人凡有三阶段：第一阶段为初得天人之际，为早年自谓证悟之后，以天人象征所悟大同化城之治国之策，并于中以天人自况；第二阶段为天人无住阶段，为维新事败，流窜诸国之际，以天人无住象征已愿难遂、窜流漂泊、世界空坏、人事纷变，并于中自况兴悲；第三阶段为天人游戏阶段，此为晚年，由历多事，悲喜不兴，不舍宿愿，遂以天人游戏象征此不死不屈不舍之心行，并于中自况天游化人。

（4）自况祖师大德

康有为佛教诗歌中自况主要为塑造发愿救世之抒情主体，而其救世方法又主要为讲学研究，乃思想之事。若以佛教中事来象征则主要取佛菩萨等讲经说法，是故当其以维摩诘菩萨自况时，则取经中说法散花的典故来作象征之用。又当康有为于诗歌中自况祖师大德时，亦主要取祖师大德译经说法之行为喻为典。其诗中常自况之祖师大德有二：一为鸠摩罗什，一为苏轼。

自况鸠摩罗什者如《秋心五首》之第四首中说：

> 中天缥缈化人台，百万莲花璎珞开。
> 我是吞针老罗什，梦中一醉碧霞杯。①

此诗为较早以罗什自况的诗歌。前二句中“中天化人台”，未曾明言是诸天中哪一天，但概括而论，自是天人所在之处，名之为化人台。后一句说莲花、璎珞，前文已证，凡言璎珞者，当是指菩萨而言。经中常言菩萨常处兜率天宫，释迦示现成佛前住兜率天宫，弥勒今亦住兜率天宫内院，候未来降世成佛。联系此

① 康有为：《秋心五首》，《康有为全集》第十二集，第171页。

二句综合而论，则知前句所言化人台当指兜率天宫。此二句以天人菩萨自况，谓己为兜率天下降之天人。

第三句直自况为罗什，用罗什吞针典故。《晋书》卷九五《艺术传·鸠摩罗什》中载：

> 尝讲经于草堂寺，兴及朝臣、大德沙门千有余人肃容观听，罗什忽下高坐，谓兴曰："有二小儿登吾肩，欲鄣须妇人。"兴乃召宫女进之，一交而生二子焉。兴尝谓罗什曰："大师听明超悟，天下莫二，何可使法种少嗣。"遂以伎女十人，逼令受之。尔后不住僧坊，别立解舍。诸僧多效之。什乃聚针盈钵，引诸僧谓之曰："若能见效食此者，乃可畜室耳。"因举匕进针，与常食不别，诸僧愧服乃止。①

此吞针事，唯《晋书·鸠摩罗什》中载，他如《高僧传》及《出三藏记集》中罗什传皆不载，亦难辨其真伪。鸠摩罗什吞针缘于破戒娶妻（他二传以此事为被逼，《晋书》传中不言被逼），恐诸僧效仿，悖佛戒律，乃吞针以神通示喻此不可效仿，亦非律许，不得已而为之；若有别僧欲效仿之，须证色空淫幻方可为之。康有为以此事自况罗什，当谓其虽蹈于俗世，然心不为染，复此出淤泥而不染之心，亦如罗什而说法课徒，救世群苦。然因该诗用此典故与破戒娶妻等事相关，时人又因康有为屡自诩佛菩萨圣人等，故有敌对文士取笑于康有为。如黄小配小说《大马扁》（所谓大马扁，即大骗子之义，马扁合而为骗字。以此谓康有为自诩圣人实为大骗子）中诋毁康有为为风月场中老手，每于娼妓前自诩南海圣人，妓则讥之，康有为乃吟诗云：我

① 房玄龄等：《晋书》，中华书局，1974年，第2501—2502页。

是吞针老罗什，不妨醉倒碧霞杯。后果欠花债，为妓追打。此小说中所引诗句，于此雷同，唯后句稍差字句。此等小说家言，固不足信。然康有为《秋心五首》却也难解。

先考此诗所作年月。此诗出于《汗漫舫诗集》，全集列为诗集第二卷。若依集中秩序，该诗前一首为《京师晋阳寺下车伤足，陈简持庶常、黄湜生孝廉为吾裹药，赋谢》，后一首为《示任甫》。《京师伤足》诗下有注谓甲午五月。参《康南海自编年谱》中亦载光绪二十年五月六日下车伤足还粤。又参梁启超《诗话之七十四》中云：甲午夏，南海先生曾以诗三绝书余箑，今录之“神鬼天龙日夜围”云云。文中所谓三绝句，即全集中《汗漫舫诗集》中《示任甫》中两首及后《是孺博》之第一首。而《诗话》中所云题孺博一首，殆即全集《汗漫舫诗集》中《示任父、孺博及曾重伯翰林》。谁记有误，暂且不论。又参《梁任公先生年谱长编》光绪二十年中云：是年二月入京，十月复还粤。是则甲午年夏，梁启超在京，康有为在粤，何能题字于扇？或有谓此处云夏，当于康有为还粤之前。然《梁任公先生年谱长编》中云：是年先生始交曾重伯广钧，识张季直謇；《康南海自编年谱》中光绪二十年中复云是年七月因《新学伪经考》一书毁版之事，“张季直走请于常熟，曾重伯亦奔走焉，皆卓如在京所为也”。由此可知，梁启超始交张曾二位当于是年夏七月，因毁版之事而四处奔走求救之际而始识交往。是故前文云甲午夏题扇之事断不可在五月之前，而题扇之事亦不可能邮寄往来，唯诗作可邮寄往来。又考《张謇日记》光绪二十年从二月到九月并无记载与任公相识事，恐其未记。曾广钧于甲午战事起后并无至粤之可能。是故题扇一事或为梁启超十月回粤后事，或为来年康有为重回京会试并公车上书时之事。然作诗时间亦不必推迟至明年。

其次，考此诗所咏本事。“秋心”二字，实“愁”字分拆。秋心，即是愁，是否必是秋日所作，尚不可考，然亦不差。又龚自珍曾作《秋心三首》，其诗作于道光六年，其作诗因缘为五次会试失败，兼友人去世，既有己悲，亦吊友人。查《康南海自编年谱》光绪二十年中有载该年十月门人曹箸（按当为“著”字，年谱中误）伟去世事。《新编中国名人年谱集成之康有为 梁启超》中光绪二十年中亦云弟子曹着伟以欲研究密宗，往罗浮访异僧求道，感瘴而死。又康有为《秋心五首》第三首中有句云：

十年白上萧郎鬓，不分桃花新旧红。①

诗中萧郎十年用唐萧嵩典故。《新唐书·萧嵩传》：

嵩，瓘子，貌伟秀，美须髯。始，娶会稽贺晦女，僚婿陆象先，宰相子，时为洛阳尉，已有名，士争往交，而嵩汩汩未仕，人不之异。夏荣者善相，谓象先曰：“君后十年，贵冠人臣，然不若萧郎位高年艾，举门蕃炽。”时人不许。②

而曹著伟与十年之因缘，见载于李宝嘉《南亭四话》卷五：

曹著伟联　梁启超未与曹著伟订交之始，尝为友人拉过其居，见壁间悬楹联一副曰：“我辈耐十年寒，供斯民暖席；朝廷具一副泪，闻天下笑声。”大奇之，自是遂以昆弟

① 康有为：《秋心五首》，《康有为全集》第十二集，第172页。
② 欧阳修、宋祁撰：《新唐书》卷一百一，中华书局，1975年，第3953页。

相约。著伟，广东南海人，以暴病卒。梁有诗吊之。[①]

由此则知诗中用萧郎十年典故实暗指曹著伟，是故该诗当为吊曹之诗，兼怀其他，实非黄小配等恶毒文士小说家言为康有为偕妓从游之自夸。

是故综上所引，而可证知：康有为《秋心五首》，当作于光绪二十年即甲午年（1894）十月，作诗因缘盖有三：一者，该年七月朝廷令其自毁《新学伪经考》书版；二者，同年七月中日甲午战事起；三者，门人弟子曹著伟为习佛求道感瘴而死，由此三事，感慨悲秋，自况罗什，抒发心怀。该诗言辞晦涩，喻指难明，此不暇考。

康有为佛教诗歌中罗什自况者，另如：《示孺博》中云：

万花飞舞妙音天，大醉骑龙过日边。
未解吞针尽一钵，还应面壁度千年。[②]

此首与上一首为同一时期所作，诗中用罗什典皆同用吞针典故；又前诗中有梦中一醉之辞，而后诗中亦有大醉一词，恐同是一醉之际撰此二诗。另又如：《翻刊〈书镜〉题辞》一首中云：

传与鸡林译本成，已翻六版遍东瀛。
六朝书道谁传学，普度金针众有情。[③]

诗中金针普度当仍是用罗什吞针典故。总而言之，康有为佛教诗歌中以罗什自况主要用罗什吞针的典故，象征自身，虽陷俗

① 李伯元：《南亭四话》，凤凰出版社，2000 年，第 263 页。
② 康有为：《示孺博》，《康有为全集》第十二集，第 172 页。
③ 康有为：《翻刊〈书镜〉题辞》，《康有为全集》第十二集，第 385 页。

世，然说法不倦，悲悯世人，发愿拯救。

康有为于诗歌中自况祖师大德除了自况鸠摩罗什之外，常自况的则是大居士亦是大诗人苏轼。其象征譬喻的着落点有二：一是苏轼与辩才法师的交往事迹；二是苏轼与其侍妾朝云之间的恩爱关系。前者如《龙井》一诗中云：

破寺萧条佛不尊，辩才抱朴认兹身。
我亦东坡久迁谪，修篁古径重温存。①

另如《风篁岭龙井寺》亦用此典故，然未明言东坡：

秋风来问风篁岭，二老遗踪不可寻。
野竹半生池馆废，只余龙井一泓深。
佛堂新筑半寮初，病废残僧亦独居。
茗罢劫余空叹息，辩才当日果何如？②

此诗稿本中最后一句为：辩才坡老自遗书。则明言苏轼与辩才事。苏轼与辩才往来事各类诗话中多有记载，东坡《次辩才韵》诗序亦叙此事：

辩才老师，退居龙井，不复出入。轼往见之，常出至风篁岭。左右惊曰："远公复过虎溪矣。"辩才笑曰："杜子美不云乎：'与子成二老，来往亦风流。'"因作亭岭上，名曰"过溪"，亦曰"二老"。③

康有为两首诗中都提到寺院荒废，佛法衰落，如前诗中说：

① 康有为：《龙井》，《康有为全集》第十二集，第329页。
② 康有为：《风篁岭龙井寺》，《康有为全集》第十二集，第167页。
③ 王文诰辑注：《苏轼诗集》，中华书局，1982年，第1714页。

破寺萧条佛不尊；后诗中说：二老遗踪不可寻，野竹半生池馆废，虽有佛堂新筑但却是半寮初成，寺中所居亦是病废残僧而已。是故康有为大发劫余空叹之感。正于此佛法衰微之际，康有为以东坡自况，以苏轼与辩才交往之事为象征，实含有振兴佛法，以之度世之义。

若就苏轼与侍妾朝云恩爱关系而起喻象征，则如《携婉络坐石上口占》中云：

> 大海茫茫绝岛波，朝云常伴老东坡。
> 七尺石峰三丈树，因缘小坐此盘陀。①

另如《大吉岭十六夜步月》中云：

> 山市千家闻犬吠，禅龛一磬定高僧。
> 朝云伴我凭栏坐，五百年游可得曾？②

两首诗中都直用朝云相伴为情景，自况为东坡。东坡《朝云诗并引》如下：

> 世谓乐天有粥骆马放杨柳枝词，嘉其主老病不忍去也。然梦得有诗云：春尽絮飞留不得，随风好去落谁家。乐天亦云：病与乐天相伴住，春随樊子一时归。则是樊素竟去也。予家有数妾，四五年相继辞去，独朝云者随予南迁。因读乐天集，戏作此诗。朝云姓王氏，钱唐人，尝有子曰干儿，未期而夭云。③

---

① 康有为：《携婉络坐石上口占》，《康有为全集》第十二集，第 205 页。
② 康有为：《大吉岭十六夜步月》，《康有为全集》第十二集，第 227 页。
③ 王文诰辑注：《苏轼诗集》，中华书局，1982 年，第 2073 页。

不似杨枝别乐天，恰如通德伴伶玄。
阿奴络秀不同老，天女维摩总解禅。
经卷药炉新活计，舞衫歌扇旧因缘。
丹成逐我三山去，不作巫阳云雨仙。

诗中以白香山与侍妾樊素事起喻，亦用天女（天女，后世亦有演为摩登伽女者，如尚小云京剧《天女散花》则谓天女为摩登伽女）散花于维摩诘之典故，同戏言天女嫁维摩，象征朝云嫁东坡。此典康有为于《菽园以书告译〈天演论〉者得奇女子慕而嫁之。亡人闻之，忘其忧患，以国事郁郁久矣，今日轩渠，可愈肝疾，写寄观天演斋主邱菽园》亦曾戏用，殆蹈袭东坡。则上自况东坡二诗，为其十五载流亡海外，唯婉络常伴，亦类朝云之常伴东坡于谪迁，故有此喻。又后句中言五百年游者，用《楞严经》及《佛说摩登女经》中阿难与摩登伽女之典故。《佛说摩登女经》中云：

佛言："是摩登女，先时已五百世，为阿难作妇。五百世中，相敬重，相贪爱，于今同于经戒道中得道，于今夫妻相见如兄弟状，是经令诸沙门知女意如是。"①

诗中以摩登伽女象征婉络（为二夫人梁随觉），相应则以阿难尊者自况，虽喻说情事，然不舍自况大德。又五百年者，于儒家亦有深意。《孟子·尽心下》云：

孟子曰：由尧舜至于汤，五百余岁；若禹、皋陶，则见而知之；若汤，则闻而知之。由汤至于文王，五百有余岁，

① 《佛说摩登女解形中六事经》，《大正藏》，第14册，No. 552，第896页中。

> 若伊尹、莱朱，则见而知之；若文王，则闻而知之。由文王至于孔子，五百有余岁，若太公望、散宜生，则见而知之；若孔子，则闻而知之。①

儒家者言道统则谓五百岁而有圣人出焉。康有为素谓南海圣人，则自不舍此五百年之喻矣。是故知此诗中，自况者有三：东坡、阿难、孔子。以东坡朝云事为表，以阿难传法事、孔子传道事为实，往返曲折，申诉己志。

附：考婉络即二夫人梁随觉。诗中言婉络有二首，除前所引《携婉络坐石上口占》外，尚有《偕婉络竟日下山拾石弄水，晚归上山，小憩松下》一首，此诗首句即云：丹岛高三里，九折路萦盘。诗中所谓丹岛即为丹将敦岛。《大庇阁诗集》中另有《七月偕铁君及家人从者居丹将敦岛灯塔》，参《南海康先生年谱续编》庚子年中云：

> 七月朔，有刺客到埠，欲进害先君，乃偕铁君等移居丹将敦岛灯塔。十五日英督亚历山大以轮来迎，同往槟榔屿。②

是故知庚子年（1900）七月初一至十五这半月时间康有为及家人是在丹将敦岛灯塔上避难防刺客，至十五才移居槟榔屿。由此可证：言“婉络”二首定作于庚子年七月。故是婉络非三夫人何旃理，盖梁随觉嫁在光绪二十三年（1897），而何旃理嫁康有为远后在丁未年（1907）。康有为流亡海外之际，原配张云珠则伺母劳氏于香港，是则常伴之夫即当为梁随觉，且其通文

① 杨伯峻：《孟子译注》，中华书局，1988年，第344页。
② 《南海康先生年谱续编》，台北：文海出版社，1972年，第13页。

墨，明诗理，于康有为著书大有裨益，是故以朝云喻梁随觉至为允贴。

又康有为诸《与梁随觉书》中皆称随觉为婉卿，是证婉卿即婉络。随录一则，以兹作证，如1925年5月14日《与梁随觉书》：

屋完工不？何时入伙？

手痊未能望之二十五也，则归不难定。单衣可即酌寄。款五六十可。

此问婉卿好。甡。二十二日。

各儿女想好。①

信中此问婉卿好，即言此信写与婉卿，此古人书信体例。甡即康有为。

是故综合时间与书信署名，可证婉络即随觉，随觉即诗中朝云。

总结而言，康有为佛教诗歌中自况于祖师大德者有二：一为自况于鸠摩罗什，一为自况于苏轼，其中兼自况于阿难尊者及孔子。此处象征方法多从情事起喻，如罗什娶妻吞针事、阿难与摩登伽女五百世贪爱事、东坡与朝云常伴旅途事，虽从情事起喻，然终出于情事，而落在说法传道大事因缘之上，如阿难集结经藏、罗什入华译经、东坡亲近辩才。

至此，论康有为佛教诗歌中主体象征事毕。凡有四征：一者自况佛祖，二者自况菩萨，三者自况天人，四者自况大德。于中，每一象征，起事不一，终事况己悲愿救世、说法度人之菩萨行者。又其起喻譬象，征文有指，俱从常俗，世坏人病，食色诸

---

① 康有为：《与梁随觉书》，《康有为全集》第十一集，第376页。

事，兴发大悲，深志弘愿。

2. 悲愿入世的动机

主体行为动机之象征。悲愿救世之动机，若从佛教而论，可本于心性而论，可本于三世因缘而论，亦可本于十方世界而论，还可本于三界轮回而论，此四者为从修行之可能、世俗之时空、修行之次第分别而论；若从儒家言，可本于心性而论，可本于天人而论，可本于情理而论，可本于理气而论，可本于阴阳而言，亦可本于三世而论。试分别略说：若从佛教而论，本于心性而言，主体行为之根本动机当为众生本俱之清净佛性；本于三世因缘而论，主体行为之动机当为宿世业报或熏闻；本于十方世界而论，主体行为动机则为他方世界种子飘落此间，又复发愿求生净土；本于三界轮回而论，主体行为动机则当为众生异熟习气，果报于人生，又欲离苦得乐，求生天人。若从儒家而论，本于心性而论，主体行为之动机则为不忍之仁心本体；本于天人而论，主体行为之动机则天命所在，天人合一之自然流布；本于情理而论，主体行为之动机则为天理昭昭，理当如此；本于理气而言，主体行为之动机则当为太虚升腾凝降，气质后成；本于阴阳而论，主体行为之动机则当为阳为干健，阴为保成，一阴一阳之谓道，继之者善也，成之者性也；本于三世而论，则主体行为之动机则当为由乱世进于升平，再至于太平之循序进化。此皆同一事体，于体用不同角度而分别论之。若单从大乘佛教具体而言，大乘修行之重要动机实在还是菩萨慈悲大心，大乘经中屡言大悲心乃菩萨行之根本，即是从此行为动机上而言的。若从儒佛沟通上而论，菩萨大悲心亦可与儒家不忍之仁心本体相应，唯须就究竟上言才可。

康有为佛教诗歌中叙述主体行为动机有三种情况，集中表现于三个字：偶、悲、救。康有为用此三字几达连篇累牍之程度。于中亦当知，康有为本非有意于诗之徒美，而意在于以诗言志，若取于诗言志之本怀，则自当歌之咏之，再三咏怀，虽叠字累句，亦在所不顾矣。然不惜反复伤诗之瑕，亦有深意乎？请试言之。

早在《澹如楼读书》一诗中，康有为即已于学佛之事用到"偶"字，诗云：

> 三年不读南朝史，琐艳浓香久懒熏。
> 偶有遁逃聊学佛，伤于哀乐遂能文。
> 忏除绮语从居易，悔作雕虫似子云。
> 忧患百经未闻道，空阶细雨送斜曛。①

此诗亦有微义可玩。诗中说三年不读南朝史。参《我史》之光绪五年中叙交张延秋事中言："吾故未尝学为骈文，但读六朝史熟，自能之，然不自知其工也。"揣摩此段文义，当谓先前曾熟读六朝史，而此时未读也，故言因昔年曾读六朝史自熟故，今能偶作骈文而自工也。是故文中义与诗中三年不读南朝史之义相吻合，又诗中所谓琐艳浓香、绮语、雕虫似子云俱是指骈文而言，故知诗中义当与《我史》中义同，唯诗中以骈文为雕虫小技不肯再为而已。由此可证，该诗当作于光绪五年。诗中以"三年"对"偶有"，此中"偶"字为偶一为之义，非经常为之也。是故知此"偶"字非偶然凑巧之义，亦非主观求学之义，因诗中明言逃遁聊以学佛。又诗中五六句拆"忏悔"二字于联

① 康有为：《澹如楼读书》，《康有为全集》第十二集，第143页。

首以协对仗，暗化佛义，亦承上文学佛之义。此为康有为佛教诗歌中首次明确用“偶”字，自此而后，则常用之，且多用之以配示现之义。

如《苏村卧病写怀》第三首中云：

纵横宙合一微尘，偶到人间阅廿春。①

《题荷花画帧》中云：

世界偶然留色相，生涯毕竟托清波。②

《珠江艇子题画》中云：

天边清露泻芙蓉，玉液琼浆取次逢。
偶尔轮回到人世，不知神女最高峰。③

《自题三十影像》中云：

像法流传海外图，偶来山泽现癯儒。
礼堂写像应相觅，麟阁图形竟可无。④

《示任父、孺博及曾重伯翰林》中云：

脱将璎珞亲贫子，故入泥犁救重囚。
丈室百千狮子座，金身偶现不须收。⑤

《为某僧书扇》中云：

① 康有为：《苏村卧病写怀》，《康有为全集》第十二集，第145页。
② 康有为：《题荷花画帧》，《康有为全集》第十二集，第148页。
③ 康有为：《珠江艇子题画》，《康有为全集》第十二集，第152页。
④ 康有为：《自题三十影像》，《康有为全集》第十二集，第154页。
⑤ 康有为：《示任父、孺博及曾重伯翰林》，《康有为全集》第十二集，第172页。

偶披垢腻衣，来税人间驾。
说尽千万偈，漆灯明暗室。①

《游西湖，馆钱塘县吴季清明府德潇署》中云：

君从唉摩天，来领莲花界。
偶现宰官身，苍生知所赖。②

此诸篇早自光绪十年，晚到光绪二十三年，诗中俱用到“偶”字，且多以偶义配人间示现义。上文已证康有为自谓彻悟为光绪十年，是则此所引诸篇皆为自悟以来以悟所得写诸篇章。又《示任父（当为甫字）、孺博及曾重伯翰林》一首上文已证当作于光绪二十年，与《秋心五首》《示任甫》《示孺博》诸篇同期。细读光绪二十年诸篇，可知篇中之义，颇为雷同，俱言偶然示现、悲愿入世，欲就群苦。由此可推知：康有为悲愿入世之佛教情怀起自光绪十年之自悟，而后凭借光绪二十年甲午战事败及己《伪经考》书版被劾毁等事因缘，遂逆缘激发，而致此悲愿情怀趋于成熟，非此何故同一义旨，一期之内，兼示诸人？

又细考诗中“偶”字义，从《苏村卧病写怀》至《自题三十影像》四首中“偶”字虽已配示现，然与轮回义相配合仍不明确，只《珠江艇子题画》中明确言偶尔轮回到人间是合轮回义，其于诸篇多从世界空间上配合而言，《题荷花画帧》一首中偶然配生涯，已有轮回义，然不明确。是故其中“偶”字义并无主观义，且偶然之凑巧义与偶尔之非常times义相杂而用。唯到

① 康有为：《为某僧书扇》，《康有为全集》第十二集，第172页。

② 康有为：《游西湖，馆钱塘县吴季清明府德潇署。季清神识清妙，深悟大证，哲子铁樵中道奄逝。行时索诗，赋此》，《康有为全集》第十二集，第174页。

《示任父、孺博及曾重伯翰林》一首中悲愿入世之义方才明确，诗中虽后句说偶现不须收，然前二句中故入泥犁救重囚，则主观意愿之义已显，如此而论，后文“偶”字乃专对金身示现而言，非专对入泥犁而言，即言入泥犁救重囚非偶一兴发而为，乃是主动意愿而为之，而于泥犁之中金身示现方式偶一为之，且即有非主观意愿之偶一示现，亦不必强为收之。该诗第三句有言“终日散花忘结习”，“忘”字即配合后句之“偶现”，即谓何为金身偶现？皆因终日散花（上已证此象征说法教学）而偶忘结习（上亦已释结习即烦恼，忘却烦恼，即金身示现）。是故此诗中“偶”字用得精巧，然非常如此，皆因欲将入泥犁救重囚之悲愿主动性突出，方才对比偶现而得以强调突出。是故此处偶字用于金身示现，而《为某僧书扇》中“偶”字却反用于身披垢衣，粗略看来似偶义相悖。然细读之，上诗自况为维摩诘菩萨，维摩诘乃大居士，是着璎珞，又天女散花等诸祥瑞之相，自然金身庄严偶一示现，然不碍其故入泥犁欲救重囚之悲愿；下诗《为某僧书扇》系赠馈之作，非是自况而是赞他，某僧自是出家众，非是居士，自然示现身披垢衣之相，然其显此相亦属偶然，亦不碍其来税人间，说尽万偈，如灯破暗，悲愿救苦。是故当知：金身垢衣，俱是偶现，入世悲愿，皆因常慈。至此康有为诗中“偶”字已深化，已建立于心相二分之上而以相为偶现，心则常悲。是故到《游西湖，馆钱塘县吴季清明府德潚署》一首中“偶”字所配的既非菩萨金身，亦非出家垢衣，而是宰官之身。则“偶”字之用，建立在法身、报身及化身之义上，常存之身为法报二身，偶一示现者为化身。是故但凡咏怀诗中形象以明其道德榜样者，多譬之以偶一示现之相，除却自况，更兼赞他。

如：《属刻同门功课簿，系诗四首》之一中云：

秋实春华各自贤，几年伤逝化风烟。
偶登群玉山头望，百万珠璎总可怜。①

此诗中以偶一示现之相喻指弟子门人。

《丁酉元夕，唐薇卿中丞夜宴观剧，出除夕诗见示。即席次韵奉和》：

妙音历尽几多春，往返人天等一尘。
偶转金轮开世界，更无净土著天亲。②

此一首为酬唱之作，亦含以偶转金轮者赞唐薇卿。

《日本井上圆了博士，哲学第一名家也，访余于金刚宝土。留之下榻，赠诗索和》：

万死怜亡救国危，余生身世人须弥。
偶从空谷闻鸾啸，了尽人天更不疑。③

此诗以偶现之相喻指井上圆了。

《善伯与我共难月余，君勉与我共患难廿年，善伯持归示君勉。吾辈既为救国而来，万千苦难，原是故人，假使铁轮顶上旋定慧圆，明终不失》中云：

哀我生民偶现身，故来地狱不酸辛。

① 康有为：《属刻同门功课簿，系诗四首》第十二集，第177页。

② 康有为：《丁酉元夕，前台湾总统唐薇卿中丞夜宴观剧，出除夕诗见示。即席次韵奉和》，《康有为全集》第十二集，第187页。

③ 康有为：《日本井上圆了博士，哲学第一名家也，访余于金刚宝土。留之下榻，赠诗索和》，《康有为全集》第十二集，第232页。

忍同雁鹜争余食，度世同来是化人。[①]

题中君勉，即弟子徐勤，善伯勤之子，徐良。诗中以偶现身喻我辈，实是共勉之辞。

《哭寐叟四兄尚书哀词》中云：

高僧历几生，阎浮偶来客。
示现士夫身，吉祥生虚白。[②]

题中“寐叟”，即沈曾植，诗中以阎浮偶来客，偶现士大夫之身，喻指沈曾植。

《金光梦词》中云：

他化与焰摩，下降偶游戏。
妙光及化乐，上腾还剪记。[③]

熏此亿劫闻声闻，证他世界婆伽婆。
偶来阎浮下临睨，哀我众生度楞伽。[④]

此诗乃为三夫人（康有为称之为媵，谓其位比妾贵）何旃理早逝所作，诗中两度用到偶现，俱是以天人偶现之相喻赞何氏。

自况之句，上文论自况主体部分以多引用，此不重引，句中亦多用“偶”字，聊录二首残句，以补翻检之劳。

① 康有为：《善伯与我共难月余，君勉与我共患难廿年，善伯持归示君勉。吾辈既为救国而来，万千苦难，原是故人，假使铁轮顶上旋定慧圆，明终不失》，《康有为全集》第十二集，第 340 页。

② 康有为：《哭寐叟四兄尚书哀词》，《康有为全集》第十二集，第 354 页。

③ 康有为：《金光梦词》，《康有为全集》第十二集，第 376 页。

④ 同上，第 376—377 页。

《题梁任甫所藏唐人写维摩诘经》：

偶来浊世任斯文，预人家国亦艰辛。
颇虑牵率为世醺，日读一遍心耕耘。[1]

《开岁忽六十篇》中云：

瓦砾与腥膻，不厌人世味。
往返曾八千，来此偶现示。[2]

此中需要注意的是：偶一示现义与主观意乐的悲愿入世对比并非于每首中都有呈现，且又因偶字往往间杂偶然凑巧非主动积极义，间接冲淡诗句中本就迷昧不定之主动积极入世意愿。是故，确切论诗中用“偶”字含义，仍不可全然舍却偶然凑巧义。如《金光梦词》中以“偶”字配游戏，此处游戏与康有为诗中主体自况时所用游戏迥非一义，因康有为自况时之游戏已是晚年经历多事，以不以外境而喜悲，复又不舍救世之心，而于诗篇中用游戏字眼，是为甚高境界；而何旃理虽有才情，亦复梦异，究不过二十来岁之人，用此游戏，仅可谓之天人偶然凑巧入此世间耳，非真因历劫而自修自悟获此境界也。此二者不可同一而语。由此则当知，康有为虽悲愿心切，然亦常有懈怠，故只是每于逆境激发而自警后发悲切声愿；倘有悲事过此，也不免懈怠而失刚健之心，故常用之“偶”字中当已暗含此种自诩天人，为外境之因偶尔入此世间，本非己愿之义。此义于心态上言，亦是颇留后路之谓。

---

① 康有为：《题梁任甫所藏唐人写维摩诘经》，《康有为全集》第十二集，第321页。

② 康有为：《开岁忽六十篇》，《康有为全集》第十二集，第337页。

次论康有为佛教诗歌用“悲”字事。若谓用偶字表示现入世之义于悲愿之情间杂不纯，混含置之度外无可奈何之退却心态，而直用“悲”字则于悲愿心切之义纯一足沛。“悲”字含义亦多，诗中用悲字，有悲悯、悲怜、悲愿、悲欢、悲喜、悲智等，其中所指亦皆不一，终以悲悯为主为重。如《示任甫》诗中云：

华严国土时时见，大地光明无语言。
只是众生同一气，要将悲悯塞乾坤。①

此诗前已证为康有为悲愿入世思想成熟之作，诗中对比净土与此世，说净土则谓华严国土，说此世间则谓众生同一气，此殆因甲午战事及书版被毁之事而感叹，由此而激发悲声，发愿言要将悲悯塞此乾坤大地。后如《将为汗漫游，去港别亲三首》之第三首中云：

悲悯开新世，庄严起化城。
诸天无去住，且听海潮声。②

诗中仍是悲悯配净土，唯前首境界高，说净土直谓华严；而此首说净土则退而言法华之化城，当因维新事败，以为事不可一蹴而就，渐进之化城方为方便善巧之途。

单言悲悯，未为完备，是故另有言慈悲、悲智、悲愿、大悲者，此等皆于悲之外加言慈、智、愿，要以悲仍须有慈心方不成弃、有智慧方不莽撞、有愿力方不易退，总言则谓之大悲，非世

① 康有为：《示任甫》，《康有为全集》第十二集，第172页。
② 康有为：《将为汗漫游，去港别亲三首》，《康有为全集》第十二集，第237页。

间小悲伤已。如《陈登莱及门人陈继俨募修白沙先生嘉会楼、楚云台，求题二额。追思与简竹居旧游，写寄二子》中言：

不忍心难绝，且复随慈悲。
大地无不到，现身无不为。①

此诗中以儒家不忍仁心沟通佛教慈悲之义，又兼涉道家无为无不为之义理，明非仅悲而已，不忍即含慈义。

吊戊戌六君诗六首中吊谭嗣同一首《故四品卿衔军机章京参预新政候补知府谭君嗣同》中借赞叹谭嗣同之悲行而言曰：

遍探异氏奥，遽徙筐频倾。
归心服大雄，悲智能长惺。②

诗中言归心服大雄，暗指谭嗣同皈依佛教；悲智赞谭嗣同就义之行，以为谭嗣同非仅悲悯群苦而已，且有大智，以身就义，警醒群蒙。

《开岁忽六十篇》为晚年总结长篇，其中两处言悲，前后对比，阐发悲智：

神州忧陆沉，须磨悲憔悴。
龚胜辱频征，管宁卧不起。③

天宫游汗漫，地狱八恻悱。

① 康有为：《陈登莱及门人陈继俨募修白沙先生嘉会楼、楚云台，求题二额。追思与简竹居旧游，写寄二子》，《游美国诗》，《康有为全集》第十二集，第263页。

② 康有为：《故四品卿衔军机章京参预新政候补知府谭君嗣同》，《六哀诗》，《康有为全集》第十二集，第218页。

③ 康有为：《开岁忽六十篇》，《康有为全集》第十二集，第336页。

岂敢惮患难，但发吾悲智。①

前一首第二句中言须磨悲憔悴，指维新失败，奔亡日本，悲哀憔悴，此乃世俗之悲。后二句用龚胜、管宁二典，象征志存高节，屡征不就，当指袁世凯等军阀之征召。第二首后二言不敢因流亡患难，遂自放弃，此承上言悲憔悴，故当发悲智，此悲则非世俗小悲，乃不患己难慈护众生之大悲，是故为之悲智。

《游西湖，馆钱塘县吴季清明府德潇署。季清神识清妙，深悟大证，哲子铁樵中道奄逝。行时索诗，赋此》中四句云：

亿劫旧相识，神交亦良远。
熏香浸肌骨，誓发大悲愿。②

《赠龙积之》中四句云：

同发悲悯愿，欲拯饥溺活。
示现来问世，辛苦充宝筏。③

此二首一早一晚，俱于悲悯之情上加愿字，谓当发愿起行，非空悲而已，是赠人励己，共勉同行之行愿。盖赠人中即含愿行矣，故后诗中言同发悲悯愿，又明确言欲救饥溺活。

《己酉除夕前二日，酬梁任公弟寄诗并电问疾，六章》中言：

孔佛耶摩并圣医，各能起病药尊师。

---

① 康有为：《开岁忽六十篇》，《康有为全集》第十二集，第 337 页。

② 康有为：《游西湖，馆钱塘县吴季清明府德潇署。季清神识清妙，深悟大证，哲子铁樵中道奄逝。行时索诗，赋此》，《康有为全集》第十二集，第 174 页。

③ 康有为：《赠龙积之》，《康有为全集》第十二集，第 327 页。

尊天明鬼皆有托，出世同民尽大悲。①

《明末朱舜水避地日本，德川儒学之盛自此传焉。今二百五十年，德川公国顺举改碑祭，名侯士夫集而行礼者四百余人。吾在须磨不能预盛典，寄松树植墓前，附以五诗以寄思仰》：

上续王仁传论语，隐同箕子访明夷。
先生浮海能传教，却望神州应大悲。②

此二首中俱以大悲收尾。前诗中通论儒佛耶三教，并称圣医，能疗众病，正因此概括三教而同显悲心无异，是曰大悲，非一己偏狭小悲；后诗中兼说中日，亦显大悲非一国一教之小悲。

诗中除上所言之大悲，亦有人世小悲。兹录防阙，如《同薇女久别五年》中：

聚散悲欢聊复尔，坏空成住更安之。三洲数载重相见，穷夜清娱且莫辞。③

《乙丑十月三日，散原道兄冒雨来一天园赏菊，饮酒话旧，及晚冒雨归，不及留。丧夫人及冢嗣师曾，今多年矣，余哀未已，不作。故有以解之》：

---

① 康有为：《己酉除夕前二日，酬梁任公弟寄诗并问疾，六章》，《康有为全集》第十二集，第315页。

② 康有为：《明末朱舜水避地日本，德川儒学之盛自此传焉。今二百五十年，德川公国顺举改碑祭，名侯士夫集而行礼者四百余人。吾在须磨不能预盛典，寄松树植墓前，附以五诗以寄思仰》，《康有为全集》第十二集，第367页。

③ 康有为：《同薇女久别五年，婿麦仲华曼宣与同璧女亦别经年，吾旧有“一家骨肉三洲地”之句。今同薇偕婿曼宣来瑞，璧以暑假亦来瑞，而吾乃将鬻宅矣。夜来漪涛歌舞以佐饮酒，聊以穷欢而慰别，又将分张，不胜离合之感也》，《康有为全集》第十二集，第285页。

佛生只为破烦恼，孔经专用除忧患。
无量轮回偶示现，因缘业报勿悲欢。[①]

虽言世间悲欢，然诗中之义仍为不当因世间得失进退、因缘业报为悲欢而。

三论康有为诗歌中用“救”字以表述悲愿入世动机的情况。诗歌中用到“救”字，而涉及的诗义内容则有被救的对象为何？为什么而去救，即依止于何心而救？于何处救等等。先就所救的对象而言，康有为救世之说固然是总论，而分别说则有救民、救苦、救国等。

《示任父、孺博及曾重伯翰林》：

脱将璎珞亲贫子，故入泥犁救重囚。
丈室百千狮子座，金身偶现不须收。[②]

此诗为康有为佛教诗歌中较早用到“救”字的诗歌。该诗作于光绪二十年康有为正式抒发入世救苦的悲愿之际。诗中说所要救的对象为重囚，所欲救的地方为泥犁，泥犁即地狱，其所本之心为“故”。诗中首句为自诩菩萨，则引佛教菩萨入世救苦入诗中，所以其依止之心即是菩提大悲心，其诗中亲贫子之亲，以之为亲，为其亲则有爱，故亲贫子即是菩提悲爱之心，后言故即言依止此心，从而发入地狱救重囚之愿。此处地狱即是譬喻人世间之义，非谓真地狱，而重囚为譬喻疾苦众生。

---

① 康有为：《乙丑十月三日，散原道兄冒雨来一天园赏菊，饮酒话旧，及晚冒雨归，不及留。丧夫人及冢嗣师曾，今多年矣，余哀未已，不作。故有以解之》第五，《康有为全集》第十二集，第 381 页。

② 康有为：《示任父、孺博及曾重伯翰林》，《康有为全集》第十二集，第 172 页。

《送门人梁启超任甫人京》：

> 道入天人际，江门风月存。
> 小心结豪俊，内热救黎元。[①]

此一首与上一首略为同期所作。诗中说道入天人际，所谓天人即是康有为以引导众生成就天人、人天界之理想，即是康有为净土理想，也是大同理想。此诗尾句说为用杜甫《奉县五百句》之典故，所谓内热，即内心炽热，黎元即百姓，合而论之，即言内心为救黎民百姓而炽热。此处说明所救为黎民百姓，但首句说道入天人，可见这首诗又将佛教救苦之理想与儒教救黎民百姓之理想汇通起来。

《将为汗漫游，去港别亲三首》第三首：

> 地狱欣然入，来因救众生。
> 怵心虽若戒，乘愿亦何惊。[②]

此诗为变法失败后流亡海外之作。此处说明所救为众生，既非重囚，也非百姓，而即是佛教一般所谓之众生，此种语调既不如说重囚时之热切，也不似说黎元时之深沉，而是与首句欣然一词相联用。盖康有为此时已经经历了变法失败后之失落绝望，后又重新焕发斗志，故而说即便是地狱也要欣然而入，战战兢兢之心如同持戒，但是既然是乘愿而来救众生的，也就不用有所恐惧害怕了。所以此处说所依止之心为“因”、为“愿”、为“欣然”。从因与愿两者来看，康有为这时对于救世之依止论述得比

① 康有为：《送门人梁启超任甫人京》，《康有为全集》第十二集，第176页。
② 康有为：《将为汗漫游，去港别亲三首》，《康有为全集》第十二集，第236页。

较全面，盖因为外在，愿为内在，欣然则暗示并不执着于此，是故也不会因此而有悲哀烦恼等等。

《巴黎登汽球歌》：

> 不忍之心发难灭，再入地狱救斯民。
> 特来世间寻烦恼，不愿天上作神仙。①

此诗为游法国在巴黎登热气球所作之长诗。诗中说再入地狱，于上所引第一首成对应。表面上看再入地狱好像是写从热气球上下来了，但从字词中明显可以看出这是譬喻康有为在变法失败之后，经过一段时间的沉寂，后又焕发了救世的热心，故而说为再入地狱。此处说所救为斯民，即是黎民、众生之义。

《陈登莱及门人陈继俨募修白沙先生嘉会楼、楚云台，求题二额。追思与简竹居旧游，写寄二子》：

> 畴昔曾斋心，超出造物儿。
> 既现救国身，未肯脱垢衣。②

《辛酉七月祝徐君勉五十寿》：

> 唯有救国心，毕生肠内热。
> 金城植德本，阅遍万千劫。③

此两首则说所救为国家，第一首中尾句脱垢衣之句为自诩菩萨入世救苦而不肯自解脱作神仙。第二首中金城即是化城之义，

① 康有为：《巴黎登汽球歌》，《游法兰西诗》，《康有为全集》第十二集，第249页。

② 康有为：《陈登莱及门人陈继俨募修白沙先生嘉会楼、楚云台，求题二额。追思与简竹居旧游，写寄二子》，《游美国诗》，《康有为全集》第十二集，第263页。

③ 康有为：《辛酉七月祝徐君勉五十寿》，《康有为全集》第十二集，第347页。

而肠内热即用杜甫《自京赴奉县五百句》之典故，与上所引“内热”同典，即内心炽热之义。其所救为国家，则比较靠近儒家治国平天下之义，而于佛教修行之义稍远，如本缘部中大量描写菩萨弃国修行，并未以救国为目标。但救国也在菩萨行之中，如佛陀为救舍卫国而三次阻挡入侵之军队，本缘部中菩萨弃国之理由以有为避免他国之入侵、战争、杀生等而主动弃舍王位国家，故而也可以说是救国之举。总的来说，康有为此处仍是将儒佛二家之救苦义理相互汇通，其救度之依止心往往是从佛教本心上获得支撑的，而救度对象却是儒家通常所涉及的。也可以说以佛心行儒家事。

康有为游耶路萨冷时所作一诗中云：

浊世病国哲人来，众生无病神不形。
我亦现身救苦者，身经百死万险经。①

《己酉除夕前二日，酬梁任公弟寄诗并电问疾，六章》：

但苦一身难两面，虽云圆觉亦偏知。
悠悠万古众生苦，昧昧吾思一救之。②

《开岁忽六十篇》：

---

① 康有为：《耶路萨冷国于群石山上。吾走群山，自佐顿川至死海，草木不生，人家多穴处石山中。伯利恒耶苏生处，亦石穴也。俯首而入，马槽犹在，今遍嵌文石。耶苏墓庙一切皆刻文石尤丽，中亭为瘗处，俯入有僧授烛。万人膜拜，盖罗马君士但丁后所筑也。唯城中庙前，病丐千百相集，呼叫可怜，宜耶苏以医为业。又至耶苏升天石，及门徒见卖饮酒处，因感十字军所启新文明，为之感动，异人之生也》，《康有为全集》第十二集，第302页。

② 康有为：《己酉除夕前二日，酬梁任公弟寄诗并电问疾，六章》，《康有为全集》第十二集，第315页。

发愿救疾苦，华严现弹指。
中天俯云雨，大旱待一溉。①

此三首中所救为疾苦。第一首中以自己类比于诸教之教主，现身来救苦，故其救苦之心即是菩提心；第二首中思以救众生之苦所依止者为圆觉，即本心本觉，即是菩提悲心。第三首中发愿救苦，即言以菩提心而发愿。是故直接言苦是就佛教义理而言，而其救苦之心即是菩提悲心。

《己酉除夕前二日，酬梁任公弟寄诗并电问疾，六章》：

吾丧我兮今解脱，汝哀世也救颠亡。
众生病已吾何病，病已或开新道场。②

此诗中云所就为颠亡，所谓颠亡，即是国家之危急灭亡之义，故仍旧是救国之义，又后句中说众生病与己病，是用《维摩诘经》之典故，故而可见，这里论救亡所依止之心仍旧是菩萨愿心。

除了上述之救重囚、黎元、国家、众生、斯民、疾苦等，康有为还用到救人、救旃、救民疾等，但总而言之，康有为所救无非三者：一者为人，即众生、斯民、重囚等；二者为人之组织，如家国等；三者为人民家国之疾病痛苦等。此三者中疾病痛苦为所救之核心，人民家国为苦病之所属者。康有为救苦之心，多发之菩提心愿，这是从佛教义理中援借而来的本觉之心、菩提之心。而康有为论所救多是融合儒佛二家之所救，如以苦为所救则

① 康有为：《开岁忽六十篇》，《康有为全集》第十二集，第337页。
② 康有为：《己酉除夕前二日，酬梁任公弟寄诗并电问疾，六章》，《康有为全集》第十二集，第315页。

偏重佛教，而以国家为所救则偏重儒教，以人民众生为所救则兼摄两家。又康有为论救苦之心，除了从佛教之菩提愿心出发论述外，也有从悲闵心、哀心、愿心、欣然之乐心等不同角度分别描绘。

3. 入世救苦的模态

主体行为模态之象征。康有为佛教诗歌中描绘主体行为之模态主要为化人历劫。化人即化身，化人既可以是天人，也可以是菩萨，同样也可以是佛，对于后两者而言主要是示现。化人入世救苦的模式主要为历劫，这在论说世界之时间构成时已经有所涉及，尤其是劫难之说。化人历劫即入世救苦，化人示现也是可以实现各种身份的，但在康有为的诗歌中多为两种身份，一种是文士之身份，一种是宰官身，前者多用于自诩，后者多用于赞叹他人。化人示现之后往往通过说法来教化众生，这也是康有为说化人示现为士人的一种功能性表现，而且康有为所谓的说法即是讲学，即是立教救世之义，所以含有自诩教主之义。是故论康有为佛教诗歌中化人示现历劫可从三个方面来叙述：一为化人示现；二为说法；三为历劫（此部分参考论康有为分析世界构成及苦中历劫部分）。

（1）化人示现

《秋心五首》之第四首：

> 中天缥缈化人台，百万莲花璎珞开。
> 我是吞针老罗什，梦中一醉碧霞杯。①

《游西湖，馆钱塘县吴季清明府德潇署。季清神识清妙，深

① 康有为：《秋心五首》，《康有为全集》第十二集　第172页。

悟大证，哲子铁樵中道奄逝。行时索诗，赋此》：

> 化人万千身，无宅亦无恋。
> 总以悲闵心，了我救度本。[①]

《属刻同门功课簿，系诗四首》：

> 万木森森万玉鸣，只鳞片羽万人惊。
> 更将散布人间世，化身万亿发光明。[②]

此三首皆是康有为早期运用到化人化身的诗歌，其中化人是和化身联系在一起的，故而此时化人即是化身，而化身是从菩萨化身示现的角度来说明的。如第一首中首句说化人台，本亦无特别要指示化人之义，第二句中说莲花璎珞开，则指代菩萨化身示现之义。第三者自诩为鸠摩罗什，也是暗示自身为祖师大德之化身之义。第二首中化人之万千身，虽是幻化而无住无灭，但其依止之心即是悲悯心，是为救度众生而示现。第三首，考诗中之义当时赞叹弟子，所以诗中所言之化身万亿当是譬喻弟子等为佛菩萨之化身，康有为用化身之义有二：第一化身是出于佛菩萨之悲愿救世的菩提心而示现的，故而其本身依止真心，但为幻化不实，是因缘而起，因世间之苦，因菩萨悲心而其化身示现；第二用化身主要是突出其入世之态，所化之身并不在他方世界，而即在此人世间，故而化身说是与儒家入世之说相沟通。如此论说化人有如下三义：一化人为自诩，亦为菩萨；二化人所依止心为菩提心、悲悯救世心；三化人有人之身，则有烦恼。

---

① 康有为：《游西湖，馆钱塘县吴季清明府德潇署。季清神识清妙，深悟大证，哲子铁樵中道奄逝。行时索诗，赋此》，《康有为全集》第十二集，第 174 页。

② 康有为：《属刻同门功课簿，系诗四首》第十二集，第 177 页。

首先论化人为自诩，为菩萨之义。

《庚子二月，四十三岁初度，寓星坡之恒春园，居一楼，名曰南华。梁铁君、汤觉顿为吾置酒话旧，慰余琐尾》：

> 四十三年现化身，五千里外托逋臣。
> 南华楼上环花气，上野场中旧酒痕。①

《题梁任甫所藏唐人写维摩诘经》：

> 半生行道长挟此，日饭三升毛孔香。
> 我本摩诘所化身，众香国里吾久熏。②

前一首中康有为四十三岁，诗中亦说此四十三年为化身所现，故知康有为所说化人化身即是自身。第二首中直接说自己为维摩诘菩萨之化身，则之化人化身即是自己也是菩萨，自己为菩萨之化身，示现来世间救苦。

《久不见菽园，以诗代书》：

> 翻思京华人事沓，忽得化身丛维摩。
> 太阴雷雨翳白日，光明大放镜相磨。③

此一首亦说化身为维摩诘，其义与上一首同。又不仅仅是菩萨之化身，还有佛之化身示现：

《登箱根顶浴芦之汤》中云：

> 化身曾八千，恻怛又税驾。

---

① 康有为：《庚子二月，四十三岁初度，寓星坡之恒春园，居一楼，名曰南华。梁铁君、汤觉顿为吾置酒话旧，慰余琐尾》，《康有为全集》第十二集，第201页。

② 康有为：《题梁任甫所藏唐人写维摩诘经》，《康有为全集》第十二集，第321页。

③ 康有为：《久不见菽园，以诗代书》，《康有为全集》第十二集，第206页。

仲尼本旅人，瞿昙乃乞者。①

《哭寐叟四兄尚书哀词》中云：

吾好说诸相，相见笑羲娥。
化人托曼殊，归心婆迦婆。②

第一首中说孔子及佛皆以化身示现，但诗中并未明确表示有自诩之义。第二首中以文殊菩萨而论化人，其所归心者为佛，诗中暗含有自诩以及赞叹譬喻他人之义。

此说化人所依止之心为菩提愿心。

此一首中除了论说文殊菩萨之化身外，也说到化人之所归心为婆伽婆，即佛，即言归心于佛，则其所依止心当为菩提心无疑。

《埃及棺盖露首戏拓影像自题》：

盖棺论定是何人，后死斯文话劫尘。
了尽人天偶乘化，此心未死死心新。③

此诗中说了尽人天，人天既康有为所谓天人之说，即欲导引疾苦众生离苦得乐而升之诸天乐界之救世方法，而此方法从佛教而言即是诸天之说，也是净土之说，故而其所依止仍旧是菩萨愿行欲成就净土者。

《善伯与我共难月余，君勉与我共患难廿年，善伯持归示君勉。吾辈既为救国而来，万千苦难，原是故人，假使铁轮顶上旋

① 康有为：《登箱根顶浴芦之汤》，《康有为全集》第十二集，第191页。
② 康有为：《哭寐叟四兄尚书哀词》，《康有为全集》第十二集，第355页。
③ 康有为：《埃及棺盖露首戏拓影像自题》，《康有为全集》第十二集，第301页。

定慧圆，明终不失》：

> 哀我生民偶现身，故来地狱不酸辛。
> 忍同雁鹜争余食，度世同来是化人。①

此诗中所言哀生民而偶现身，所现身处为地狱，所现身目的为度世人，现身者为化人，参考其他诗歌可知，康有为此处入地狱救众生即是入世救苦之义，而哀生民之义即是菩萨之大悲心，故而可说化人示现之依止即是菩提悲心。

三说化人亦有烦恼。化人如果是天人，则仍在轮回之中，必有烦恼；化人如果是菩萨，也仍旧有烦恼，但如果是初发意菩萨则有烦恼现行和种子二者；而如果是大菩萨则无有烦恼现行，只有烦恼种子，是为留惑润生之用。而如果是佛只示现则无有烦恼。

《开岁忽六十篇》中云：

> 化人之烦恼，热然亦何似。
> 世界自无量，国土本蕞尔。②

《丁卯二月五日，七十览揆，承恩赐寿。纪事述怀七章》中云：

> 吉凶不忍同民患，忧乐何先恐陆沉。
> 我是化人亦烦恼，云中临睨怵深深。③

---

① 康有为：《善伯与我共难月余，君勉与我共患难廿年，善伯持归示君勉。吾辈既为救国而来，万千苦难，原是故人，假使铁轮顶上旋定慧圆，明终不失》，《康有为全集》第十二集，第340页。

② 康有为：《开岁忽六十篇》，《康有为全集》第十二集，第337页。

③ 康有为：《丁卯二月五日，七十览揆，承恩赐寿。纪事述怀七章》第五，《康有为全集》第十二集，第365页

这两首诗都较有纪念意义，分别是康有为六十岁和七十岁寿辰所作之诗。故而皆有总结意义。而在这样总结性的诗歌中康有为也坦诚地说出即便他自诩为天人菩萨等，发愿入世救苦，但就自身而言仍旧有烦恼。康有为所谓的烦恼为何？在第一首诗中此所录四句之前，康有为指出“戮辱与谤攻，皆吾夙孽遗”，可见他所谓的烦恼是包括了外界或他人对自己的杀戮、侮辱、诽谤、攻击等，而且他也从三世轮回因果报应的角度认为这都是他自己前世所作恶业的果报。如果就第二首来看，诗中“不忍”“恐”即是化人之烦恼，而此不忍和恐实际是不忍众生斯民之吉凶，恐国破家亡之陆沉，故而并非是其自私之烦恼，如同《偕若海、公裕品茗不忍池中无着亭看月。已而病，若海以二诗来，答之》中所云：

众生有病吾遂病，世界微尘我入尘。
玉宇琼楼不归去，人间少住未知春。①

所以其所谓烦恼也包括众生之陷于烦恼疾苦之中而难以一时俱救之烦恼。

前说化人，今再专说示现，因示现并不专以化人而示现。《题黄仲弢编修〈龙女行云图〉》：

风鬟雾鬓现天人，下界骑龙转法轮。
不嫁娉婷真可惜，空将云雨泣乾坤。②

---

① 康有为：《偕若海、公裕品茗不忍池中无着亭看月。已而病，若海以二诗来，答之》，《康有为全集》第十二集，第325页。

② 康有为：《题黄仲弢编修〈龙女行云图〉》，《康有为全集》第十二集，第155页。

此诗为较早运用示现之诗，但该诗为题画诗，并未有自诩之痕迹。其中所谓示现为天人者、为画中之龙女，其实现之目的是为下界转法轮，即是说法度众生之义。

《示任父、孺博及曾重伯翰林》：

脱将璎珞亲贫子，故入泥犁救重囚。
丈室百千狮子座，金身偶现不须收。①

《为某僧书扇》：

浩风无量劫，所历知几舍。
三十有二相，现示随变化。②

《游西湖，馆钱塘县吴季清明府德潇署。季清神识清妙，深悟大证，哲子铁樵中道奄逝。行时索诗，赋此》：

君从啖摩天，来领莲花界。
偶现宰官身，苍生知所赖。
本以闻思根，现此同一刹。
薄领岂拘检，神往灵鹫会。③

此三首为同一时期所作，且俱在维新变法之前所作。诗中抒发悲愿入世救苦的志向较为完整明确，在描绘入世的情景时，诗中皆是用示现的意象来表示。如第一首中说金身偶现，其中金身之现即谓菩萨之示现；第二首中三十二相之现示，也是指佛菩萨指示现，因为只有到了佛菩萨（此指八地上之大菩萨）才有三

① 康有为：《示任父、孺博及曾重伯翰林》，《康有为全集》第十二集，第172页。
② 康有为：《为某僧书扇》，《康有为全集》第十二集，第172页。
③ 康有为：《游西湖，馆钱塘县吴季清明府德潇署。季清神识清妙，深悟大证，哲子铁樵中道奄逝。行时索诗，赋此》，《康有为全集》第十二集，第174页。

十二胜相之示现；第三首诗是酬赠他人之作，故而诗中以菩萨譬喻他人，其所示现为宰官身。但后四句中也将自己说为菩萨之示现，因为诗中说现此同一刹，即言原来都曾在灵山听过佛讲法，如今示现化身来到了同一个时空之中。故而这是感叹自己与赠者之因缘聚会之义。就此三首而言，示现有金身示现、有三十二相示现、有宰官示现。

说金身示现者另如：

《丁卯二月五日，七十览揆，承恩赐寿。纪事述怀七章》：

> 播耨迦观奚足感，维摩诰病岂能无？
> 金身万亿随时现，寿者短长何喜吁。①

从此诗和上文所引金身示现者对比可知，所谓金身示现即当是维摩诘菩萨之示现。另如示现宰官身，也有示现士夫身：

《哭寐叟四兄尚书哀词》中云：

> 高僧历几生，阎浮偶来客。
> 示现士夫身，吉祥生虚白。②

就这首诗而言，似乎言及三重示现：首句中言高僧历几生，其暗示沈曾植为高僧转世，即是高僧之示现；第三句中言士夫身，此士夫即是男子身，也可以理解成文人士人之身；第四句中言吉祥生虚白，诗中虚白即用《庄子》中虚室生白之典故，而吉祥虽不详其义为何，但可能是指文殊菩萨，因文殊菩萨亦名妙吉祥；但此句不明确，因为“吉祥”二字也可就简单做形容词

① 康有为：《丁卯二月五日，七十览揆，承恩赐寿。纪事述怀七章》第五，《康有为全集》第十二集，第365页。

② 康有为：《哭寐叟四兄尚书哀词》，《康有为全集》第十二集，第354页。

理解为描绘沈出生时房间吉祥放光明。

就示现形态而言，康有为多用"偶"字，突出示现之空无执着之义，前在论动机之际已经论述，此处仅录一二以作证：

《开岁忽六十篇》中云：

> 瓦砾与腥膻，不厌人世味。
> 往返曾八千，来此偶现示。[①]

《大同书成题词》：

> 千界皆烦恼，吾来偶现身。
> 狱囚哀浊世，饥溺为斯人。[②]

但在用"偶"字的同时，康有为有时也采用于"偶"字类似的随字来替代，如《为某僧书扇》中云"现示随变化"；《丁卯二月五日，七十览揆，承恩赐寿。纪事述怀七章》中云"金身万亿随时现"，一者是虽变化而示现，一者是随时而变化。所以"随"字所显示的含义是随顺因缘而示现之义，也突出了"偶"字中空无并不是完全没有目的因果之机械偶然性。又如《陈登莱及门人陈继俨募修白沙先生嘉会楼、楚云台，求题二额。追思与简竹居旧游，写寄二子》中云：

> 不忍心难绝，且复随慈悲。
> 大地无不到，现身无不为。[③]

此一首中说现身之后是无不为，大地也是无处不到的，那么

① 康有为：《开岁忽六十篇》，《康有为全集》第十二集，第 337 页。

② 康有为：《大同书成题词》，《康有为全集》第十二集，第 136 页。

③ 康有为：《陈登莱及门人陈继俨募修白沙先生嘉会楼、楚云台，求题二额。追思与简竹居旧游，写寄二子》，《游美国诗》，《康有为全集》第十二集，第263 页。

其为何会如此，第二句中言随顺慈悲，可见“偶”字中有随顺义，随顺中有随顺慈悲之义，而因慈悲之义，则大地无不到，事情无不为。由此而可以更加深入地理解康有为所谓“偶”字之义为精深广大之菩提心的形态表示，也是其示现化身之形态表示。

（2）说法

化人示现之后，即正式入世，开始实践其救世实践，而其救世实践中最主要的方式既是说法普度众生。康有为佛教诗歌有大量描绘说法的诗句，有运用《维摩诘经》中菩萨说法天女散花的典故而来描绘说法情景，也有用转法轮之意象来描绘说法情景。如《示任甫》中云“时时说法万花飞”，《示任父、孺博及曾重伯翰林》中云“终日散花忘结习”，皆是用维摩诘菩萨说法的典故。而用转法轮意象描绘说法情景则如：

《辛酉元日赋诗二章呈寐叟》：

> 息壤空怀拨乱世，望树仍思转法轮。
> 千百水仙香满室，坐忘春色已还人。①

《癸亥三月廿五日，在保定乘飞机，空中御风，神为天游。口占示善伯》：

> 忽飙飚于吾地，遂转轮于人寰。
> 回望诸天游戏事，世界无量劫经贤。②

《须磨春日，樱，杏、桃、梅、李、牡丹、杜鹃花皆极闹，

① 康有为：《辛酉元日赋诗二章呈寐叟》，《康有为全集》第十二集，第346页。

② 康有为：《癸亥三月廿五日，在保定乘飞机，空中御风，神为天游。口占示善伯》，《康有为全集》第十二集，第360页。

次第开落。至夏初，则梅子绿阴，落红飞尽，为之感慨。游园归，口占》：

　　几日繁华怜历劫，看人车马自攲巾。
　　杜鹃红遍空山老，世事浓枯笑转轮。[①]

此三首中转法轮。转轮，即是说法之谓。

除了运用意象典故描绘说法之外，也有直接用说法来指明说法即为救世普度之重要方法者。

《华首台》：

　　青山若现庄严相，白水时闻清净音。
　　尽日孤青常说法，诸天华雨万重深。[②]

《将至桂林，望诸石峰》：

　　灵山大会天龙鬼，狮象夜叉集众徒。
　　而我游戏于其间，说法纷纷点头颅。[③]

此二首直接用说法，但仍旧是诗歌中拟人之手法，如第一首中说法者是指山水之庄严清净譬如说法；第二首中说法是指代自己实际的讲学，但以诸山峰拟人为听法者，频频点头似有领会，故而仍旧是用拟人法描绘说法场景。

另有以广长舌来譬喻说法指雄健，如《重九箕面观红叶看瀑竟夕，宿瀑前锦泷庵客舍》：

① 康有为：《须磨春日，樱，杏、桃、梅、李、牡丹、杜鹃花皆极闹，次第开落。至夏初，则梅子绿阴，落红飞尽，为之感慨。游园归，口占》，《康有为全集》第十二集，第372页。

② 康有为：《华首台》，《康有为全集》第十二集，第178页。

③ 康有为：《将至桂林，望诸石峰》，《康有为全集》第十二集，第185页。

年年重九异山川，箕面今来看瀑泉。
空色常饶广长舌，声闻证到妙音天。①

《日光山顶观华严泷，为日本第一大瀑》：

华严泷下华严现，白日光中射日光。
三百尺流广长舌，空山说法证空王。②

《辛酉七月祝徐君勉五十寿》：

遍开数报馆，大掉广长舌。
民智虽日开，国变竟擘裂。③

第一首中同样是以山水风光之空寂譬喻佛法显示，即用拟人法兼用长广舌意象描绘说法场景；第二首则同样以广长舌譬喻瀑布，以瀑布景色中之庄严譬喻佛法境界；第三首中以广长舌譬喻开报馆广开沿路，教化众生，同样是以广长舌譬喻讲学传道说法之事。

《为某僧书扇》：

偶披垢腻衣，来税人间驾。
说尽千万偈，漆灯明暗夜。④

此诗中虽未明言说法或意象等，但诗中云说偈颂即是说法，因偈颂即是佛法常用之体裁。且由这首诗也可以看出化人示现入

① 康有为：《重九箕面观红叶看瀑竟夕，宿瀑前锦泷庵客舍》，《康有为全集》第十二集，第 368 页。

② 康有为：《日光山顶观华严泷，为日本第一大瀑》，《康有为全集》第十二集，第 371 页。

③ 康有为：《辛酉七月祝徐君勉五十寿》，《康有为全集》第十二集，第 347 页。

④ 康有为：《为某僧书扇》，《康有为全集》第十二集，第 172 页。

世，其主要的事务即是说法，而开发民智，以便普度众生。

康有为佛教诗歌中常用之字，除上文已提及"诸天""偶""悲"等字外，还有"龙蛇""劫"二词。"劫"字尤多，几达稍涉佛意即说历劫无量。凡二百五十余首明确言说佛典词汇之诗歌，于中用及"劫"字者尽有七十余首，还不论长篇中劫字重复。若由此而论，康有为佛教诗歌正可谓化人历劫诗矣。历劫之过程，在论劫的部分已经说明，可相参考。

第二节　梁启超论救世方法

佛教思想对于梁启超而言是其思想基础、理论框架，他是凭借佛教义理而容纳诸思想于一身的。是故其救国思想之方法，就其实质而论，是佛教之救世理论的运用，但梁启超并不常常就佛教之出世理想而论救世，他之能接纳佛教思想并非完全出于佛教过于高妙的出世思想，而是出于佛教思想结构之深远广大，能无碍容纳诸种思想并能将之融为一体。故而论述梁启超救国思想时，若零碎论其某一特定的救国思想，往往不得其要领，唯从其整体究竟上以佛教思想整体而把握，然后落实到具体的某一特定方法，才能得其要领，豁然开朗。依顺佛教思想及其运用，梁启超之救国思想可以从四个方面加以论说：一，就其体上而言，梁启超救国思想本于心性本体，若不从心性本体论上而统领其纷芜杂乱的思想探求，则无法理解其整体构思。二，若从心性本体论上把握其思想，又不得不论其精神主义哲学。梁启超之论心性本体并未严格遵循儒佛二家义理。梁启超将此心性本体论发挥成精神哲学，转而注重文化思想之培养。三，由精神主义之转化方才可言其精神主义之运用。梁启超摆脱心学而论精神主义哲学，将精神主义诉诸实践运用。其运用仍旧依顺其论佛教思想之纵横两方面，即共不共业之两方面。就不共业之纵向而论，既包含个体修学之进程，亦扩展为全体历史演进之进程；四，就其共业之横向而言，则为共时国家社会之群治和文化思想交流汇通之局面。此即梁启超救国思想之四方面，也是其佛教思想体用之四方面。

《近代佛教史论稿》中论述梁启超佛教思想贡献时，分列十点，其中包含佛家心理学一点①，对这一点的关注是梁启超研究中较早的。后来，麻天祥《20 世纪中国佛学问题》中从本体的角度论述近代佛学问题的转换，三家之中以梁启超为主体，侧重论述了梁启超构成佛学与心理学的尝试②，对其比较宗教学和儒佛汇通也做了相应的说明。

一 从心性角度论救世方法

梁启超依顺佛教思想而行的救国方法，首要者即为心性之锻炼。张灏《梁启超与中国思想的过渡》中即已经谈及梁启超论静坐止观、命与因果业报等三者是与社会群治相关的③。本书论及这三点都是极其可贵的，至今仍有论者以为没有必要论此，实是大误。20 世纪 90 年代，王心裁《梁启超读书生涯》中才专辟

① 郭朋等：《中国近代佛学思想史稿》，巴蜀书社，1989 年。

② 麻天祥：《20 世纪中国佛学问题》，湖南教育出版社，2000 年。

③ 张灏著，崔志海、葛夫平译：《梁启超与中国思想的过渡》，江苏人民出版社，1993 年。（该书原著为 1971 年版）

一章论梁启超养心法门[①]。所谓心性之锻炼，可从四个方面而言，其中两个方面是就佛家而言，其余两个方面分别是就西学和儒家等中国传统思想与佛教心性本体之修学相互印证而言。从佛教而言二者即是发愿入世救度以及静坐修习止观二者，也仅仅是此二者，梁启超并没有就佛教修行方法讨论更多；从西学来印证此修行之法即为西学中哲学思想以及道德伦理思想中所论培养方法以及哲学中论说本体之功用者；从中国传统思想而印证者，即儒家等论修养身心等方法。今一一略述之。

首先论佛教之发愿入世救度。从大乘佛教而言，修学首要即是发愿、发菩提心。梁启超接受佛教思想初从康有为谭嗣同，而康谭二者本就对大乘佛教菩萨行中乘愿入世救度的思想浸润甚深。故而梁启超受其影响也颇好论说乘愿入世救度之方法。

如早年《与碎佛书》中言：

> 必有因缘，缘虽非一，大抵由困苦患难而断无欲，始教修行。观一切苦，虽复善观，未若身历，世尊自言：不入地狱，谁入地狱？何以故？地非淤泥，不生莲花，非五浊世？佛不现故，是以非唯不起猒嗔，亦且常乐五浊地狱。
>
> 复次雁舟，演述宗风，颇发大心，异于曩日亦依君说，略集经论，苦为贼缚，无从解脱。[②]

此一段类似偈颂，先说佛菩萨乘愿而入地狱，不畏惧五浊世间，而欲救度众生，常乐五浊世间。再说自己颇发大心，但仍为烦恼束缚，不得解脱。无论说佛菩萨，还是论述自己的实践都是

---

① 王心裁：《梁启超读书生涯》，长江文艺出版社，1998 年。

② 梁启超：《与碎佛书》，《梁启超全集》，第 74 页。

从发愿上而论救世之动机。

《与吴季清书》中再言：

> 若穗卿，若复生，若启超，皆久发此愿，苦无机缘耳。①

此处穗卿即上之碎佛，夏穗卿；复生即谭嗣同。信中所谓“愿”是信中所言之出家修道，成正觉，转大法轮，度一切众生之愿。

又同年《三先生传》中言：

> 以吾闻三先生者，其行孔墨之行也，其心佛菩萨心也，岂尝有丝毫求于天下？②

此处所谓佛菩萨心即是菩提心，佛教中所谓发心者即是发菩提心，亦即是发上求菩提下化众生之宏愿。以孔墨之心类比佛教菩提心，仍就发愿发心而言行为之动机。

1898 年序谭嗣同《仁学》中言：

> 古之神圣哲人，无不现身于五浊恶世，经历千辛万苦者。此又佛所谓乘本愿而出，孔子所谓求仁而得仁，又何怨也？烈士发为众生流血之大愿也久矣。③

此处歌颂谭嗣同之流血牺牲为乘愿救世，为长久以来即发愿要为众生而流血牺牲之菩萨行。

1901 年作《南海康先生传》中论康有为之为宗教家言：

① 梁启超：《与吴季清书》，《梁启超全集》，第 75 页。
② 梁启超：《三先生传》，《梁启超全集》，第 77 页。
③ 梁启超：《〈仁学〉序》，《梁启超全集》，第 170 页。

> 故每遇横逆困苦之境，辄自提醒曰：吾发愿固当如是，吾本弃乐而就苦，本舍净土而住地狱，本为众生迷惑烦恼，故入此世以拯之。吾但当愍众生之未觉，吾但当求法力之精进，吾何为嗔恚？吾何为退转？以此自课，神明俱泰，勇猛益加。①

此处详述康有为之发愿入世救苦之行，且详细说明发愿之功效为神明俱泰，勇猛益加。于此可见发愿实为修行方法之一种，且其效果极佳。

《余之生死观》末尾言：

> 吾精神何在？其一在么匿体，将来经无量劫缘以为轮回，乃至入无余涅槃皆此物焉，苟有可以为彼之利益者，虽糜其躯壳，不敢辞也。其一在拓都体，此群焉，此国焉，此世界焉，我遗传性所长与以为缘而靡尽者也，苟有可以为彼之利益者，虽糜其躯壳，不敢辞也。②

此段为梁启超自述自己所发之愿。文中言为彼之利益，即利他救他之义，不敢辞即言乘愿发心而为救世之义，虽有生命之危险，亦不畏惧退却。

1915 年所作《菲斯的人生天职论述评》中言：

> 其最高尚最伟大之宗教如佛教者，其厌弃人生之心亦愈烈，故发宏愿，欲举一切众生尽入无余涅槃而灭度之，此其慈悲智慧，其吾侪钝根所敢妄拟议。③

---

① 梁启超：《南海康先生传》，《梁启超全集》，第 488 页。
② 梁启超：《余之生死观》，《梁启超全集》，第 1375 页。
③ 梁启超：《菲斯的人生天职论述评》，《梁启超全集》，第 2752 页。

此处梁启超之言佛教发愿之事甚明，但其理解义理似有误解。梁启超此段所述本于《金刚经》中所言，但断章取义而已，因《金刚经》中所言为度众生入无余涅槃实无所度者。但梁启超此处以为佛教之宏愿即是度众生于无余涅槃，因此理解而言，此法难以实行。

综上所言，梁启超论述佛教修学第一要义是为发愿发心，此不光是佛教修学之方法，也是人生观中第一要义，因梁启超所说发愿发心皆是就救国救世而言。

梁启超就具体的佛教修学方法所言并不丰富，但也并非全无，就其晚年论述五蕴皆空义，从佛教修学而言，即不仅仅是哲学道理，而是修学方法之一种，即理上之解悟的修行，是为获取正见之手段。若从佛教而言修学一般可说为信、解、行三者，如果说发愿是为信之修习，那么汇通教理则是解之修习。又佛教中常总括其修行为、止观二者。梁启超虽比较重视理解之修习，但其从儒家主敬主静处总论止观亦颇周全，且其自身亦有修学静坐之经历。

《自由书》中有大量片段论及佛教修行止观的内容，虽然没有运用佛教术语，但其内容仍旧为佛教止观无可置疑。如《养心语录》一条中说种种烦恼，皆为我练心之助；种种危险，皆为我练胆之助；随处皆我之学校。我正患无就学之地，而时时有此天造地设之学堂以饷之，不亦幸乎？我辈遇烦恼遇危险时，作如是观，未有不洒然自得者。此中之观，即是从佛教修行所言之观烦恼危险皆为因缘幻有之义，可归之为梁启超所谓慧观修行之列。又《无欲与多欲》一条中论欲之有无。梁启超以为世俗所谓无欲，未必无欲；所谓多欲，未必多欲。而欲之有无多少，要视其所欲之性质与种类何如。由此则说物质之欲唯患其多，精神上之欲，唯患其少。又说无欲云者，就世俗而言，不可能完全无欲，只有以大欲克制小欲，期待清欲而已。最后说如果以仁为欲，则此大欲有大用。并引佛语说无明有爱，是如来种，解释无明有爱者，多欲之谓也。这里皆是公案禅语，亦有可取之处。佛教中也许可以欲制欲之法，起码在未见道前，有为善法即是广义的以欲克欲之方便法门而已。再如《说悔》中复论悔无悔之辩证法，其言佛教曰忏悔，耶教曰悔改，孔子曰过则勿惮改，凡古今大宗教教育之主旨，无不提倡此义，以为立身进德不二法门。即有悔，则悔之何来？凡人之性恶也，自无始以来，其无明种子，久已熏习藏识之中。故当初生之始，无量迷妄，即已伏在意根中，此主要指末那识之根本无明我执；及住世间，又受众生恶业熏习、社会之熏习，彼此相熏，日习日深，虽有善根，而常为恶根所胜。于是想要在德性上有所进展非下一番苦功夫不可。那么能去旧染之污，去社会之染污，非悔无由，故说悔是进步的原动力。悔可以从内外两途进行。自内发要大智慧，自外发即从读书阅事或听闻说法熏闻等而发生忏悔。又如果仅仅是悔而已，悔而不改，则悔亦不成悔。最后再说悔与自信二者并非矛盾冲突，而是相反相成，佛法中既言忏悔，又言不退转。此是说真能悔者，必真能不退转，悔是进步不是退步。此处不退转是指经过悔改而新得的功德不会退转，梁启超之解释颇多余。又《希望与失望》中言希望而斥失望，其言希望者灵魂之粮也，而希望常与失望相乘，失望者希望之魔也。在此论述中基调即是信仰，即是梁启超后来所论之未来主义之理想而已，此等虽无绝大哲学可论而皆是实在练心之法。《慧观》一条则直接言佛教止观之义，但仍不用佛教术语。如果说前诸短篇皆是就具体烦恼心所法论其辩证之理而终以佛理促进人之德性修养的话，那么此篇则有总结提升到慧观的高度。该篇以譬喻故事为体裁，论同一事人见不同而言慧观之理，总结说：善观者，观滴水而（笔者案：全集本中误为“面”自，今更正）知大海，观一指而知全身，不以其所已知蔽其所未知，而常以其所知推其所未知，是之谓慧观。梁启超此处所谓慧观固然并非是佛教意义上严格的慧观，充其量只能说是推度心而已，颇与后来其论康德之综合能力相类，故而只能是第六意识之推度心。但在其论唯心、唯识变现之义中也可以算为一种间接的证明。

《自由书》因其体裁本为短小之笔记，故而其多记载短小的感悟，但从这些短小的感悟中可以看出梁启超修养身心之努力，也可以见到其修养身心多依顺佛教义理而行。《自由书》中的感悟大都是慧观之解悟，梁启超自身也有修行实践，但难以于文本中见到。而如具体的静坐修定修观者，只能见到一二细微的记载。如1915年7月29日《致梁思顺》的书信中提及自己静坐之事云：

> 今日静坐读书看二百余页，乃可大喜，此屋真宜于问学也。①

又1905年《德育鉴》中案注中亦叙述静坐经验云：

> 吾每自验，苟一日缺静坐，则神气便昏浊许多。吾昔在美，人事繁杂，无士大夫之相与讲学，又无余暑以亲典籍，

① 梁启超：《1915年7月29日致梁思顺》，《梁启超全集》，第6160页。

则唯于每来复日一诣景教之礼拜堂。吾志不在听其说法，而此一两点钟内，翛然若得安心立命之地，因益叹此境之万不可以无也。①

从此两段记载即可看出梁启超实在与康有为差不多，都有经常静坐的经验。据梁启超此处言当是每日有静坐之功课，但是观其日记中却未曾见其记载每日静坐之功课。其日记中事无巨细皆有记载，如每日临帖散步或失眠之事皆有记载，若有每日静坐功课，当有记载，不知为何没有此类记载。是其并未每日静坐还是有静坐但并没有记载，则不得而知。除此之外，梁启超并未有更多关于静坐的记载，也无从更详知其静坐之工夫程度如何。

《德育鉴》一书中论述静坐虽主要为儒家的精神，但其内容实与佛教修行方法近似，且梁启超之论述往往儒佛并论，故特详述之。该书"第四存养"一节就有专录儒家理学家论静坐存养修学止观的言论，复加以大量翔实的评述。梁启超于案注中首先说明存养之功效有五，此处存养即类佛教之止观修行，为偏重于观。此五者为：

有存养之功则常莹明，无之则昏暗；
有存养之功则常强立，无之则软倒；
有存养之功则常整暇，无之则纷扰；
有存养之功则能虚受，无之则闭塞；
有存养之功则常坚定，无之则动摇。

梁启超在解释此五种功用中混杂佛教义理。第一功用说常莹

① 梁启超：《德育鉴》，《梁启超全集》，第1518—1519页。

明，谓存养则能如明镜然，时时勤拂拭，勿使惹尘埃，则念虑之发，事物之来，吾皆灼然见其本相而（笔者案：全集本误为“面”字，今改）应之无所于瞀。此处梁启超引禅宗神秀之偈说明存养即是渐修之工夫，即是观心识之动，但梁启超言于中能见事物来去之本相，则不知其所谓本相是否为其亲见，还是人云亦云。观上下文知当是据理而言，非亲见。其所谓本相即下文所言之本体。此本体为人所固有，但为分别妄见所蔽，故不得常见，梁启超引《楞严经》之说病目于空中见有华的譬喻来说明分别妄见成幻相的道理。又从心理学的角度加以说明：心理学上的幻觉，其原因由念端与当境之知觉和合，有误而生。这与梦的原理相通。幻觉以内心所种为远因，以外境所触为近因。幻觉若消除，则如同无梦，其根本原因在于本心常莹，而幻不侵。幻相即为苦，故说幻相害人，如令人畏死贪生。而存养者，即是通过存养，使此本心常惺惺不昧，则幻觉无从入。进而梁启超进一步扩充存养功用到现实社会实践中，其云社会之事物，千复万杂，非智慧增进，不足以察其变而穷其理，研其几而神其用。故而存养，非徒德育而已，也是智育之必当有事。

第二功用乃就心理与生理的关系而言。这里梁启超仍旧用心理学或者说生理学的说法来印证。他说西学中以为人脑中有爱耐卢尼（笔者案：不知其所指为何）之功能，此功能为一切活动的本营，则应当常常运用此爱耐卢尼，则越用越佳，反之如不常用之，则易生病，又不能滥用此爱耐卢尼，不然志气日销。由此梁启超说存养工夫还事关体育。这一点虽然梁启超所说不甚明了，但从佛教角度来说，习定与身体健康实有极大关联。

第三功用是从存养无纷扰的角度而言，梁启超的意思是指存养则心无杂念，处理身心或外界事务等也有条不紊，由此进而不搅乱此心，获得安定清心之乐。梁启超称之为心魂之乐。梁启超措述这种情况言：其所以然者，则以此一刹那顷，忽举吾心魂，超然于尘网之外，胸中无一杂念以渣滓于其间也。梁启超这一点当是就佛教所谓修定获轻安之境而言，只不过梁启超所言的境界太低，连未到地定的程度都没有达到，只可以说是一种偶尔获得心境平静而已。

第四功用中梁启超谓心理如明镜，空无一象，但又能受万象。梁启超仍旧从生理—心理学来解释这一现象。他转述其友人蒋智由氏的说法言人之意识有两种占领方式：一种是单一的占领方式，一种是杂多的占领方式。如果是单一的占领方式，意识被一种情绪所占领，则其他情绪不能进入，则人无法立刻改变情绪；而如果是杂多的占领方式发挥作用的话，则众多情绪浑然杂乱于中。所以梁启超说必先清净其心，无逐于外缘，无纷于内扰，使意识洞洞无一物，然后理境上观念生起，自然有活泼之机。这一点梁启超虽然是从心理学来说明，实际即是佛教中所谓修定后观慧生起的现象，也就是修定到获得正定的时候达到心一境性，然后在此基础上观内外因缘变现，也就是梁启超所谓活泼之机。

第五种功用。所谓无动摇即是定心之谓。从佛教的角度来说即是烦恼的现行被暂伏的状态而已。梁启超以为此境界甚难达到，言之为易，行之甚难。因为在社会生活中，外界的刺激持续不断，实在难以不受刺激而起反应。梁启超说这个时候的做法应当是让意识发生单一观念占领的状态，这样心中有主，则他观念不易发生。故而如果意识为善念所占领，则恶念无法再占领，反义亦然。故而必先清除恶念，让意识为善念全部占领才可。又梁启超分别善念恶念说：所谓善念为主动之念，恶念为受动之念。梁启超这一观念与佛教观念差池较大，但亦有部分道理。其言让意识为一种观念单一占领，类似于佛教中所言修定时专注一境，但这在佛教中并不是究竟境界，而仅仅习定之初步成果，因为由此定境，心才能专注一境观其虚幻不实，而不至于为其他念头所牵引。故而定境就是为了集中精神行观而已，而不是说定于一境就是所求结果，因为在佛教看来专定任何一境皆是执着于相，即便此境相是善念或佛相，到那时皆成魔境。故而此专注的一境终究还是要破除。又梁启超所谓的善恶之念的分别也甚为幼稚，可能他是从西学这里而来，自由为绝对主动之义，绝对不受任何逼迫驱动之义，但凡自由则可名为绝对之善；由此凡为外界诱惑刺激逼迫之行为皆是恶念。但是这一区分中，如刹那之冲动，即难以说明到底是主动还是被动；又即便说主动，从唯识来看所谓主动即是末那识之因根本我执之判断，由此主动之念头仍旧时有为染法。而佛教义理中是明确说明究竟本境即是无念无相。

综上所言，梁启超论说存养功用，主要从心理学角度来进行，此也开其晚年以心理学理解佛家修行的先河。故而此处所说之种种现象功用皆可以从心理学和佛教修习境界上来近似地说明。就此五种功用而言：第一种就识见本体而言，第二种就积极之用而言，第三种就心境受用而言，第四种就修学方法而言，第五种就消极之用而言。这样综合起来而言五种功用实际分三类：体、用、境。所谓体即言存养当识见到本心，类似佛教见道并依止本心，也可从浅层次上言发菩提心；用即依止本心而运用，其有积极、消极二用。所谓积极之用在梁启超这里是恢复精力之体育而已，消极之用是不为外界所动专注善念而已，但如从佛教而言，则更为高深，积极之用即勤修六度、普度众生，消极之用即谓持戒、断灭烦恼杂染无余，成就涅槃；所谓境即是存养受用之境界，在梁启超这里为心魂之乐而已，从佛教角度言可说究竟的离苦得乐，就是成就佛果之大自在大安乐，或从报身而言也可，第四种功用其实就是消极之用的受用之境，同时其也是修学途中所受之境，故而也说其为修学之方法。

存养的功用就整体上而言，还是静坐工夫之受用境界，或者说理想而已。故而仍须说静坐修养之方法。梁启超说：

> 既明存养工夫之紧要，今当次述其用功之法。先哲所标，大率以主敬主静两义为宗派。以启超绎之，尚有主观之一法门。佛教天台宗标止观二义，所谓主静者，本属于止之范围。而先儒言静者，实兼有观之作用。必辅以观，然后静之用乃神。①

梁启超论止观时形式为案注，可分止、观两种。论止的方式又分主敬、主静两种，而观之方法则零碎杂多。其中主敬即言通过恭敬的方法来制止外在的干扰。主敬之主即指本心，合而言之：依止本心，恭敬本心，是则能克制外来干扰，而如果能克制外在干扰，又反过来使得本心得以静养。梁启超说：兵家所谓暮气，物理学所谓惰力，即此物也。此物一来袭于吾躬，则万事一齐放倒了。而敬即驱除此物第一利器也。敬之妙用，全在以制外为养中之助。敬也者，即检制客贼而杀其力者也。客力杀然后主力乃得而增长也，故曰内外交养也。梁启超同时提醒说主敬的工

① 梁启超：《德育鉴》，《梁启超全集》，第1515页。

夫不可过于矜持，因为过于矜持则容易逐外。主敬的工夫主要是从儒家而言，如果从佛教而言，主敬当是信仰和戒律两者混合的功效。

主静的方法如孟荀之存养，庄子也有心斋之说，梁启超说中国古代定学出于黄帝，而弘于道家。他首先说明静坐有静养的功效，又人生若不于一天中以一二时静坐，也徒然浪费这些时间，故而与其浪费还不如静坐。但梁启超还是区分不同的人来说明，如中年人，梁启超说应当静坐养其元神，而青年人则以为当以散步代替静坐，以静坐过久滞其血脉，而散步时也当宁静其思虑，或坐或散，功夫实际一样。关于静坐之时间，梁启超说当每日进行，一天之中，睡觉七八时，静坐一二时以息其心，乃人道之要。至于静坐的方法，梁启超说可以用数息法，可以观鼻端白，也可以参话头；甚至可以像曾国藩那样写字。而如格兰斯顿每天必伐木或到大道上数来往车马的数目，虽然方法古怪，但也是与上述方法同样，皆是有所寄托而助以自制而已。于此诸法中梁启超突出说明两种方法：一种是提醒法，一种是断念法。所谓提醒法，即是说当于烦躁才被觉察的时候即实行静坐，则能有效地整理闲思杂念。梁启超举例说霉菌之病，在新医学发明前固然已经有了，只不过不觉得罢了。所以不觉而不治，是更为危险；觉得了，虽治疗较难，但可治之机则在此。故而他说才觉病便是药。又言在静坐中当反复通过提醒之法进行，如同（王）龙溪说提醒本体，群妄自消，（罗）念庵所谓终日看舵，便不瞌睡。又如断念之法，梁启超说是学自谭嗣同，谓先断念，然后从暂断中必有匠心生起。梁启超评述说浏阳以断念为下手方便，谓必枯树上灿葩，乃为真花。此所谓枯树灿葩，即是譬喻断念后生起匠心。

但梁启超也以为此法甚难。故而他说没有必要断念，唯有提醒，则我自作得其主，虽多念不妨。故而比两法虽说皆可，但梁启超还是倾向于提醒之法。梁启超所谓提醒之法，于初学定时，甚为方便，但其言只要自作得主即可，其所言自作得主却不可以以为是已得本心，只能说是定于一境而已。且梁启超以为此时尚有多念，则其定境尚不深入。又或有以为自作得主为得本心，依止本心，虽多念亦不妨碍，此说恐有拔高倾向。再者，谭嗣同之所谓断念，若从全断念想而言，则类外道之专修定者，但细察谭嗣同之说法，但是先求正定，后于定中起观之义。故而比较梁谭二家说法，梁启超多取于儒家，而谭嗣同之说实本于佛教，又此两法当以谭嗣同之法为适当，但不可偏执理解其断念为全断念想而成无想定或灭尽定，而梁启超之提醒法于习定初期诚为方便，但不可于此过程中妄认定境为究竟本心。

到底要不要断念，梁启超特别讨论，此从原理上言实为重要，也是儒佛二家差异之处。梁启超先引（罗）念庵说，谓百念纵横，然为寇之念，不必防闲而始无。由此梁启超以二譬喻说明：一说如同老叟与群小儿调戏，必不忧其搅溷；一说有巨万者必不争一钱。梁启超委婉地说此法其实甚难，并不是为始学者所示的方法。又如果用此法，不可徒然口头禅而已。梁启超此评述诚为中肯。

梁启超论观法亦有多法，主要有两种观法，他总结为：观之为用，一曰扩其心境使广大，二曰浚其智慧使明细。此二法是就内外而言，前说扩其心境使其广大，是使心不局限于有限之境内；后一法是使心识趋于明细，定于一境之义。看似矛盾，实际无论广大还是明细都是定于一境而已，只不过是分别就外境和心识而言。除此二法之外，梁启超还举王夫之、康有为、曾国藩等人所示之观法，如说王夫之、康有为之观法即是观想我当如何如何，于此设想之中最后观其实不过尔尔，故而不当苦闷、骄横等等，又如曾国藩所示之观法，于定中观想宇宙人间时空等广大无量、细微无量，故不可以功名自矜等等。梁启超谓此等法皆为粗糙之法，不外是举其心魂脱离现实界，而游于他境界，知境界无量，而悟己当自适而已。总结而言，与其静而断念，不如宁静而善观。所谓观者，必须收放由我，这才是真观。梁启超此说仍是就见道后而言，也是就初习定方法而言，不可固执。

梁启超早中期论止观修习以《德育鉴》中案注部分为主，而其中观念则以儒家观念为主，参以西学心理学生理学印证理解。此观念一直延续到晚年，更是以心理学观念理解佛教修行之法。但到了晚年随着梁启超习佛之深入，他对佛教修行法的了解深入，也就对佛法不再妄加臆测，故而他往往严格区分学与证两者，以证悟之法以直觉为主，而学法却可以从理性上加以理解证明。故而对于静坐修定观法等论之反少，而从心理学之理路上给予佛教义理理性的理解和论证却更多。

首先说明，梁启超晚年论佛教固然是以佛教史为主，但也广泛地涉及佛教艺术和佛教义理。而其中佛教义理的部分又以论述五蕴皆空义为主。从止观修行来看，五蕴皆空既可以说是解悟的过程，也可以说是慧观的过程，视其程度而已。其次再具体说明梁启超论说佛教修养方法。

《原始佛教教理纲要》中论述佛教修养方法为其晚年论佛教修养纲要。梁启超首先说明佛教修养方法法门本众多，因随众生根器不同，而呈现为八万四千法门。但如果总结起来可以有两种：慧解脱和心解脱。所谓慧解脱，即从智识方面得解脱，为理上证悟；所谓心解脱，即从情意方面得解脱，为事上证悟。梁启超又将二解脱从智、情、意三方面加以解说。从慧心二解脱来说，是随顺原始佛教教理，证罗汉位当从二解脱上论，但大乘佛教亦可从二解脱而论，唯较小乘更加深入而已。而从智、情、意三方面摄佛教修行，则是从西学和中国传统思想文化角度而论。就西学而言，知、情、意是康德三大批判的结构；就中国传统思想文化而言，智、情、意是儒家三达德的修行结构。故而梁启超晚年论说佛教修行之法，实际已经是从中西方都对之做了比较和汇通。

慧解脱，即智慧的修养。此处慧本指慧心所，区别于智，慧为有为心法，而智是从无为法而言，为唯识中识与智的差别。梁启超统一称之为智慧。梁启超说佛教是理智的宗教，在科学上有其立场，但又不能认为佛教就是主知主义，如希腊哲学一样。佛教所谓智慧，是对于一切“世相”能为正当之价值判断，根据这种判断更进求向上的理想。所以佛教所谓智慧，有两方面的运用：一方面对世相的观察，深通因缘、苦空无常无我之理，从而不受世俗杂念的缠绕；另一方面，确认理想界有高纯妙乐之一境，向上寻求，佛教所谓的观乃是就这两个方面全面不偏的观。这里梁启超承袭其在论庄子中的观念，将性宗之空观与有宗之真如本体观结合起来，同时认可涅槃菩提二者，甚为圆融。

意志的修养，仍旧承袭智慧修养中的二分，认为意志的修养有消极和积极两方面。消极的方面，主要在破除我执，制御意志，也就是梁启超常言的破除奴性。而所谓的奴性即假我、我我所执，要把假我观念完全征服，绝其根株。积极的方面，谓佛教所谓制御意志，并非全部制止身心活动，使如形如槁木心如死灰，而是求意志之昂进。即智慧修养中所说求理想界中的高纯妙乐境界。梁启超从以欲制欲的角度说佛教所注重者实在是磨练激励之一途。梁启超这么说实际是以佛果境界仅为佛为化度众生而悬设的目标而已，是一种手段，并不一定实有，这与智慧修养中的观念略有不同，也是梁启超徘徊不定之处。

感情的修养。梁启超说佛教教人以同情心之扩大，所谓“万法以慈悲为本”，慈谓与人同喜，悲谓与人同忧，佛以破除假我故，实现物我同体的境界，对于一切众生，恰如慈母对爱子，佛以这种纯洁的爱他心，必须尽量发挥，才算是真佛徒。

梁启超以知、情、意三分摄慧心二解脱，其中以情意二者摄于心解脱中。如果从佛教义理来说本难以区分情智两者，如果一定要区分，智慧的部分当从心识心王的角度说明，而感情的部分当从心所的方面说明，但如此区分也有不周密的地方。如就慈悲而言，在佛教中有作为修行手段的慈悲，此固然是通于西学中的情感，而如果从大悲而言，又复难以说即是浅层次的感性情感而已。西学中对应情感一部分是低层次的感性能力，另一部分是判断力中的审美能力，而宗教情感往往是归摄在畏惧崇高的审美能力中。故而总体说，要以知情意之修养摄慧心二解脱，总体上言似可，但分摄则不太周密。又如从儒家智仁勇三达德而来摄慧心二解脱，推度梁启超的思路，当仍以心解脱摄仁勇二者，其中勇之修养针对意志修养，为求上进的意志，仁则摄情感的修养，摄慈悲的修养，似乎更为合理。勇仁二者可分为向上、向下二者，勇可摄上求菩提，仁可摄下化众生。如此智仁勇中又可区分体用二者，智之修养为就体上言，勇仁二者就用上言。

除了专门从佛教义理的角度说止观修养，梁启超在对中西学术思想的研究中也提到止观修养，其实是以佛家止观修养方法来理解接受中西方各种学术思想。如梁启超论述培根的学术思想时说：

> 综论培根穷理之方法，不外两途：一曰物观。以格物为一切智慧之根源，凡对于天然界至寻常至粗浅之事物，无一可以忽略。二曰心观。当有自主的精神，不可水母目虾，依赖前代经典传说之语，先入为主以自蔽，然后能虚心平气，以观察事物①。

此处以物观心观概括培根学说，即是以儒佛二家之慧观之义理解接受西方哲学思想。

二　从思想角度论救世方法

梁启超论修养之法，若本于佛教义理本身，则以为止观之修心为根本；但其以为佛教真正修证当从直觉上修证，却也不妨碍从理上解悟论证无我之义。由此，梁启超之论修行演化成两个方面：一为精神主义，一为心理学—生物学。此两个方面精神主义本较注重直觉非理性之力量，而心理学—生物学本较注重理性的力量。由此当演变成哲学与科学两者，或者说人文学科与科学两者。但不管是梁启超本人还是西学本身，都可以看出哲学或人文学科其实都是奠基在科学精神之上的。故而梁启超论说精神主义的时候，往往将之与思想文化联系在一起，又常常徘徊在主客观

---

① 梁启超：《近世文明初祖二大家之学说》，《梁启超全集》，第1031页。

两者之间，既可以说是科学的，又可以说是非科学的。如从佛教的角度来说，梁启超以为无论是精神主义之思想文化，还是科学，都不可算作佛家之真正的证悟修行，只能算是理性上的理解或证明罢了，故就总体而言，梁启超倾向于称之为应用佛学。王兴国《谭嗣同与梁启超的应用佛学》①、李春远《略论梁启超的"应用佛学"》②、何轩《论梁启超的"应用佛学"与其小说观之关系》③ 三篇皆从应用佛学的角度点出梁启超的佛学思想具有世俗色彩。1902 年《论佛教与群治之关系》中梁启超提及"应用佛学"的说法。

> 浏阳《仁学》云：好生而恶死，可谓大惑不解者矣，盖于不生不灭瞢焉。瞢而惑，故明知是义，特不胜其死亡之惧，缩朒而不敢为，方更于人祸之所不及，益以纵肆于恶。而顾景汲汲，而四方蹙蹙，唯取自慰快已尔，天下岂复有可治也！……今使灵魂之说明，虽至暗者犹知死后有莫大之事及无穷之苦乐，必不于生前之暂苦暂乐而生贪着厌离之想；知天堂地狱森列于心目，必不敢欺饰放纵，将日迁善以自兢惕；知身为不死之物，虽杀之亦不死，则成仁取义，必无怛怖于其衷，且此生未及竟者，来生固可以补之，复何所惮而亹亹！呜呼！此"应用佛学"之言也。（小字自注：西人于学术每分纯理与应用两门，如纯理哲学、应用哲学、纯理经

① 王兴国：《谭嗣同与梁启超的应用佛学》，《船山学刊》1997 年第 1 期，第 97—104 页。

② 李春远：《略论梁启超的"应用佛学"》，《福建论坛》（人文社会科学版），2001 年 4 月。

③ 何轩：《论梁启超的"应用佛学"与其小说观之关系》，《湖北大学学报（哲学社会科学版）》，2006 年 5 月，第 309—312 页。

> 济学、应用生计学等是也。浏阳《仁学》，吾谓可名为应用佛学。）浏阳一生得力在此，吾辈所以崇拜浏阳步趋浏阳者，亦当在此。若此者，殆舍佛教末由。①

从小字自注中可知名之应用佛学是从西学偏好区分纯理与应用二者的习惯而来，如果从佛教本身而来说，并没有纯理与应用之分，佛学即是应用而非可说纯理的。又观谭嗣同所言，从生之不可贪死之不可惧而论生之必有死死之不必全无，由此于生不必乐于死不必惧，乃能成仁取义。从谭嗣同的论述中可以看出谭嗣同对佛教信念十足。而梁启超取于谭嗣同的一方面固然是佛学之应用于生死无惧之实践，另一方面也暗含着豪杰之无惧生死的精神感染。此两点于梁启超的思想而论，实不可缺其一。

1922 年《治国学的两条大路》中梁启超再提“应用佛学”的话题。

> 像我们的禅宗，真可算得应用的佛教，世间的佛教间的确是印度以外才能发生，的确是表现中国人的特质，叫出世法与入世法并行不悖。他所讲的宇宙精微，的确还在儒家之上。说宇宙流动不居，永无圆满，可说是与儒家相同。曰：一众生不成佛，我誓不成佛，即孔子立人达人之意。盖宇宙最后目的，乃是求得一大人格实现之圆满相，绝非求得少数人超拔的意思。儒佛所略不同的，就是一偏于现世的居多；一偏于出世的居多。至于他的共同目的，都是愿世人精神方面，完全自由。现在自由二字，误解者不知多少。其实人类外界的束缚，他力的压迫，终有办法解除；最怕的是“心

① 梁启超：《论佛教与群治之关系》，《梁启超全集》，第 908 页。

为形役”，自己做自己的奴隶。儒佛都用许多的话来教人，想叫把精神方面的自缚，解放净尽，顶天立地，成一个真正自由的人。这点，佛家弘发得更为深透，真可以说佛教是全世界文化的最高产品。①

这一段话可以代表梁启超晚年对儒佛二家思想总的看法，以儒佛精神同一，佛教较为深透而为总论；二家总的精神即与西方思想求绝对自由之义汇通为一。在这一段论说中梁启超区分佛教为印度的和中国的，其中以中国佛教为应用佛教，尤其是禅宗。这里梁启超所说应用佛教的内涵即是指将佛教出世间法与入世间法加以结合的精神，他暗含的意思是印度佛教偏重于出世间法，而中国佛教则将出世间法与世间法相结合，以此为圆满，在此意义上佛教才与中国传统思想、西方思想都相融贯通。所以应用佛教的第一义即是突出佛教的在世特色。其次梁启超从自由入手，说明真正的自由是心上的解放，而不是外界束缚或物质等的束缚的解脱，从这一点出发他说应用的佛教并不是教人仅仅解放外界的束缚，而是教人在精神方面解放。这是应用佛教的第二要义。综合此两点即说应用佛教当为在世的精神解脱，在世的精神自由。对比于早年论应用佛学：早年论应用佛学也是两点，一是无惧生死，二是豪杰精神；而晚年说应用佛学也是两点：一是在世，二是精神自由。无惧生死可以含摄在世和精神自由两点，而豪杰精神则含摄于精神自由之内。比较起来晚年所论述更加全面精确。

《原始佛教教理纲要》中梁启超论述佛教为一种哲学，

---

① 梁启超：《治国学的两条大路》，《梁启超全集》，第4071页。

其说：

> 一般宗教，大率建设于迷信的基础之上。佛教不然，要“确信”“要悟信”，（因解得信因悟得信）释迦唯一目的在替众生治病……一切都经过科学的严密考察、分析、批评，然后确定治病方针。不唯如此，他要把这种学识传给病人，令他们会病前预防，病中对治，然后疗养，把自己本身力量培养发展用来铲除自己病根，就这一点论，释迦很有点像康德，一面提倡实践哲学，一面提倡批判哲学，所以也可以名佛教为“哲学的宗教”。①

此处梁启超确认佛教有两种形式：一种是科学，一种是哲学。其说佛教是科学的，是指佛教非迷信，而是要确信、悟信，一切都是经过严密考察、分析、批评的，故而是科学的；其说佛教是哲学的，是类比于康德，因为康德同时提倡批判哲学和实践哲学，类似佛教之分析众生的病情，同时将治病学识传于众生，让众生自己疗治疾病——此处病为譬喻——从这一整体的譬喻上说佛教是哲学，梁启超说佛教为哲学并不是说佛教仅仅是理论性的，恰恰相反，他是从哲学含摄批判理论和实践之整体大全的角度上说佛教为哲学。故而从佛教符合科学，重视实践两个角度也暗示了佛教为应用的佛学，并不是纯理性的学问。

《佛教心理学浅测（从学理上解释“五蕴皆空”义）》中梁启超则以佛学为心理学。他说佛教所说的法就是心理学，无论是俱舍宗所说的七十五法，还是唯识瑜伽家所说的百法（笔者案：唯识家一般说百法，但如据《瑜伽师地论》实际是广说为六百

① 梁启超：《佛陀时代及原始佛教教理纲要》，《梁启超全集》，第3743页。

法的。梁启超说瑜伽家是含混的说法，仅就百法而言），即是说心理现象，佛教中蕴处界三科的分析实际就是心理学上的分析范畴，而四谛八正道的修学方法，同样是心理学中的临床方法，目标都是就意识而言的深入探索。所以梁启超认为佛学其实就是心理学，只不过现代心理学和佛教中心识分析范围上有大小之分，程度上也有深浅之分而已。但就学问分类看，心识之相的学问说为心理学，并无过咎。

这里梁启超反复辩论说佛法是为心理学，主要是从心理学为科学的角度来说明佛法可对应于现今之科学，甚至有过之而无不及。这当然是就纯理上而言。但梁启超并不仅仅就心理学之纯理上而论。其《新大陆游记》中有一段记载颇有趣味。其文叙述其在美国遇到一个名为杜威的基督教领袖。杜威在教堂中向梁启超示范上帝的能力：

> 彼演说毕，语余曰：吾将以上帝之能力示足下。余静听之，彼呼于众曰：诸君中谁是曾经有病为上帝疗治得愈者，请起立。众起立者过半。余思之，彼若与其人作弊以诓余，岂能尽数千人甘心为其作伪之奴隶，此必真事也。①

这里梁启超获悉宗教之信仰上帝可以为人治病的神迹经历，他对此也只是推度为真事。而其所关注的是“度生理学与心理学有一种特别的关系”，虽然“现今未能尽发明者，而迷信之极，其效往往能致此，此亦非可骇之事”。后文又说盖上帝之条，本重悔改，悔改者前恶尽消也。云云。此其义与佛教大乘法全合，所谓一切众生皆成佛，即其义也。此处梁启超一方面对上

① 梁启超：《新大陆游记》，《梁启超全集》，第1172—1173页。

帝治病之事保留态度，另一方面说此种结果往往是心理学与生理学两者间关系所致。其后又说佛耶二教中悔改之义可通。那么就意味着如悔改等心理活动实际是会产生生理上的后果，如疾病可获得疗治等等，回顾《德育鉴》中论存养之功用的第二条即可明白，梁启超对这一点历来持肯定态度。故而当知但凡梁启超说心理学的时候，非仅仅说心理学，而是联系心理学会产生生理现象后果而言。从这个意义上说，佛教是应用佛学，不仅仅是纯理的心理学而已。

精神主义的第一个化身实际是英雄主义。不管梁启超怎么说群治功能，怎么说文化艺术之趣味，也不管他怎么说宗教之理性或治疗功能，梁启超都无法回避其对英雄主义的毕生歌颂。詹志和《佛陀与维纳斯之盟》中论述梁启超之佛学与美学思想，即是以英雄主义为中介而沟通两者。梁启超毕生写作中无论是报刊文章、学术文章，还是历史著作，其中最多的持续最长的却是人物传记。今略统计其所作传记。

《三先生传记》

《记江西康女士》

《记东侠》

《殉难六烈士传》

《光绪圣德记》

《南海康先生传》

《李鸿章》

《张博望班定远合传》

《皇帝以后第一伟人赵武灵王传》

《匈牙利爱国者噶苏士传》

《意大利建国三杰传》
《近世第一女杰罗兰夫人传》
《斯巴达小志》
《雅典小史之大哲梭伦之出现》
《新英国巨人克林威尔传》
《明季第一重要人物袁崇焕传》
《中国殖民八大伟人传》
《中国之武士道》
《祖国大航海家郑和传》
《王荆公》
《管子传》
《番禺汤公略传》
《南海王公略传》
《新会谭公略传》
《邵阳蔡公略传》
《麻哈吴公略传》
《贵定戴公略传》
《都匀熊公略传》
《永川黄公略传》
《书刘道一烈士传后》
《情圣杜甫》
《屈原研究》
《戴东原先生传》
《朱启文伯小传》
《陶渊明》

《朱舜水先生年谱》

《辛稼轩先生年谱》

除此之外，论述西方思想家之学说中合传记与思想一体者亦多如霍布斯、斯片挪莎，卢梭、亚里士多德、颉德、培根、笛卡尔、孟德斯鸠、边沁、康德、伯伦知理、菲斯的、达尔文等。而论中国古代传统思想时更是广涉从先秦到清代各大家，无法一一列举。另外梁启超留下的大量墓志铭、字画书法之题跋等中也涉及人物略传。《自由书》等笔记中也存有大量人物传记轶事等。又梁启超还作有小说戏剧等文学作品，虽不多，但其中也有类人物传记者，如《十五小豪杰》等。在上文所开列的传记中，篇幅比较长的以专著而出现的为《中国之武士道》《王荆公》。

梁启超作人物传记重人物精神。早在《三先生传》中即有显示，人物之精神上溯而言即人物造业之动力，终究还是依顺于佛教。且梁启超初论人物传记的时候，即是以伟大的行迹皆类佛教之菩萨行，入世救疾苦众生而已。

> 子绝四终以无我，佛说无我相，闻之古之定大难、救大苦、建大业、造大福、度大众者于其一身之生死利害、毁誉苦乐，茫然若未始有觉，……佛谓之菩萨行。……其心佛菩萨之心也。①

此为梁启超早期所作传记，其中即以佛教菩萨大权示现之义而言说传主大行。此后梁启超所作众多传记时时皆有此义出，如其所作谭嗣同、康有为之传记中亦多以菩萨大权示现而论此二者。

① 梁启超：《三先生传》，《梁启超全集》，第77页。

《自由书》中诸多短篇透露梁启超早年之英雄情结颇重。如《英雄与时势》篇中说人间世之大事业，皆英雄心中所蕴蓄而发现者。虽谓世界之历史，即英雄之传记，殆无不可也。但他也说英雄固能造时势，时势亦能造英雄。这种观念为自由书中思想的主要特点，即充满了辩证精神，其揭示了梁启超当时思想出于广泛接受各种思想的时期，也是思想颇为矛盾的时期，而此思想在将来都会发生种种之贯通或调和。《豪杰之公脑》中对上一篇中所提出的英雄与时势的矛盾关系提出一种解决的方式，一方面梁启超说世界者何？豪杰而已矣，舍豪杰则无世界。若能合豪杰之力，则莫能与之敌。但是豪杰也往往相斗，梁启超从合豪杰之道入手，论公理可以合豪杰达于时势，以此为豪杰之公脑。《文明与英雄》一篇中论述上古之时忒重英雄，而近代以来将无英雄，以时代发展人之力量趋向平等，有分工明细，英雄难以产生。但对此无英雄之历史状况，梁启超以终身皆能成佛来表示其不担忧的心情。《自由书》还有许多篇章讨论英雄气质品格的影响力。综合《自由书》中的观念而言，书中所言英雄豪杰皆是就英雄之自由独立强大而言，而也看出此种强大具有个体单薄的性质，梁启超希望能够发现一种更大的精神力量，故而其对于英雄之精神的感召力向自由、公理、时势等的过渡转变表现出极大的兴趣。

梁启超此后所做的大量传记即在弘扬人物之精神的感召力。如果是就中国传统历史人物传记而言，梁启超不光突出该人物的精神力量，还突出此为中华民族所有，以表示不输于他族他国，以从根本上说明此种精神即本为我族我国我民所有，今不得见，当发扬光大之。此种思路皆是从真如本体为吾人之所本有，当勤修而发扬光大之之理路同一，盖以之为基础耳。

《李鸿章》（又名《中国四十年来大事记》）中言：

> 天下唯庸人无咎无誉。举天下人而恶之，斯可谓非常之奸雄乎？举天下人而誉之，斯可谓非常之豪杰乎！虽然，天下人云者，常人居其千百，非非常人不得其一。以常人而论非常人，乌见其可？故誉满天下，未必不为乡愿；谤满天下，未必不为伟人。①

以此而论李鸿章，颇有重豪杰之惺惺义。而到《张博望班定远合传》中中英雄精神传播之含义则更加明显：

> 古今人物之与世界文明最有关系者可等乎？曰开新地之豪杰而已。哥仑布士开亚美利加也，依顿曲之开澳大利亚也，立温斯顿之开阿非立加也。皆近世欧洲人种所以涨进之第一原因也。……中国以文明鼻祖闻于天下，而数千年来，怀抱此思想者，仅有一二人，是中国之辱也。虽然，犹有一二人焉，斯亦中国之光也。……虽然，当二千年前，而我中国豪杰，有栉风沐雨，欲沟而通之者矣。惜乎继其志者之无人耳，苟其有之，则黄白两贵种之揖让于一堂，又岂俟今日也。②

此处说张班二人开拓边疆之伟业，一方面以之攀比西方人之发现新大陆者，说明中国亦有此等英雄和此等精神，此为爱国爱民族之精神；此后又说此精神及行为本有地理和国家文化沟通之

① 梁启超：《中国四十年来大事记（一名李鸿章）》，《梁启超全集》，第510页。
② 梁启超：《张博望班定远合传》，《梁启超全集》，第799页。

义，可惜此志向精神后来没有人继承。今重新说明为之作传，既有告外人言我本有此精神，亦告今日世人，我本有此等精神，当发扬光大，勿使外人笑耻。《李牧传》末尾言：一夫善射，百夫决拾，英雄之泽，数世未斩，盛矣夫。而《匈加利爱国者噶苏士传》中引孟子言：奋乎百世之上，百世之下，闻者莫不兴起也。可见梁启超书写传记传颂讴歌人物精神，即是为令今人知本国本族有此伟大之精神，复奋起而发扬光大此精神而已。《明季第一重要人物袁崇焕传》中言：

> 有人焉，一言一动，一进一退，一生一死，而其影响直及于全国者，斯可谓一国之人物也已矣。……若夫以一身之言动进退生死关系国家之安危民族之隆替者，于古未始有之，有之则袁督师其人也。①

此处言袁崇焕之英雄精神，则以其精神影响于全国，影响于后世而言。

而《中国之武士道》全书更是梁启超崇拜英雄主义之典型代表，而该书杨度所作之序更是以佛教菩萨行附会类比英雄主义行为。而梁启超则从精神主义角度名该书为《中国之武士道》实是补精神教育之一缺点云尔。又可再证梁启超之英雄崇拜是原本于其精神主义之思想。

如果说上文所说之豪杰及其精神，虽然在梁启超的思想框架中属于佛教精神，但毕竟相距遥远，那么梁启超晚年研究佛教史时，于佛教从印度传到中国，中国文化接受并转换发挥其中义理形成中国佛教这一进程中梁启超所突出的恰恰是佛教信徒大师们

---

① 梁启超：《明季第一重要人物袁崇焕传》，《梁启超全集》，第 1353 页。

的求法精神。如《中国印度之交通》（原名为《千五百年前的中国留学生》）一文中梁启超历述两晋到唐宋年间，不畏艰险，西行求法的古之大德。梁启超为之作传作史正是讴歌其等求真理而不畏艰辛不避生死的大无畏精神，亦歌颂其等求法之留学运动对于中印思想文化地理等沟通的巨大贡献。

> 魏晋以降，佛教输入，贤智之士，憬然于六艺九流以外，尚有学问，而他人之所浚发，乃似过我。于是乎积年之“潜在本能”，忽尔触发，留学印度，遂成为一种“时代的运动”，此种运动，前后垂五百年，其最热烈之时期，亦亘两世纪，运动主要人物，盖百数，其为失败之牺牲者过半，而运动之总结果，乃使我国文化，从物质上精神上皆起一种革命，非直我国史上一大事，实人类文明史上一大事也。[①]

梁启超以两晋以来到唐宋间的西行求法为时代的运动，留学的运动，其使我国文化精神物质上都发生一种革命。此一方面说明西行求法信众的精神之感召影响甚大，另一方面也说明两国文化思想等之交流实对于两国乃至全世界皆具有莫大的贡献，于此也说明了佛教文化对于世界文化文明的贡献。

梁启超又特别说明求法者之伟大精神：

> 确为留学运动，而非迷信运动，下列诸贤之远适印度，其所以能热诚贯注百折不回者，宗教感情之冲发诚不失为原因之一部分，……盖佛教本贵解悟而贱迷信，其宗教乃建设于哲学的基础上，吾国古德之有崇高深刻之信仰者，常汲汲

① 梁启超：《中国印度之交通》，《梁启超全集》，第3767页。

> 焉以求得"正知见"为务，……故法显玄奘之流，冒万险，历百艰，非直接亲求之于印度而不能即安也。质而言之，则西行求法之动机，一以求精神上之安慰，一以求"学问欲"之满足。唯其如此，故所产之结果，能大有造于思想界。①

求法之精神，首先不是迷信，而是求学问、求正知见、于思想界有大造益之精神；其次也是求精神上之安慰。此种精神就个体而言，能使信徒热诚贯注百折不回，就超越个体而言，则于他人文化思想等大有造益。

总而言之，梁启超从佛教救世的角度论述精神为救世救国的方法。首先是强调个体精神对于世人的感召影响能力，既有同时代的影响功能，也有异时代的影响功能。如果说早期梁启超突出的是英雄主义的影响功能，在其中已经将佛教菩萨行的精神融汇其中，那么到其晚年论述佛教史的时候，则专门从佛教思想传播交流中突出求法人士的勇猛精神牺牲精神，歌颂此种精神具有感召世人的功能，也指出其中精神于文化交流汇通具有极大的贡献。

于此中梁启超也提及翻译之于文化交流的重要功能。求法之行后即是佛典之翻译，梁启超《佛典之翻译》，《翻译文学与佛典》中详细研究历来大德翻译佛经的历史，于其中诸大师之翻译精神竭力歌颂，尤其是论述玄奘大师之翻译，梁启超又于《中国历史研究法补编》中说如何做人物传记中，专门以玄奘为例子，论当如何做玄奘传，该文几乎为玄奘传的草稿，于中对于玄奘西行求法、印度留学、归国译经等事俱有简说，而于玄奘翻

① 梁启超：《中国印度之交通》，《梁启超全集》，第3767页。

译佛典之多之精得法等则给予极高评价。以玄奘之精神而为佛教精神之化身，感召天下人乃至今人。

翻译佛典对于文化影响极大，首先对于思想具有极大的影响，其次对于文化生活具有极大的影响，最后对于文学艺术等也具有极大的影响。梁启超早年即比较注重翻译，尤其是佛典翻译。

《变法通议》中言内典翻译：

> 翻译之事，莫先于内典，翻译之本，亦莫善于内典，故今日言译例，当法内典，自鸠摩罗什、实叉难陀皆深通华文，不着笔受，玄奘之译《瑜伽师地论》等，先游身毒，学其语，受其义，归而记忆其所得从而笔之，言译者当以此义为最上，舌人相承，斯已下矣。①

梁启超自己也是通过翻译来交流汇通中外思想的实践者，其毕生翻译介绍多种国外思想学说，以资比较寻求救国之道，即是明证，更无须过多理论论证。

如果说菩萨行、英雄豪杰精神以及求法牺牲精神、文化交流汇通精神还仅仅是个体性的精神形态的话，那么梁启超强调思想学术对于国家强大、社会进化的影响，则突破个体精神形态而论及精神本身之公有性。《国民元气论》中梁启超初步触及精神问题，但此时精神并没有过渡到思想形态。直到《国家思想变迁异同论》中梁启超才从国家思想的角度将精神与国家思想联系起来，认为欲建何等事实，必先养成何等思想。就此思想的养成，梁启超以为思想非朝夕可以养成，所以他认为应当先使国民

① 梁启超：《变法通议》，《梁启超全集》，第50页。

有对各种思想的比较然后反省，这样思想才得以普及，然后才能慢慢养成一种新的国家思想。《论学术之势力左右世界》一文是梁启超全面将精神救国法转化为学术思想救国的宣言书。该文中所列出的十贤如培根、笛卡尔、孟德斯鸠、卢梭、亚丹斯密、伯伦知理、达尔文等，梁启超后来都有为之作传或撰文论其思想。可见该文为其介绍西方学术思想计划之纲要。在介绍西方思想的同时，梁启超即开始系统地梳理中国传统思想，如《论中国学术思想变迁之大势》即是此之实践。该文中认为学术思想如同一人之精神，具有统领整体的首要作用。梁启超介绍西方学术思想梳理中国传统思想，就精神教育而言，既是一种理论上的造势，也是思想学术之传播交流比较的实践。因为在这样的介绍和梳理中，梁启超已经开始比较汇通不同的思想文化，并做出抉择判断甚至汇通，这就是精神—思想学术救国的实践的初步。《新民议》叙论中说：

> 天下必先有理论然后有实事。理论者实事之母也。凡理论皆所以造实事。虽高尚如宗教家之理论，渊远如哲学家之理论，其目的之结果，要在改良人格，增上人道，无一非为实事计者。①

从这一段论说即可以明白梁启超介绍梳理中外学术思想即是改良人格，增上人道实践的第一步，并非纯理论而无实践。梁启超进一步说其实践为欲以探求我国民族腐败堕落之根源，而以他国所以发达进步者比较之，使国民知受病所在，以自警厉策进，实理论之理论中最粗浅最空衍者也。梁启超所谓理论之理论即是

① 梁启超：《新民议》，《梁启超全集》，第620页。

其上述所介绍梳理的中外各家学术理论，期待国民以此比较而自修学策进而已。但这是理论之理论，而无实事之理论，梁启超则以其《新民说》为实事理论之尝试。此种尝试为从根柢处除旧布新。故而《新民说》中以群治理论为基础，其所叙述者皆是无比实际之事理，如禁早婚、财政改革、进取精神、权力思想、自尊毅力等等。

在广论中外各种学术思想中，梁启超因游历欧美，见西方思想精神堕落而引发大战，于中西思想之抉择发生思想的困惑矛盾，其游记中记叙此矛盾与困惑言：

> 我们自到欧洲以来，这种悲观的论调，着实听得洋洋盈耳。记得一位美国有名的新闻记者赛蒙氏和我闲谈，（他做的战史公认是第一部好的）他问我："你回到中国干什么事，是否要把西洋文明带些回去。"我说："这个自然"。他叹了一口气说"唉，可怜！西洋文明已经破产了。"我问他："你回到美国却干什么？"他说："我回去就关起大门老等，等你们把中国文明输进来救拔我们。"我初初听这种话，还当他是有心奚落我。后来到处听惯了，才知道他们许多先觉之士，着实怀抱无限忧危，总觉得他们那些物质文明，是制造社会险象的种子，倒不如这世外桃源的中国，还有办法。这就是欧洲多数人心理的一斑了。①

而上文中所说的悲观论调，即是19世纪末西方文化中所谓的文化没落论，梁启超称之为"世纪末"的悲观。梁启超说就是个人主义和社会主义的矛盾，社会主义和国家主义的矛盾，国

① 梁启超：《欧游心影录》，《梁启超全集》，第2975页。

家主义和个人主义的矛盾，世界主义和国家主义的矛盾，从本源上说是自由平等两大主义，但变成了绝对的自由和平等后，就成了大大的矛盾，变成了唯物和唯心的矛盾，竞存和博爱的矛盾，政治上放任和干涉的矛盾，生计上自由和保护的矛盾，种种学问都持之有理，但极端发展，就成了冲突，无法消灭，调和不来。怀疑悲观由此而来。

梁启超在此基础上说西方文化也绝对不会是干干地等待中国文化去拯救的，而是说西方文化必有其自由的独特的自救方法，这是因为西方文化是个性发展而来的，将来必定可以调和过来。所以他说欧洲人经过这回创痛之后，多数人的人生观因为刺激而生变化，将来一定从这条路上打开一个新局面。那么反过来看中国本身，梁启超也认为中国人应当自觉，首先应当明白中国不亡，其精神文化也不亡，从而不可着急，然后中国人要从尽性主义上做到思想解放，以及其他一些具体的政治社会措施。这里梁启超强调了尽性主义和思想解放，他所谓的思想解放就是从儒佛二家，尤其是佛教义理来说的摆脱精神上奴隶，而达到精神上的自由，而不仅仅是物质上的发达。梁启超晚年专注学术思想研究，专注中国传统文化的弘扬，实与此次思想上的困惑矛盾相关。

由思想学术进而论及文化之为救世方法。1922 年《什么是文化》《科学精神与东西文化》以及 1923《研究文化史的几个重要问题》，都是梁启超晚年讨论文化之为救世方法的重要文献。

《什么是文化》中梁启超开宗明义地从佛教共业的角度来给文化下了个个人色彩的定义：文化者，人类心能所开拓出来之有价值的共业也。从中就可以看出，梁启超论文化，无论是就中国文化还是就中西文化比较，都是以其佛教思想为基础而讨论的。该文中分共业为自然系和文化系，对应因果法则和自由意志。又将人类能力即造业能力，分成生理心理二类，其中生理的为受动，心理的则包括有受动、模仿和创造三者，其中创造为最高的文化活动，生理的受动为最低的自然能力，模仿介于两者之间，其中无意识的模仿能力倾向于自然，而有意识的模仿倾向于文化系，是则如图：

<table>
<tr><td>生理的</td><td>受动</td><td>自然系</td></tr>
<tr><td rowspan="3">心理的</td><td rowspan="2">模仿</td><td>无意识的</td></tr>
<tr><td>有意识的</td></tr>
<tr><td>创造</td><td>文化系</td></tr>
</table>

由此梁启超分列出受动、模仿、创造三种造业活动，于其中提倡创造活动。梁启超认为创造活动是本于人类心理心力能力的，是偏向于主观能力的一方面，故而其论创造须有一定的技巧如：

> 创造不必定在当时当地发生效果。
>
> 创造的效果，不必定和创造人所期待同其内容。
>
> 创作是永不会圆满的。
>
> 创造是不能和现境距离很远的。①

梁启超论文化活动侧重人类文化的创造能力与其论史学中侧

① 梁启超：《什么是文化》，《梁启超全集》，第4061页。

重历史发展以人类心理心力为主因的思路是同一的。就佛教义理而言，这是梁启超比较侧重真如本体之存有及修行次第秩序一面的表现。

由此其分人类文化为两种业果，并作下表以示：

<table>
<tr><td rowspan="10">文
化</td><td rowspan="5">物质的—业种—生存的要求心及活动力</td><td>衣食住等成品</td><td rowspan="5">业果</td></tr>
<tr><td>开辟的土地</td></tr>
<tr><td>修治的道路</td></tr>
<tr><td>工具机器等</td></tr>
<tr><td>其他</td></tr>
<tr><td rowspan="5">精神的业种</td><td>社交的要求心及活动力……言语习惯伦理等</td><td rowspan="5">业果</td></tr>
<tr><td>组织的要求心及活动心……关于政治经济等诸法律</td></tr>
<tr><td>知识的要求心及活动力……学术上之著作发明</td></tr>
<tr><td>爱美的要求心及活动力……文艺美术品</td></tr>
<tr><td>超越的要求心及活动力……宗教</td></tr>
</table>

从上表中可以看出梁启超是用佛教业报之说类比文化种类及文化活动；文化分为物质、精神两种，则是依顺西学；再从业种业果的对应关系说明了文化之历史承继关系；梁启超论精神文化五个方面中前四个方面主要是依据知情意结构来建立，如社交和组织两者即是实践部分，其中社交侧重个体，组织侧重群体；知识的要求心主知性内容；而爱美之心主情之领域；最后超越的要求心即是超越上四者之出世修行法领域，故而总归宗教。对文化

的说明是梁启超总括思想学术以及风俗习惯等为一大整体的尝试。

《科学精神与东西文化》中论述何为科学，说科学为有系统之真知识，可以教人求得有系统之真知识的方法，此种精神即是为科学精神。详细论述则科学精神含有三层意思：

一为求真知识，此是知识之真实而言；

二为求有体统的真知识，有纵横两者，横的系统为事物的普遍性，竖的系统是事物的因果律。明白因果，是由智识进到行为的向导，因为我们预料结果如何，可以选择一个目的做去。

三说科学是可以教人的知识，凡学问有一个要件，要能传于其人。这是说科学知识不光是要真要有系统，如果真且有系统却没有转化成可以教授乃至变成实践的知识是无用的知识。此三点说明，不光说明了科学知识之真之有理想，而说明了理想不是空的，是可以教人去实践实现的，否则知识就会变得笼统、武断、虚伪、因袭、散失，而成为无用的知识。

1922年《美术与生活》中梁启超专门论述了他晚年常常提及的一个话题，即趣味的话题。趣味话题是深嵌在晚年梁启超人生观中重要的一点，这一点实际仍旧是从佛教思想而出，根本的就是从佛教之无我论的般若智慧而出，因为梁启超说所谓的趣味即含有非功利的知识追求意味，但此趣味又不仅仅和审美相关，其范围要比审美范围宽泛。在《美术与生活》中梁启超是就艺术而论趣味的，其说趣味有三个源泉：对境之赏会与复现、心态之抽出与印契、他界之冥构与蓦进，这三个源泉其实都和艺术欣赏有极强的相似之处，但要注意梁启超这么说时并没有将趣味的对象限定在艺术品上，虽然他还说趣味有三个利器：文学、音乐、美术，此三者皆是主流的艺术形式。同年《学问之趣味》中则广泛地说：

> 凡一件事都（做）下去不会生出和趣味相反的结果，这件事便可以为趣味的主体。①

趣味不为德不德，主体有四：劳作，游戏，艺术，学问。

此处梁启超即扩展了趣味的范围，不仅仅是艺术了，艺术在其中只是四分之一。而劳作也被包含在其中。如果从梁启超好用的知情意来说明，则学问可对应知，艺术可对应情，劳作则可对应于意志，游戏则可从更加纯粹的心识运动来说明。所以趣味实际是涵括在人类一切活动之中的。梁启超进一步说明趣味的性质有四：无所为、不息、深入的研究、找朋友。此四点都是从极通俗的话语而言，但从通俗的言语中实际可以看出这些行为的佛教色彩，如无所为，其暗示着行为的无私、非功利性，无我法二执性；如不息和深入研究，实际即是精进不舍的精神的体现；如找朋友，实际即是梁启超反复言说社交和组织的群治性质，也就是佛教中所说不应独自解脱，而应当普度众生皆成佛果之义。

《趣味教育与教育的趣味》中说趣味是生活的原动力，这个原动力只要稍稍深入地说明，梁启超就可以将之发挥成真如本体之众生本有之义，而绝对不是一般意义上贪玩或者人类身体之本能等等。梁启超将趣味之说运用到教育上则说趣味是教育首要的条件，首先就是以教育为趣味，而不是以教育为博取功利名誉的手段，这就佛教教化的大义，即是从教育之本性为空而论教育，又是从教育为菩萨大悲之行、示现游戏之行而论。其次，梁启超

① 梁启超：《学问之趣味》，《梁启超全集》，第 4013 页。

说教育当得天下英才而教之，这就是从教育应当如佛教一样普度众生而言，不应当仅仅是自己受学，或小部分精英受教育而已。最后，梁启超说教学相长，这是就菩萨行中初发意菩萨而言，教他人实际即是自己的修行，自身的修行并不是为自己而是为教化众生，这两者其实是紧密联系在一起的，在教育上的反映就是教学相长。梁启超论趣味与教育虽然言语通俗，实际是以佛教深入浅出地讲述人生大义。

《敬业与乐业》中则将责任心和趣味并列而论，以此二者对应于敬业和乐业二者。这种论述更加简洁普遍，讲究趣味并不意味着没有责任心，而是更加有责任心，即言并非是为了责任心而去负责任，也就不是因为畏惧后果而去负责任，而是从乐业的根本出发，无私无欲则无所畏惧地达到敬业乐业。

三　从历时角度论救世方法

从历时的角度来说，梁启超实际也隐约地提出三世说，因为他说历时的精神演变的时候，就涉及过去之历史、过渡时期以及未来三者，这实际也是一种广泛的三世说，只不过没有康有为所说三世说那样专门而已。就整体而言，梁启超是以佛教因果业报的轮回体系类比历时秩序，从而说明过去造业、现在受报、现在造业、将来受报。在此类比中区分共不共业两种，社会国家之整体对应于共业，从社会国家之为整体之有机体而言，其有自身之器世间因果报应。故而梁启超论说方法时说现在当了解过去所造之恶业，而现在当积极造善业，以求将来受报善业。

《国家运命论》中即以佛教因果轮回结构类比历史结构，论说造善业之方法：

> 吾侪今日，唯有广造善业以禳除之，藉曰未能，亦何可更造恶业？而明知国之将亡而不思救之者，则吾之所认为恶业也。（小字自注：此非无善无恶之业，何也？见孺子将入于井而不援手，其不得不谓之恶业明矣。）夫造善业毋造恶业，必当先自我始，所谓行吾心之所安者此也。至谓为之而必有益者何也？凡个人所造之业，必有一部分为共业，而能以力熏习社会，夫既言之矣。今之恶报，为恶共业所造成，而此恶共业，亦不过由少数人造之，而熏习遍于社会者耳。今欲得善报，亦唯熏习社会之共业，使趋于善。然此固非绝对的不能致者也，今且就具象的事理以直捷指明之。①

梁启超的意思是说假如有人说国家必亡，不用去救，那么就表明他对政府失望，但一政府之人，也是社会的一分子，政府也是社会所产出。腐败的社会不可能有健全的政府，而健全的社会才会产生不腐败的政府。而现在指责政府腐败，即是指责自身及所在之社会不健全而已，而不思救之，岂不是自知腐败而不肯自救。故而梁启超说个人必不可脱离于社会政府之外，故而欲救一个国家，当从个人做起；而反之欲求自身之幸福可救者，也不可舍社会政府之共业而不顾。于是如果现在国家社会人人皆能发愿造善业不造恶业，则健全的社会政府才可能出现。于此梁启超特说明他说中国不亡，乃是从此国家全民而言，不全在政府。又言国家之不亡，也是一种希望，此希望固是从人民有希望能改造自身恶业而造善业，受用善报之义而来。故而梁启超此处说造善业

① 梁启超：《国家运命论》，《梁启超全集》，第 2033 页。

不造恶业时，全面地说到了佛教修行的信愿解行四者。可见梁启超之论救国方法实深深奠基于佛教修行方法。

如果从纵向上分段来说，纵向上可以区分出过去、现在、未来三世，而其中过去可以说为历史，就此三者个别的功用来说，历史、现在和未来又各有其独特的功用。

如果从佛教轮回和修行两个因果秩序来看，历史相当于佛教三世说中的过去，而过去又意味着轮回和修行之因，将此两者结合以来就原因而论，则可以说过去即真心本如之存在及其运用之始因。所以论说历史功用时梁启超往往从真如本心在染净因果两个秩序的功用上说明。梁启超论述历史之功用，首先即是说明历史上思想文化之本来存在，此即类似于真如本心之本来存在，有此历史本有之思想文化精神的存在，首先具有历史发展的信心功能；其次则有激发人们发扬历史传统精神的功能；最后历史之成败得失，犹如轮回或修行中之善恶业报一样具有供人借鉴的作用从而促使人们改过从善。

1901 年《中国史叙论》中梁启超论史之界说云：

> 史也者，记述人间过去之事实者也。虽然，自世界学术日进，故近世史家之本分，与前者史家有异。前者史家，不过记载事实；今世史家，必说明其事实之关系，与其原因结果。前者史家，不过记述人间一二有权力者兴亡隆替之事，虽名为史，实不过一人一家之谱牒；近世史家，必探察人间全体之运动进步，即国民全部之经历，及其相互之关系。①

此处梁启超就传统史学和现代史学之差异而论新史学所应专

① 梁启超：《中国史叙论》，《梁启超全集》，第 448 页。

注之处，其中论述的其实为两点：一为新史学非尽事实而有因果规律之说明，此是从纵向上而本于佛教思想之因果业报说；二是新史学非尽一家之事而是人间全体之运动，此是从横向上本于佛教之十方世界之说。而其中从因果业报的角度说明人类全体运动之规律是为新史学之特色，也是历史书写之功用，即是因果规律之体现。

1902 年《中国学术思想变迁之大势》中首先说明学术思想如同一个国家之精神，学术思想与历史上之大势关系密切。其后说我中华屹立至今，增长广大，无不是因有历史上之学术思想，而后亦当汇世界诸思想之万流为一炉而冶之。此处梁启超广泛比较中外各国历史学术思想，既有增强国民对于中国传统思想文化的信心，也有激发国民热爱祖国热爱中国传统文化精神的爱国心，更加是突出了历史学术思想之为一个国家的本有精神，具有思想本体的功能，由此呼唤国人注重传统学术思想，将之发扬光大。

1902 年《新史学》中更说：史学者，学问之最博大而最切要者也，国民之明镜也，爱国心之源泉也。……苟其有之，则国民安有不团结，群治安有不进化者？此处梁启超以为史学具有借鉴之功用，具有激发爱国心之功用，还具有群治和促进发展的功能。其后说新史学有四特征：一为知有国家，二为知有群体，三是知有古今，四是知有理想。这四者中前两者是就史学之群治功能而言，实际即是《中国史绪论》中从横向方面论说的新史学不是一家王朝之历史，而是人间全体之运动规律的说明；后两点则是从纵向上论说历史之有因果规律的说明。

1912 年《中国道德之大原》中自信中国人本有一种善美的

精神，这种精神已经深入全国人民心中，这种精神过去是为建国基础，如果运用发扬光大此种精神则能使得国家滋长发荣。梁启超此处直接就国民品性中善美精神论述其为国家精神之本有的思想精神，可谓直接源于佛教中真如本体之本有的精神。故而这里梁启超并不是就史学写作而言，而是直接就历史中思想精神之存在本身而论，历史中善美的精神之本有，即如同人之本有真如佛性本体，既由此成佛可能本体，只要识别出并将之发挥广大，那么则终究有灿烂光辉之一日。所以梁启超说依顺历史之本有的善美精神，则中国实有坚强善美之国性，正有待于发扬淬厉。该文中梁启超说道德最高的本体从本质上说是人类社会共同具有的，虽然有各时各地的不同，但其中所公认的道德信条，由先天的遗传、后天的熏染，深入人心脑海，则别有新信条与时代兴，由此社会现象生一大变化。梁启超说有三种观念是中国历史数千年遗传熏染，是一切道德所从出、社会所依赖维持不断。这三种观念既是报恩、明分和虑后三者。其中报恩和虑后两者即是就纵向上而言，尤其是报恩一说，梁启超从儒佛二家义比较汇通的角度将之与佛教因果业报轮回相汇通于精神主义之流变思想中，故而报恩之说是涵括三世而言。而虑后则突出了未来的理想主义。又明分之说实际是就横向上的群治和比较而言，即通过群治之有序的结构而达成有效的群治，其中既能够保持个体的独立自主自由，又能保持群体之整体系统性。

1922 年《中国历史研究法》中论史之意义时说史学定义有四个说明：活动之体相、人类社会之赓续活动、活动之总成绩及因果关系、现代一般人活动之资鉴。此四点仍可分为两点，即纵横两点：前两者是横向上之说明，又分个体和群体二者，后两点即是纵向上所言，总论因果和突出现在之借鉴。梁启超论述史学性质基本上是就纵横两方面而论，其思想根源即是源于其论佛教思想之纵横二方面。1926—1927 年《中国历史研究（补编）》中复论史学之目的：求得真事实、予以新意义、予以新价值、供吾人活动之资鉴。此处四点与前四点比较，可见其中求真实与前之一二两点是一样的，即就事实而言，也包含了横向结构的说明。而此处的后三点则含摄了因果说明的全部，但其中却突出了新意义、新价值的给予，减弱了客观因果规律的客观性，可见这里梁启超更加注重实践的主观性和面向未来的主观实践。又这两部史学理论著作中都特别就历史和佛教因果说法做了详尽的比较和说明。《中国历史研究法》中首先就自然科学与史学异同而论因果律之运用，梁启超客观地说欲以因果律绝对适用历史，或者说全然不适用，两者皆无法确定。因为历史毕竟是人类心力所造成，并非完全是自然科学因果律所能支配。故而不能将自然科学的因果律强行地应用于历史，但完全不谈论因果律也不行。故而历史学之因果律有其独特之说明。梁启超论述史学因果本身首先就英雄与时势二者辩证关系而论，这是从《自由书》中即已经发展起来的观念，进而梁启超又论述英雄个体与民众群体的复杂关系论述历史因果变化的原因，由此梁启超指出历史之发展毕竟是基于人类心理——即心力——而发展的事件变化，而心力活动即是佛教中所说之造业，故而梁启超从佛教论造业之复杂而阐述史学因果律的复杂，他总结说当于八处注意史学之因果力量：一，史迹集团，所谓史迹集团即事件的整体因果关系；二，集团分子之整理与集团实体之把捉，即材料之片段和事件整体的关系；三，集团外之关系，即事件之外部原因；四，人格者之注意，即英雄之于事件的影响；五，人格之基件，所谓基件即指伟人英雄之性格等个体原因以及多数的人格者，即民众的心理影响；六，物的基件，即指自然物质等方面的影响；七，量度心物两方面可能性之极限，此即是指同情地站在历史的境遇中理解历史；八，观察所缘，此特别从佛教之论因缘的角度来说明事件发生的因缘各种条件，梁启超于中分别了因与缘、亲缘与间缘、主缘与助缘等各种因缘差别，总论因果之必有报，以此显明史学之因果实本于佛家之因果业报说。1923 年《研究文化史的几个重要问题》中也就"历史里头是否有因果律"问题专题讨论。该文仍旧是从自然科学因果律与佛学因果律之异同分别论述，其以为史学中之因果并不严格是自然科学之因果律，却更加类似于互缘的关系，这是本于佛教中互相为缘的关系说明。梁启超总结说：

> 文化总量中，含有文化种、文化果两大部分。文化种是创造活力，纯属自由意志的领域，当然一点也不受因果律束缚（笔者按：此处因果律为自然科学之严格意义上的因果律）。文化果是创造力的结晶，换句话说：是过去的"心能"，现在变为"环境化"，成了环境化之后，便和自然系事物同类，入到因果律的领域了。①

梁启超此说过去之心能即是从佛教说过去造业熏习形成种子而言，而环境化即是从种子之变现而言，而其论因果律即是说自然科学的因果律是就变现后的现象界而言。从这个意义上而言，历史之发展变化是取决于众多原因，但此复杂的原因也不是没有

① 梁启超：《研究文化史的几个重要问题》，《梁启超全集》，第 4156 页。

规律可循，但此原因不是完全从客观事物上而来，而应当注重人之心理力量的影响，从而梁启超在论述历史变化时特别注重佛教之因果因缘理论的运用。由此他也就重视作为心力之历史精神，历史中人物的人格、心理的重要作用，其中既有个体的英雄伟人的心理心力之作用，也有群体民众心理心力之作用，更有人类过去造业所熏习成的种子力量，其中变现又有共不共业力的双重影响，更加还有人类心理中对未来的欲望理想的心力力量之影响。正因为梁启超于此重视人类心力的巨大作用，从而在后文他才得以在后文论述历史中存在进化的观念。比较因果和进化两个观念，可以发现其中与佛教思想的深刻联系，佛教中论述因果序列有染、净两种序列，就染序列而言是带有更强的客观性，带有前世决定色彩，从而也是轮回性的；但如果从净序列而言，就是修行之序列，则带有不断进步趋向于佛果之究竟的进化色彩。此两种序列的思想结构正是梁启超用来汇通历史学中主客观两种观念的理论基础，而历史发展论也是从佛教修行次第来获得理解和接受的。总而言之，梁启超于历史本身所重有二：一重历史上传统思想学术，他以人之有精神类比历史之有传统思想学术；二重历史变化之因果规律，而于因果变化规律中梁启超则援借佛教因果业报和修行次第来论述史学因果律和进化论。从中突出因果律之功能、历史本有精神之功能、人类心理心力之创造历史的巨大功用。

前专就历史的独特功能而言，那么未来的独特功能则主要从理想的功用而言。理想具有皈依、引导、激发等功能，理想还可以推延目的实现的紧迫性。就广义而言，梁启超等所探求的各种救国方法中都包含着理想，其理想都具有极强的实践诉求。若专就纵向序列之整体而论及未来与理想的功能，则是梁启超所谓未来主义精神。梁启超论及未来主义较为集中的是在《进化论革命者颉德之学说》一文中，该文中梁启超转述颉德进化论学说言：

> 进化之义在造出未来，其过去及现在，不过一过渡之方便法门耳。①

又颉德以此论为标准全面评论近代思想说，近代政治学家思想学家等，虽然人人学术思想有差异，但其要点皆在重视现在，而于未来较少措意。近代民主主义新思想，虽说要求最大多数之最大幸福，但也只不过是以现在人类之大多数为标准而已。总之从法国大革命到德国社会民主之学说，大多皆是谋取人类现在之幸福，而较少论及未来之幸福。而颉德之进化论从生物学角度论述生物以死亡为促进进化之方法、为后代繁殖之繁多优秀而牺牲现在。以此理论转论社会人类，梁启超则接受并转化而论其为未来主义，即以牺牲现在而成就未来。梁启超此种观念虽说表面上看是源自颉德，但实际是以佛教思想来转化接受进化论而已。其所谓牺牲现在而成就未来，实际即是依据佛教因果业报理论而现在造善业，将来受善报。这一点在《余之生死观》一文中得到充分的发挥。

若从现在的角度来论述纵向上的救世方法，梁启超则采纳佛教中论述权实分辨的方便教化理论，论述现在之为过渡时期。这一点与康有为论述三世说中以现在为化城的过渡时期的思想是同一思路。早在1900年《立宪法议》中梁启超说：

---

① 梁启超：《进化论革命者颉德之学说》，《梁启超全集》，第1028页。

然则中国今日遂可行立宪政体乎？曰：是不能，立宪政体者，必民智稍开而后能行之。……行之在十年以后，则定之当在十年以前，夫一国犹一身，人之初就学也，必先定吾将来欲执何业，然后一切学识，一切材料，皆储之为此业之用。①

此处梁启超尚没有直接说明过渡时期的概念，但已经说明了救世方法应该遵循一定的次第，要适应于国情民俗，则其中已经暗含了现在为过渡时期的思想。

《自由书》之《文野三界之别》中发挥三世说：

泰西学者，分世界人类为三级。一曰蛮野之人，二曰半开之人，三曰文明之人。其在春秋之义，则谓之据乱世、升平世、太平世。皆有阶级，顺序而升。此进化之公理，而世界人民所公认也。其轨度与事实，有确然不可假借者。②

此处梁启超则直接将康有为三世说转而运用到说明人类文明的进程之中。

1901 年《过渡时代论》中直接给出过渡时期的概念：

今日之中国，过渡时代之中国也。

过渡有广狭二义，广义言则人间世无时无地而非过渡时代，人群进化，级级相嬗，譬如水流，前波后波，相续不断，故进无止境，即过渡无已时，一日无过渡，则人类或几乎息矣。就狭义而言，则一群之中，常有停顿与过渡之二时

① 梁启超：《立宪法议》，《梁启超全集》，第 407 页。
② 梁启超：《自由书》，《梁启超全集》，第 340 页。

代，互起互伏，波波相续体，是为过渡相，各波具足体，是为停顿相。于停顿时代，而膨胀力（即张力）之现象显焉。于是过渡时代，而发生力之现象显焉。

中国自数千年以来，皆停顿时代也，而今则过渡时代也。

过渡时代者，希望之涌泉也，人间世虽最难遇而可贵者也。有进步则有过渡，无过渡则无进步。……其将来之目的地，黄金世界，荼锦生涯，谁能限之。①

从上文所引第一段中就可以看出梁启超转化三世说仍旧是采纳佛教中业识相续的原理，将之扩展到人类文明历史演变的过程之中。又具体说明中国过去几千年为停顿时代，这一点则比康有为更为激进，因为康有为在论三世说的时候通过三世可以重叠的理论，并未将中国封建历史全部斥为停顿时代。从第三段引文中可以看到梁启超认为未来理想具有希望的功能，能够引导人们的救世努力。且其所说之未来理想明显带有佛教净土世界的性质。梁启超还特别说明要想通过过渡时期达到未来之理想，那么过渡时期需要有三种德性：冒险性、忍耐性、别择性。其中冒险性中说过渡即是改进，这明显是从改造恶业而造善业之佛教业报说而来。又其中忍耐性，是指一旦选择一种理想作为改造的目标，则应当坚持此种选择，而不可随意退失，所谓过渡者可进而不可退者也，又难进而易退者也。这一思想也明显是取佛教六度中精进一度的精神。最后所谓别择性是指在过渡时期应当抉择最良合宜之归宿作为努力的目标，这也就是佛教六度中般若智慧一度的精

① 梁启超：《过渡时代论》，《梁启超全集》，第464页。

神，所谓慧即是抉择之义。所以梁启超也说过渡时代之人物，当以军人之魄，佐以政治家之魂，政治家之魂者何？别择性也。其所谓政治家之魂为别择性即是指政治家当为国家前途命运而比较中外历史等全面情况抉择救世之方法及目标。

1902年《亚里士多德之政治学说》中直接说：

> 要之，君民共主之一政体，实过渡时代最妙之法门也。①
>
> 吾闻佛之说法，有实有权。权法者何？因众生根器未成熟，而别开两方便法门以导之，使由迷而渐入悟也。及既悟矣，则权法在所必当舍。苟不尔者，谓之“法执”，而法转为迷因矣。故权法在小乘教谓之正，在大乘教谓之不正。君主制度亦然，既过其时，不可不舍，所谓权正非实正也。②

后论真行民政，不会退转之义云：

> 苟真行民政，则进矣断未有能退者也。吾请更以佛理譬之。学佛者以成佛为究竟，当其未成佛也，则轮回循环于天人六道中，或受天道，或受龙身，或受人身，或受饿鬼畜生身。于彼于此，其变相不可究诘，亦无一定升降之次第，而唯视其所造业以获果报。苟一旦成佛矣，则断未有复能堕落者也。苟犹堕落，则必其所到者仍非佛地也。政治亦然。③
>
> 又说美国殆已到辟支独觉位，犹未能到佛菩萨位也。④

① 梁启超：《亚里士多德之政治学说》，《梁启超全集》，第1022页。
② 同上，第1022—1023页。
③ 同上，第1023页。
④ 同上，第1023—1024页。

此处云过渡时期为最妙之法门，即从佛教方便教化之适宜根器而言。而第二段中则从佛教权实辩证的理论说明，虽然就实法上而言佛教理想固然深远广大，但这并不妨碍佛教有权法之方便法门，也就是过渡时期的救国方法为佛教权法而已，待将来此权法必定还是要破除舍弃的。而其过渡时期的权法政治实践具体而言即是梁启超当时所言开明专制，其是相对于真正的民主政治而言。最后一个譬喻说明梁启超以业报因果论述治国之道是从佛教修行次第秩序而论，并非完全限制在业报轮回的次第之中，不然则一直陷在轮回之中而无由得出了。此观点从第三段的论述也可以看出，梁启超虽然在论述这两种序列中稍有混淆，但仍旧是以成佛为佛教修行次第之最高理想，则可知其所论述的秩序是从有为到无为的修行次第，而非仅仅是在世轮回。

四　从共时角度论救世方法

从共时的角度来说，救世救国的方法即是如何给予共时各元素以统一的精神力量，梁启超实际是给出了两种力量，但就其本质而言两者为一体。此两种力量就是作为统一群治的精神力量和作为汇通比较的精神力量。之所以说是两种力量，是因为统一群治精神是针对个别群体而言的统一精神，而比较汇通力量是针对群体之间而言的精神力量；但如果从绝对的统一体而言，则此二者实际是一种力量。

先论群治方法。早在《变法通议》中梁启超就从学会的角度说明了群治的巨大功效。其论点是只有群才能够通、才能够智，最终达到强的效果。之所以要通过通、智两个阶段，是因为如果只是简单的本能性的群，那么是无法达到真正的强大的，因为这种群就如同动物性的群居生活一样，其实是不强大的。从而他说只有经过通和智两种方式而结合起来的理性的有意识的群才是真正强大的群。

其后梁启超同时从两个角度论述群的功能。一方面他从国民品性的角度说明，中国国民品性中具有不群的性质，不能达到真正的通和智，从而也就无法达到真正的强大；另一方面他从西方国家精神中挖掘群治方法。但是在向西学学习的过程中，梁启超遭遇到了西学中重视个体自由和自由竞争的思想，同时他也看到在强调群治精神时可能会触及专制思想的理论困难。如何解决这两个理论困难，构成梁启超中期思想的重点。他一方面倾向于卢梭的民约论，另一方面又倾向于伯伦知理的民族国家主义精神，在两者之间进行最终的调和的是来源于佛教思想的支援。

从宗教性质来总论佛教之于群治功能有一理论基础，即宗教具有思想统一的功能，梁启超 1902 年《论宗教家与哲学家之长短得失》中论宗教之不同哲学的第一点即言无宗教思想则无统一。他说现在世界上众生根器薄弱，不能具有全部成佛的条件，就不可任其群龙无首，必须要依赖一物来统一，才不至于随意竞争，这是梁启超接受西学时对其崇尚自由精神必然会带来弱肉强食的危险而给予的调和方法。那么进行统一的方法中，宗教方法最为重要。因为宗教可以用一无形之物实践其统一的功能，如此的统一功能有其特别的功效：

其遇有不可降之客气也，则此物足以降之；其遇有不可制之私欲也，则此物可以制之；其遇有不可平之党争也，则此物可以平之。[1]

此处所谓客气谓外在的物质上的干扰诱惑或逼迫等。

通过佛教思想来实施群治方法的初步尝试是1902年《论佛教与群治之关系》一文。该文中梁启超首先提出一个问题，群治与信仰的关系，群治是否可以不用信仰之功能，如果采用宗教之信仰功能，又如何避免迷信专制等可能会有的困难。他说如果以教育来替代宗教，他以为虽然这一说法有一定道理，但是他以为当时之中国国情是不适合的。又如果许可救国之用宗教，那么当时的中国最适合何种宗教，梁启超的抉择即是佛教。在此如果问为什么不像康有为那样采纳儒家为宗教的做法呢？梁启超在此严格地区分了教育与宗教，而认为儒家之教只能是教育而不可说是宗教。这里的区别在于儒家思想较少信仰的原因。而西方宗教如基督教则因为与中国国情民俗相隔较大，也不采纳。最终采纳的即是佛教。又梁启超在文中给出六个理由，来论说佛教为当时中国适宜采纳的宗教：

1. 佛教之信仰乃智信而非迷信
2. 佛教之信仰乃兼善而非独善
3. 佛教之信仰乃入世而非厌世
4. 佛教之信仰乃无量而非有限
5. 佛教之信仰乃平等而非平等
6. 佛教之信仰乃自力而非他力

就第一点而言，梁启超以为佛教主张悲智双修，以转迷成悟为修行。佛教所谓的悟并不是仅仅知道有佛信有佛而已，如果不

① 梁启超：《论宗教家与哲学家之长短得失》，《梁启超全集》，第763页。

知佛而自谓信佛，则同谤佛。是故佛教要求信佛者有疑心，由疑入信，其信乃真。而佛陀说法也多为哲理辩证，使人由真智而求真信而已。故而佛教是智信非迷信。在此如果有诘难说义理过于精妙不一定有益于治国，梁启超引希腊学说有益于治国而反驳。又梁启超说明其他宗教信徒是不可以变成教主，而佛教中信徒最终是可以修成佛的，是可以与佛平等的。故而由此又说佛教主智慧之修学，是为智信，非迷信，且有益于治国。梁启超此说甚为允当，但是佛教本身是为智信，但信徒中迷信者却并不为少，梁启超于此亦过于理想。又佛教到底于治国有无益，此尤须论证，如康有为就从事实出发反复说明佛教不利于治国，且从义理上也从本缘部中菩萨多舍国修道的方法上说明佛教本无意于治国。但从大乘佛教看佛果净土之追求，世间净土之难行道，未必就不是佛家治国的义理说明。

就第二点而言，梁启超以为兼爱之义固然是诸教皆有之义。但佛教于此为专为广。这里梁启超从大乘佛教说有一众生不成佛，我誓不成佛之普度众生义出发阐释佛教为博爱之最广泛无量之宗教，这一点梁启超在《子墨子学说》中比较诸教之博爱义时也曾说明，但其早期的思想来源却是在本文。梁启超此处特别强调大小乘的区分，而独倡大乘菩萨行，这也是近代佛教思想的一大特色。梁启超说不通程度的菩萨普度之义则不同：己已得度，回向度他，是为佛行；未能自度，而先度人，是为菩萨发心。梁启超此义观点于小乘教法未免过于苛刻，佛说小乘法也是根据特别根器的众生而说，岂可一概否弃？

就第三点而言，梁启超仍是依据大乘菩萨行而言佛教能汇通世出世法二者。于此梁启超随顺佛说地狱天堂皆为净土之平等义，又复强调入地狱救众生的菩萨行。梁启超说知此义小可救一国，大可度世界。这一点梁启超与康有为的观念同样。

就第四点而言，梁启超比较佛教与基督教、儒家，以为基督教之理想不为究竟。而佛教和儒家说报应者皆较为究竟，他说：佛教专衍魂者也，则曰善不善报诸永劫，为圆满具足。后又引谭嗣同的说法而用仁心扩充义说明佛教之信仰的无量。这里梁启超是从灵魂而言，也就是说从轮回主体而言无限。从其论述来看，当有误解。如说佛教信仰无量，当从佛果之无量广大而言方为妥当，何故从世间轮回之无尽义论无限。且谭嗣同《仁学》中也曾说佛说世间是无始有终，所谓终者即有成佛之究竟而已，即是转识成智之谓也。梁启超毕生对魂之一说坚持不改，直到晚年就五蕴皆空而论无我义时才渐渐打破此固执。

就第五点而言，佛教平等之义即是生佛平等。此一点具体的运用实际是可以运用到具体的等级平等之上。但是也正是在这一点上，关于佛教到底能不能治国的问题发生分歧，康有为认为如果立刻将众生平等，实际是过于高妙，是不能治国的；治国仍旧应当讲究次第，就伦理上而言，爱有等差，施从亲始是次第的重要表现。但梁启超这里却从民主平等之义附会平等之义。而如从佛教而言，其实也是认为众生平等是就成佛可能性上而言，但就具体的世间或修行上而言，仍旧是有等次差别的，故而佛教也相当重视修行的等级和次第，并不是绝对全面地固执地执行平等制度，故而说平等当从佛性上和理想上而言，不可绝对化。

就第六点自力他力的关系而论，梁启超首先也说佛教未尝不言他力，但他认为这只是针对小乘根器而言，如从大乘而言则不言，此说稍有极端，如大乘念佛往生净土，岂能舍他力？梁启超论说自力之重要是从因果报应来说明，分个体和群体两个次第进行说明。就个体而言，自造业自受报，是则当自力造善业，然后可以受报善果，乃是佛果；就群体而言，器世间之共有，亦是众生共业所造，故众生不可避免，且有一众生不成佛者，我则不得成佛，如果我要成佛，则必当先度他众生，个体无有独自先成佛的可能，唯有将来同成佛。故而从群体而言，也应当急造宏大之善因。梁启超这个说法还是有些极端。

从上述六个方面总结起来看，梁启超的论述涉及佛教信仰、理想和方法三个大的方面，其基本观点都比较符合佛教义理，个别观点稍显极端。其论证中也并未特别地突出佛教与治国可能性的相契处，但如果就群治功能而言，则有合理之处。

又同一时期梁启超所作的《论小说与群治之关系》，虽是论文学与群治之关系，但其中论述却是从佛教角度而来。其中论小说支配人道有四种力：熏、浸、刺、提。梁启超论述此四种力皆是从佛教中善恶熏习之义而论。如其说熏力，即引《楞伽经》迷智为识，转识成智皆依此力。此说是指真如熏习无明。其说一人读小说，于不知不觉之中为书中观念所熏习，刹那刹那，相续相续，为小说中境界熏习成种子，种子他日因触受而成长，复熏他人，则一切器世间有情世间得以成。其论浸力，则说浸润在时空之中，人与之俱化，如同佛从菩提树下起而说华严一大部。其说刺力即是刺激之义，如果说浸之力是渐修，那么刺激之力则是顿修。刺使人于一刹那，忽起异感而自制，犹如禅宗的棒喝，都是用刺激力来度人。最后说提，如果前面三力都是他力，那么提则是自力，自内而脱之使出，实是佛法中的最上乘。梁启超譬喻说读小说时，觉此身已非我有，截然去此界以入于彼界，所谓华严楼阁，帝网重重，一毛孔中万亿莲花，一弹指顷百千浩劫。此处梁启超类似文学理论中的认同效果，读者认同于书中主人公及其世界，故其说读者化身为释迦孔子。其以为此为度世之不二法门。综合梁启超所说之四力皆从佛法修证教学而论，是佛教为群治之法的另一力证。

《新民说》中论群治方法为合群，提出两点说明：一说当有公共观念，二对外之界说要分明。所谓要有公共观念，梁启超的意思是人就本质上而言是不得不群体生活，因为一身之所需求，非独力所能给予，又一身之苦痛急难，非独力所能捍，故而人必定需要群居。由此人必须要有公共的观念。但是如果就此而言人的公共观念是本能所有，也并不确然，因为人有公利益和私利益的冲突，往往牺牲公利益而保全私利益。故而还是需要公共观念的提醒。所谓对外界说要分明，这是就竞争而言。但凡有群，必有竞争之敌，由此群体之间则内吾群外他群。每一个个体或小群体固然都希望能获得利益而排斥他者，于此则需要对外界说分明，确定清楚独立主权所限。梁启超此说仍旧是本着独立自主的自由而论及主体的保护。将此群的观念稍稍扩大也就是该书中所说之国家精神，由此该书论述国家精神之群治需要有四点：一曰对于一身而知有国家，二曰对于朝廷而知有国家，三曰对于外族而知有国家，四曰对于世界而知有国家。

1902 年《新史学》说旧史学之缺点第二点说知有个人而不知有群体，其主旨亦是反说当有群体之观念。夫所贵乎史者，贵其能叙一群人相交涉相竞争相团结之道，能述一群人所以休养生息同体进化之状，使后之读者爱其群，善其群之心油然而生焉。

此是从纵向的精神性上说明群与公之观念作为思想精神的重

要性，其功能即是能激发个体生发群体协和共同努力的观念和行为。

从共时的角度来说明救世救国或者人生修养的方法，除了从一个整体系统的角度说明群治方法外，还有就群体之间的对比汇通方法。这种方法有的时候，梁启超未必就理论上专门地说明，但是其实践却即是如此。这里所谓的群体之间，是说个体形成一定的组织之后，就构成了一个群体性的整体，例如公民等组成国家这一整体形式。但是国家并不是最大的整体，一国之外还有国家，于是国家之间固然还可以形成更大的组织，但就目前来说，比各个国家更大的组织并没有达到，那么国家之间的交流汇通就成为必然。如此，梁启超从共时的角度讨论救世方法也就主要变成群体、个体关系的大讨论。如果说群治方法讨论的正是群体个体之间关系的话，那么比较汇通的方法所讨论的正是个体之间的关系，也是作为个体的群体之间的关系。

梁启超所比较汇通的主要即是救国方法本身，在早期，梁启超等维新派人士寻求救国方法时，主要想取法于国外先进的变法强国之道，那么在这其中就有关于救国之道的比较和汇通，如中国传统的儒家治国之道与西方现代治国之路的比较，如《变法通议》即梁启超论传统治国之道与现代治国之路的比较之作，又如早期《论中国宜讲求法律之学》即就中国之国情与现代法律制度的比较，《论报馆有益于国事》是就中国之政治状况与现代报纸舆论制度的比较。中期流亡海外之后，梁启超更是因为置身海外而广泛地接触到中西方各种治国思想的强烈碰撞，针对此种情况，比较研究各种救国治国之道更是迫在眉睫的需求。梁启超于此就西方进化论思想、民主政治思想、宗教思想与中国传统治国思想全面地进行比较研究，也就西方治国思想内部各种流派进行比较研究，还就各种具体的军事、经济、交通等关系国计民生的制度进行了深入而全面的比较研究。在此中如就传统儒家与西方宗教思想的比较研究、如就佛教与其他宗教思想的比较、如就西方功利主义思想与西方自由主义思想的比较、西方精神主义思想与中国传统天道思想的比较等等。又于其中就西方功利主义进化论思想与理性主义自由主义思想之间的矛盾而进行比较汇通，而在此汇通之中，中国传统思想和佛教思想则给予此汇通以基础的汇通思想框架。晚年梁启超息影政坛转而专注传统思想文化的弘扬，但这并不意味着梁启超不再关注西方文化、现代文化，而是说梁启超此时则以弘扬中国传统文化为主，将西方文化、现代文化以及佛教思想文化等等统统融为一体，于此诸种思想文化中梁启超认为各种思想文化都有其优劣之处，只有将之放置在平等自由的比较汇通平台上才能发挥其特长，又梁启超在汇通此诸种思想文化的时候以佛教思想文化为基础融会贯通其他各种思想文化，并将思想运用从救国治国的片面上转向思想文化道德及人生观上，梁启超将思想的比较汇通更加深入圆融。可以说梁启超毕生的思想实践，即是比较汇通的实践，而在这其中对佛教思想的关注则贯穿始终。如果说早期梁启超关注佛教思想还仅仅是追随其他思想家而人云亦云的话，那么从流亡日本开始，梁启超开始接触到日本精神主义佛教，进而他开始以此思想而尝试汇通诸种思想文化。至晚年，梁启超则以佛教思想框架全面地汇通诸教，并将之融合付诸实践之中，而不仅仅是理论上的说明。梁启超晚年佛教史创作的尝试虽然没有彻底完成，但其主要思想企图已经显示出来了。梁启超说过佛教并不完全是中国传统的思想文化，但是佛教却又是中国传统文化，在梁启超的观念中，佛教思想几乎是其思想的理想化身。这是因为佛教思想之深远广大使得其在纵横两个方面无比自由地变幻发挥：就纵向的发展而言，佛教思想可以随顺各种历史时势的变化而保持其本质的思想；就横向的传播而言，佛教思想可以适应各个地域民族国家的特殊国情民俗而施设适应不同根器的教化。佛教思想文化既有对比又有汇通，既有继承又有变化。佛教思想在适应现代思想文化方面也具有极大的自由空间，梁启超晚年论佛教往往从多方面论述，分别有从宗教、哲学、生理学、心理学、伦理学、科学、艺术、文化、历史以及非学术的个体安身立命之人生观等等方面反复论说，不可谓不详尽全面，如果用梁启超自己的话来说的话，佛教可谓是梁启超心目中思想的思想、文化的文化、精神之精神，是一切思想文化学术的基础和终极理想。

第三节　谭嗣同论救世方法

谭嗣同论救世方法总说即是汇通方法，通的两种含义，一是通了的状态，一种是去通。其中去通即是破除各种不通之对待相隔，道通为一。道通为一即是通之理想，而去通之破除对象相隔即是通之方法，而去通之次第即从破除层次上论述。谭嗣同论破除的层次有好几种，如冲决网罗之九重网罗的层次；学政教三分；破对待的层次；心力挽劫的层次。

天祥《谭嗣同经世佛学的逻辑结构》[1]、李一寒《佛教精神之承继与高扬——谭嗣同的“应用佛学”及其价值取向》[2]、王兴国《谭嗣同与梁启超的应用佛学》[3] 中谈到，佛教思想本即含有世出世两部分，只看弘扬者侧重哪一方面。故而论谭嗣同之佛教思想为经世或应用，即指出谭嗣同佛教思想是侧重在世部分。而侧重在世部分，则无非是侧重佛教思想的社会功能或伦理道德功能及其理论基础，但此理论基础重要的是要突出其侧重世俗在世功用的理由。

一　冲决网罗

所要冲决的网罗上文已经论述，暂说为九重网罗，视其分合，或可说为八重、十重。谭嗣同论冲决网罗之说即是佛学义理中破除有为染法之舍染求净的修行方法。在论述冲决网罗之前，谭嗣同言：

> 窃揣历劫之下，度尽诸苦厄，或更语以今日此土之愚之弱之贫之一切苦，将笑为诳语而不复信，则何可不千一述之，为流涕哀号，强聒不舍，以速其冲决网罗，留作券剂耶？网罗重重，与虚空而无极。[4]

① 天祥：《谭嗣同经世佛学的逻辑结构》，《船山学刊》1989 年第 4 期，第 67—70 页。

② 李一寒：《佛教精神之承继与高扬——谭嗣同的“应用佛学”及其价值取向》，《上海大学学报（社科版）》1993 年第 5 期，第 79—85 页。

③ 王兴国：《谭嗣同与梁启超的应用佛学》，《船山学刊》1997 年第 1 期，第 97—104 页。

④ 谭嗣同：《仁学》，蔡尚思、方行编《谭嗣同全集》，第 290 页。

此段论述稍读即可明了其中所述即是佛教大乘菩萨行入世救苦之义。其中历劫对应于后文论劫运和心力挽劫之说，俱是暗示当时时代下家国危难是为劫难；而度尽苦厄，用大乘菩萨救世度苦之义暗示救国救民之行；网罗重重，与虚空而无极，即是言无明烦恼等无量之义。后文论冲决九重网罗时最后之网罗即是佛法网罗。如果说以佛教为皈依，又何故以佛法为网罗，仍拟冲决呢？这是因为如果习佛而执持佛法不看破者，佛法亦当成为网罗；若能于诸网罗看破而不执持，则网罗亦不成其为网罗了。故而从执持的角度说佛法也是网罗，从性空的角度看，真冲决者网罗亦不成其为网罗，亦未尝冲决网罗。

二　破对待

二十七界说中论述破除对待之方法甚为详尽，但仍旧是抽象的义理说明。谭嗣同首先说明通之理想为通一，要通达于一，则凡对待之词，皆当破除。那么如何破除对待呢？破除对待却不是直接上来就破除，而是迂回地进行。首先是将对待之范畴等参伍错综起来。

> 十八、破对待，当参伍错综其对待。①

参伍错综之方法即是欲擒故纵的方法，要破除对待却不可以直接去破，因为直接去破就有破立、破所破、灭所灭之对待，演变无穷，是无法最终破除的。谭嗣同说当反其道而行之，即将对待变得更加繁多起来，如果能繁多复杂起来，则对待起码也就不

① 谭嗣同：《仁学》，蔡尚思、方行编《谭嗣同全集》，第 292 页。

成其为对待了，故而说：

十九、参伍错综其对待，故迷而不知平等。①

这是因为参伍错综了之后，就诞生了混乱的局面，故而说迷；但在此迷混之局面中或许亦会产生强大力量而统率其他形成一个新的主权体系，因而就会形成不平等的现状，即便不会形成稳定的系统，多重的对待之间也会产生混乱而不平等的对待状况。故而总说不知平等，又因不知平等而更加迷，迷上增迷。但正是在此对待混乱之中蕴含着平等之可能，故说：

二十、参伍错综其对待，然后平等。②

此说并不是说参伍错综之后即是平等，而是说错综之后有平等之可能，故说然后才得平等。那么如何才能最终平等。

二一、无对待，然后平等。

二二、无无，然后平等。③

谭嗣同说首先是无对待，此处谭嗣同说得极是简洁，并未就具体方法上有所指示，这固然是因为二十七界说是纲领性的说明，并不需要详尽说明。但从谭嗣同的论述以及后文的说明来看，即是佛教有无俱遣的方法，无对待即遣有，无无即遣无。而所谓有无俱遣从佛教来看无非仍旧是止观修行，既舍染求净，亦更进一步地不执着于净法本身，而以性空为究竟，亦复性空不碍因缘幻有。故总说无对待、无无，然后皆是平等。

① 谭嗣同：《仁学》，蔡尚思、方行编《谭嗣同全集》，第292页。
② 同上。
③ 同上。

三　具体政治方法等

谭嗣同论救世之方法总以学政教三者为结构，而其中含摄佛教思想者以学教二部分为重，政治制度部分多涉及具体的政治制度改革构想，故而即便其中间接涉及佛教思想，也过于遥远间隔。但为结构之完整，此处备录而已。

第二十一节中谭嗣同论述俭奢之辩证关系，其义为说中国古来多尚俭，但俭实有害，因其不思实业开发增长财富之故，终必无所施济，困人困己。又进而必导致奴役众生而以养一人而已，故而谭嗣同说俭之方略起始是为人后则祸害人我乃至家国。总结言：故私天下者尚俭，其财偏以壅，壅故乱；公天下者尚奢，其财均以流，流故平。故而于第二十二节中特提出尚奢之方法，其论尚奢，是从富国强民之义而出发，强调开发实业、增广通商，广聚财富。又从通之根本上论通商之必要，说：

> 夫仁者，通人我之谓也；通商仅通之一端，其得失已较然明白若此。故莫仁于通，莫不仁于不通。①

又于通商之后谭嗣同论及惜时之义，其论惜时是从论佛教生灭之义而来，而其论惜时又是将此义理具体运用到通商制造增长财富上而言的。谭嗣同认为增长财富、增加国力等俱与时间有关，其所谓惜时即是效率之谓，故而其论通商、机器、交通、电力、通讯等等，皆是就提高效率而创造更大财富之谓。

---

① 谭嗣同：《仁学》，蔡尚思、方行编《谭嗣同全集》，第328页。

> 宣尼大智，至七十而从心；善财凡夫，乃一生而证果。然则惜时之义，极之成佛成圣而莫能外。①

此处以孔子和善财一生成就的典故策励人惜时，即是佛家所谓勇猛精进之义。故而后言成佛成圣莫不惜时。

上文是特就经济上而言，若专就政治上而言，谭嗣同则以批判君主专制而强调民主为其政治思想。如第三十一节批判君统之制，提倡真正的共举而反对死君死节。第三十四节中则明确论及维新变法及民主之义。第三十七节中又论及伦理上尤其要反对名教之纲常，而论伦理平等，以朋友平等关系为典范。除此之外，第三十五、三十六节中论国家之中要重视军事、要重视处理游兵散勇等具体军事事务。而第四十四节中则广论铁路交通之重要性，且谈及当时热门话题之欧亚大铁路。论述交通也是根据于思想上通的精神，与通商方法同一意趣。而第四十六节中谭嗣同论及食物之进化说将来科技进步必有他法可以不全依靠农业而供应人之食用，又医学也可以进步，而使人不必通过食用食物也可以延续生命等等。

四　心力挽劫

李向平《救世与救心》中突出谭嗣同救世方法之心力挽劫，其中论仁识合一具有突破。其他还有，黄艺农《试论佛学心学

① 谭嗣同：《仁学》，蔡尚思、方行编《谭嗣同全集》，第 329 页。

及浙东学派对谭嗣同的影响》[①]，高瑞泉《谭嗣同“心力”说初探》[②]，张锡勤《对近代“心力”说的再评析》[③]，刘伟、王利民《论谭嗣同的“心力”说》[④]，胡建《谭嗣同“心力说”的原创性价值》[⑤]。黄艺农之文所谓浙东学派即是宋明理学中偏向心学一派，其思想本受佛教思想影响甚大，故而黄文所论即是论谭之佛教思想儒佛结合的问题。高文和刘文皆从唯意志论的角度理解和评述谭嗣同心力之说，以为心力功用主在历史和道德两方面，但也有过度夸大主观力量的不足；而张文和胡文则从心力说对传统力量之冲击而论其历史地位，具有同情性理解谭之思想的色彩。心力挽劫包括三个部分：原理部分、工具部分、实践部分。今简述之。

首先论述原理部分。心力是对应于机心而来，机心即人心之机械化，即嫉妒、猜忌、自私、害他等之机心，而心力同样是心识之力量，是对治机心之心力力量，故而说为心力。但不管是机心还是心力都是有为法，是心识法，两者即是对治关系，即有相待之关系，进而有相成之关系，如此虽然说心力能对治机心，但毕竟心力也是有为法，最终也是要断除的；再者如果用心力对治机心岂不是更加深陷于有法之中？最后，对治力量与被对治力量

---

① 黄艺农：《试论佛学心学及浙东学派对谭嗣同的影响》，《求索》1983 年第 5 期，第 57—60 页。

② 高瑞泉：《谭嗣同“心力”说初探》，《文史哲》1990 年第 6 期，第 34—40 页。

③ 张锡勤：《对近代“心力”说的再评析》，《哲学研究》2000 年第 3 期，第 57—63 页。

④ 刘伟、王利民：《论谭嗣同的“心力”说》，《株洲师范高等专科学校学报》2001 年 8 月，第 20—23 页。

⑤ 胡建：《谭嗣同“心力说”的原创性价值》，《浙江学刊》2005 年第 3 期，第 39—44 页。

彼此反复增长，岂有断灭无余之日？故而谭嗣同设问曰：持以平机心之心力，转而化为机心。以机愈机，轴轮双转，助劫而已，焉能挽劫哉？谭嗣同先举一例说明，见到一个用机心的人，此处是从单个个体而言，如何从此个体用机心之人过渡到众生用心力挽救全体之劫难？只有从个体开始，先就个体去除机心开始，在一个体去除机心时，又须重发一慈悲之念，这里是以慈悲之念去除机心，也就是说心力之根本实际即是慈悲。以慈悲而破除机心之理，实际是建立在个体与群体的辩证转换理论上。因个体发了慈悲之念，故而不再觉得他人之有机心，他人的机心被我所忘记后，渐渐也能忘记自身的机心。这是因为没有了外在的刺激诱惑等，自身的机心也就不被激发起来。谭嗣同所说为一般经验之论，当是以利他之行而渐渐破除利己之心，进而破除我见我执之义。其中也有对舍染求净之修行方法的借鉴。总体而言，此法是由群体之力和个体之力互相关系及力量来求得破除机心，挽求劫难。从群体的角度而言，谭嗣同说如要能使得心力骤增，有一方便方法，即是开一讲心的学派，专治佛家所谓的原理，这也是西方所谓心理学的治疗作用。谭嗣同此处所谓的讲求心的学派，并未完全就佛学之客观研究上而论，而是就心理学之治病的实践上而论，而实践也不是就佛教义理而言，而是就愿力而论。可见其所谓愿力即是发慈悲之念的意思，也就是发心之谓。如此也就切入佛教修行方法之中，佛教修行方法讲究信解行之次第，而信愿二者即是最初之发心信仰。而从大乘来说，发心即是发菩提心，也可以说上求菩提下化众生之大愿，其中下化众生中即含慈悲之心。故而后文直言：心力之实体，莫大于慈悲。如此则当知心力对治机心的方法之原理，即是以有为净法对治有为染法之方便方法。谭嗣同又说，开创学派有难不难之谓，但其中皆含摄个体和群体之心力。其中所谓群体之心力，即合众人之心力；所谓个体之心力，即各教教主之一意孤行之大愿悲行。谭嗣同此处并论个体群体，实即是含摄了上求菩提下化众生之二者，此二者缺一不可，如徒有众生之心力，而无佛菩萨之发愿护持，则众生亦难以成就或无由修行；若仅有佛菩萨或教主之心力，而众生无此心力，则仅成就一二个体，亦无甚价值。谭嗣同总结说从义理上言，心力之实体莫大于慈悲。而有慈悲则视人我平等，而我则无畏。此处以慈悲和无畏并言，言对他则慈悲，对自己则无畏。故而言：无畏有五，非慈悲无以造之。其中无畏即勇猛之别说。

其次论心力挽劫之工具，也就是心力之具体变现。也就是前文所言之十八凹凸力。

> 心力可见否？曰：人之所赖以办事者是也。吾无以状之，以力学家凹凸力之状状之。愈能办事者，其凹凸力愈大；无是力，即不能办事，凹凸方一奋动，有挽强持满，不得不发之势，虽千万人，未或能遏之而改其方向者也。①

此处是即用显体，心力本身为超越感官，不可见；但可就运用上而推度其存有。也就是说只能从实际办事的力用上推度总力为心力。心力即唯心之理。十八凹凸力之运用列图如下：

永力	性久不变，如张弓然	此力从可能性上言，为总说
反力	忽然全变，如弛弓然	此力从修学开悟的截然转变上言，亦为总说

① 谭嗣同：《仁学》，蔡尚思、方行编《谭嗣同全集》，第 363 页。

续

摄力	挽之使近，如右手控弦然	摄力和拒力是从近因远因上言，是为对待
拒力	推之使远，如左手持弓然	
总力	能任群重，如杠杆之倚燕然	总力和折力是从综合和分析上言，也是一对
折力	能分条段，如尖劈之斜面然	
转力	互易不穷，如滑车然	此就对待之破除可能性上言
锐力	曲而能入，如螺丝然	此力功能上谓曲而切入，实与二十七界说中错综功能有关，但不明确
速力	往来飞疾，如鼓琴而弦顶然	速力和韧力二者也是一组对待之力，对应于修学中渐修和顿悟二者
韧力	阻制驰散，如游丝之节动然	
拧力	两矫相违，如绞网而成绳然	拧力类上转力，俱就二力之对待破除而言
超力	一瞬即过，如屈钢条而使跃然	超力类反力，但反力就修学开始言，超力就修学效果言
钩力	逆探至隐，如饵钓鱼，时禽时纵然	此力就修学之深层言
激力	虽异争起，如风鼓浪，乍生乍灭然	激发之谓
弹力	骤起击压，无坚不摧，如弩括突矢，突矢贯札然	类上激力

续

决力	临机立断，自残不恤，如剑锋直陷，剑身亦折然	决断之力。上三力皆就修学之意志力论
偏力	不低即昂，不令相平，所以居己于重也，如碓杵然	偏平二力就修学中用力对象而言，有偏重一方，有平衡对方之谓
平力	不低不昂，适剂其平，所以息物之争也，如悬衡然	

再者，论心力挽劫之实践。若从佛家方法而言，无非止观二者，谭嗣同亦认同静坐修定修观之法，且其也有静坐之经验。《仁学》中描绘其论静坐中所见境界颇有意味。

> 吾每于静中自观，见脑气之动，其色甚白，其光灿烂，其微如丝，其体纡曲缭绕。其动决：长短多寡有无，屡变不定，而疾速不可名言，如云中之电，无几微之不肖。信乎脑即电也。吾初意以为无法之动，继乃知不然。当其万念澄澈，静伏而不可见；偶萌一念，电象即呈，念念不息，其动不止。易为他念，动亦大异，愈念愈异，积之至繁，即又淆浊不复成象矣。于其异念则异动，因知动法皆摹拟乎念，某念即某式，某念变某式，必为有法之动，且有一定之比例。惜其理至赜，牵涉万端，为时太暂，不容一瞬，虽欲详考，其道无由。昔天文家误以天王、海王二星为无法之动，久始察知其外摄力正杂，运行易致参差。然统计众轨道之全体，仍可驭之入算，列之成图，非无法也。脑气之动，殆正类此。①

① 谭嗣同：《仁学》，蔡尚思、方行编《谭嗣同全集》，第364页。

此处言静坐中所见之境界，有白色气体流动之相，若以佛教静坐之理，当是未到地定中所见境界。但此事甚难判断，亦不可凭此片段之言妄加论断。谭嗣同在此主要想说明的是其静坐所见景象有一定规律可言而已。其变化规律首先是只要一动念，即有相之呈现，动则不止。此说为是。动念繁复之后，于中乃有比例可言，但因变化迅速，难以说明而已。从谭嗣同这个描述来看，可见谭嗣同之静坐中亦有观念之行，对应止观而言，即是修观。总论止观则为修学方法，即是心力挽劫之正说。

由此谭嗣同从大小脑体用之分对应八识之四分，此义前文已言。在此理论基础上，论说断识之次第为：

> 夫断识本有定序，先意识而后执识，先我执而后法执。①

若颠倒此顺序，则成无法之动，所谓无法之动即是乱相。如睡梦，其因是：

> 睡梦者，乃其平日前五识所受之染，深锲其体质品状于大脑之藏识，而小脑司其启闭，使布列井井，条理咸备。法执苟断，是断其小脑之半，故梦中未尝不知有我，以我执犹在也。意识渐从藏识中发露，一一复呈所染于前五识，恍然犹前五识重与之接，因而成梦。其实前五识为小脑之用，小脑既断，则是前五识已断矣。然辄迷离谬悠，凑泊无理，几能别自创造一世界，则以无次第整齐之法执也。②

① 谭嗣同：《仁学》，蔡尚思、方行编《谭嗣同全集》，第364页。
② 同上，第364—365页。

此说梦之形成原理，其说梦本即是佛家常用譬喻，梦境即是人生现象之譬喻。而成梦之因即是五识所染，熏习于藏识之中，又因睡觉之中，法执不现，但我执仍在，故而从藏识中发露，呈现为五识之相，因而成梦。因小脑主藏识中发露之关键，而睡觉中小脑功能不行，故而藏识所发露之相成乱相。若论无梦之类，则有多种，其因不一：

> 是以孩提无梦，智识未盛也。愚人无梦，藏识不灵也。至人亦无梦，前五识不受染也。①

此说四种情况：儿童无梦是因智识未盛，智识是就意识而言，智识不盛，则熏习之能不全，无法成梦；愚人无梦，是藏识不灵，因藏识不灵则摄藏之能不行，故而无法成梦；圣人前无识无染，故染习不成，终究无法成梦。圣人与婴儿无梦皆因熏习不同，但理由不同，婴儿熏习不成是因意识功能不全之故，圣人则是功能有在，但为净法功能，不受染法熏习而已。从此义上论也可以说圣人如赤子之心，此为谭嗣同暗含之义。

由此正反论说，可见其中意识最为重要，因为意识是种现变现的关键所在，故而谭嗣同说成就梦等染法之相，为意识未断；而要断识或转识成智，则首要是为断意识。

> 夫脑气动法，既万有不齐，意识乘之，纷纭而起。人与人，地与地，时与时，事与事，无所往而不异，则人我安得有相通之理？凹凸力之为害，即意识之为害也。今求通之，必断意识；欲断意识，必自改其脑气之动法。外绝牵引，内

① 谭嗣同：《仁学》，蔡尚思、方行编《谭嗣同全集》，第365页。

> 归易简，简之又简，以至于无，斯意识断矣。意识断，则我相除；我相除，则异同泯；异同泯，则平等出；至于平等，则洞澈彼此，一尘不隔，为通人我之极致矣。[①]

脑气之动本有法，但意识乘之，则人我相隔不通，又凹凸力即是意识之功用变现而已。因其依止染法根本，故而意识在此为害。故而总说先要断意识，意识断，则不通之中根本人我隔被破除，则我相除，平等出。此说即是破除我执之义，平等即是人我通之义。心力挽劫之方法即是破除我执、破除人我对待相隔之法，即是转识成智之佛教修行之法，即是止观之法，即是舍染求净之法，总说即是去通之法。

五　总论通

谭嗣同是从一种"相偶"之义而开始其《仁学》的思考的。相偶一词有两层意思：第一层意思是有两物并置而在；第二层是两物之统一义；且这两层意思之间同样是相偶的关系，类似常说的矛盾双方的对立统一，可以称之为相偶的开合分闭。全部《仁学》就是在各种层次各种结构各种样态中描述相偶的开合的，从而相偶之开合也就是《仁学》的全部叙述和论证。相偶之开分，因处于不同的层次结构样态而有不同的名称，其中最常见的名称是对待分别；相偶之闭合也同样拥有众多不同的名称，其中最常见的名称是一或通（状态义）。相偶之开分因闭合而开分，反之，相偶之闭合因开分而闭合。从而对待分别之叙述因一

① 谭嗣同：《仁学》，蔡尚思、方行编《谭嗣同全集》，第365页。

而获得，反之，一之叙述因分别对待而获得。但对待分别和一之间并不立刻就可以获得换转，而必须经过一系列层层推进的转换，才可以最终地获得彻底的相偶的纯粹的呈现。这一过程因不同阶段不同譬喻也具有多种名称，常见就是通（动作义），而别的名称则为诸如破除（对待）、日新、转识成智、冲决、挽劫等。

所要通的对待分别是繁芜杂多的，是广大无量的，而通本身也不可能漫无目的、漫无秩序地胡乱地通，如果是这样的话，那就不是通了；另一方面通过加强对待分别的量和强度以便最终实现通一，也是一种手段；但就一般而言，要通首先是要将所需通的分别对待做一个梳理，以便有秩序地逐步进行通，而对分别对待做梳理这本身就已经是一种通，只不过是一种初级的粗浅的通而已，由此也首次彰明对待分别之叙述因一而获得，反之，一之叙述因分别对待而获得。为方便理解，谭嗣同对对待分别做了多种不同的梳理方案。

在自叙中他在冲决罗网的名义下将破除分别对待描述为八个递进的阶段，那么与之相应的分别对待自然也就有八个阶段，这八个阶段分别是：利禄之罗网、俗学若考据若词章之罗网、全球群学之罗网、君主之罗网、伦常之罗网、天之罗网、全球群教之罗网、佛法之罗网，共八个罗网，若将其中考据词章一分为二罗网的话，则九罗网，故有人也总结为九罗网之说。又界说中三、四两条他又通过界说通的含义，而将通界说为两大类，四小类：

三、通之义，以“道通为一”为最浑括。

四、通有四义：中外通，多取其义于《春秋》，以太平世远近大小若．一故也；上下通，男安内外通，多取其义于

《易》，以阳下阴吉、阴下阳吝、泰否之类故也；人我通，多取其义于佛经，以“无人相，无我相”故也。

又第41则笔记中他从分别对待所处的实际领域的角度又将其描述为三大处：学、政、教。

若检点全文，依学、政、教三类而分，对应全文零碎所论各类实际问题，可列举如下：

自然（学）：生物、物理、化学、宇宙

社会（政）：主体之间（人我、家国、国际、中外、古今、君臣、君民等）社会系统、制度方面

主体实践：生产、机器生产、工商业、交通、通讯等

主体历史文化：习俗等

主体意识：伦理、人性等

精神（教）：三教的汇通，还包括诸如格致之学，墨子、庄子、荀子、王夫之等等方面的汇通

从以上来分析八罗网的分类，可见：学可摄一至三罗网，政可摄四五二罗网，教可摄余三罗网。又来看界说中一通四义之说，可见：一通为总说，四义为分别说，中外通可应学，上下男女通可应政，人我通可应教，但这是大概而应，因为一通四义之分别是从简易的形态以及思想来源而梳理的，当与所通之对待对应时，势必会发生不一一对应的情况，所以这个对应只是就大概的意义而言，但并无遗漏。

今依一通四义之精神，检点全文，详加分辨，依据形态，重加梳理，分列如下：

一一对待之通：相容不相容：指物体空间的共存与否

转换不转换：指物体自他关系之差别
平等不平等：指物体属性之差别
交换不交换：指物体所有能否交换有无
（参伍错综：由一一对待递进到一多分别）

一多分别之通：从多向一：空间性的一：从部分到整体
由个性到共性
时间性的一：执断而持存
执常而绵延
系统性的一：系统核心之一
系统传输之流畅
从一向多：空间性的一：质点，分剂
时间性的一：念念相续
（无始有终：由一多分别递进到微生灭之虚实分别）

微生灭幻实分别之通：由空间性而递进到一多相容
有时间性而递进到三世一时
（由所执之幻实分别二边而递进到执之有无）

有无：执与无执之通（回转到相偶性之原始状态）

此即为就形态而言全文所涉对待分别及其通一之总表，后文论述将依次次第而逐一递进论述。已说分别对待之形态差别，今说分别对待之因。

谭嗣同《仁学》论叙分别对待及其通一是从实际事物如保国保教，变革维新而出发，所以并未就其成因及其破除之法而明确分别论叙，但已混含其中，今将一一剖离而转述。分别对待之成因本是和破除对待之法联合在一处而论叙的。因欲破除对待，必先寻觅其所成之因，从而破之，方为对症下药。破除对待之法，上亦说明为通，然以何而通，尚未说明。又进而须知对待分别因何不通，亦须说明。此皆以力而得以说明论叙。《仁学》全篇，讲述到力之处多达一百多种，所述力之种类亦多达四十多种，尤以第45则笔记中论述十八种凹凸力为最。由力而论通，则可反观不通之分别对待实为构成力之不通之碍、之障、之断、之塞、之拥。说碍说障，是从力实际造成的效果状态而言的。

但因论叙对待分别之因及破除对待分别之法实际是借鉴佛教学说中因果之说而论的，则成因即是因缘二者，而所通之一实即为果。由此而采用染净二种因果序列。以构成分别对待而论即是染因果之序列，而成就通一之果即是净因果之序列。但此两者不可截然而分，因为一果往往在特定阶段之中是果，但到下一阶段之中又成为一因，而反之，一因就上一阶段而言也就是一果。所以，染净序列并非截然而分的，而是错综复杂的，循环增进的。而力本于此，亦是如此。就力所造成的效果而言，是为果，但是到了下一阶段则就成为力，所以这个效果另一方面也就是一种力，能力、潜力，而待其真正发挥出通之力的时候，就成为动力，因力之力用了。是故总论对待分别之成因和破除对待分别之法皆是借力使力而通之。对待分别之成因因各个阶段层次不同也同样有各种不同的名称，如乱、切、私、借名、大力、颠倒、无明、泥（于体魄）等等，但都可以通称之为执，并由之不同含义而可以对应于对待分别之四个阶段，今通称之为四执，现将四执与四对待分别对应如下：

一一对待——执己斥人

一多对待——执持不舍

微生灭幻实分别——执幻为实

有无对待——执与无执

至于对治之力，其形态随所对应之分别对待及其成因而亦呈现出多样的形态，无法一一对应，这是因为众多破执通一的情况有时是一力作用，有时是多力作用。但就涉及的因素大概可以提及，以便后文详说之时运用。首先是就力之隐显而言，有动力和能力之分；就力之多寡作用而言，有一力多力之分；就力之方向而言，有去来吸斥二方向；就力之内外而言，有内外自他之分；就力的强度而言，有大小之分；就单一直线单向之力对单一对象而言，依其效果而言又有推不动、推动、分裂、贯穿等之多种。而执持之障碍，若就力而言，实际也是一种对抗之力而已，或者称之为阻力，此就其相对于外力而言，若对内而言，仍然可称之为执；但若对其内之多分，所谓执却又是一种爱力、合力了。此俱在力之显隐之中，然需依次增进而言，方可彻底发明力用全局。

已说对待分别四阶段及其四成因即四执，亦已略说破除之法谓通及所通之果之境界为一，下文即循此次第，逐一递进详说对待分别之如何通一，亦即相偶之开合分闭之增进开合之论叙。

（一）一一对待及其通

对待分别之通一有四重增进的阶段，一一对待为第一个阶段，乃是就多之中对待之两两物事之间论其对待及其通一，待两两之对待可通之后，方可进而论述多向一之通，又待其通一之后，复又论述所通之一中又有微生灭之分别对待，又复将之通一，后进而论其所通之一中复有有无之对待分别，进而又复论其之通一。是故并非说余三阶段就无有一一对待。又第一阶段所言对待之两两物事之一一，并非余三阶段所通之一，既非由多向一所通之一，也非由一向多所通之一，更非微生灭及有无所通之一。第一阶段所言之一，乃是就名上所言之一，也就是一般所言之事物个体之一。换言之，破除对待分别是从日常生活之普通经验认识而开始的，这是一个论述的次第的方便。

既言事物个体，那就暗含了就事物存在之时空性、个体性、属性以及事物所占有四层含义上而论叙事物个体存在在自他关系上之相对独立性。此种存在之相对独立性即是上文所说之执己斥人，亦由执己斥人，执我斥他而成就事物之间两两对待分别。现分列如下，后逐一转述：

事物的时空性存在自他对待——不相融
事物的自性存在自他对待　——不肯转换
事物的属性之间的对待　　——不平等的
事物的所有性存在自他对待——不交换有无

现逐一简略说明：

(1) 事物的时空性存在自他对待。这一种对待是说事物占据一定的时间和空间，尤其是空间，并执持这一空间性的自我存在界限，从而无法腾挪出另外的空间来容纳其他事物，又事物占据一定的时间，并执持这一时间性的自我存在界限，从而无法腾挪出另外的时间来容纳其他事物；其不光不能腾挪其他的时空来容纳其他的事物，即便是事物两两并置存在的情况下，事物之间也有相互侵损的可能及惧怕此种侵损而产生的保护性的行为，并由此而更加执持于自我的时空性存在界限，这种侵损的情况主要是发生在事物的空间运动和时间流逝的情况之中。是故，就事物的静止状态而言，时空性存在自他对待就是不兼容，而就事物运动状态而言，时空性存在自他对待就是侵损和保护两种行为。

（2）事物自性存在自他对待。事物基于时空性自我存在界限，执持此自我存在的界限则成就事物自性存在，保持事物不变自性以区别于其他事物，其主要表现为事物之间不可任意转换，甲事物之为甲事物不可为乙事物，乙事物之为乙事物不可为丙事物，如此增进，而不混乱，类佛教中说法谓轨持。又事物两两之间就自性存在亦有相互侵损的可能及惧怕此种侵损而产生的保护性行为，并因此而转更支持自身自性存在。此种情况多发生在事物之间的相互影响之中，事物自身复因各种因缘条件而产生运动变化，致使自性存在发生显或不显之变化。是故，事物自性存在自他对待是对事物时空性存在自他对待的进一步概括抽象，因事物时空性存在自他之不兼容，故而可知事物自性存在自他对待可为不可转换。不可转换首先是说事物自性不可变化，其次言事物自性之间不可相互转换。此类可量变而尚未及质变。

（3）事物属性之间的对待。事物自性存在是就事物建立于时空性存在上而言其相对于其他事物的相对独立性，而事物属性存在则反之，是就事物基于时空性存在上而言事物之间的同性差别。此即事物间异同性差别，相异性为事物自性存在，而同性为事物之间的相属性，又事物可以转比于众多事物，故而呈现不同属性，因相比之参考系之多样差别，而呈现所比事物之属性多样差别，是故事物属性间之多样差别是为事物属性间之对待，又可见事物属性差别乃是建立在事物是自性存在差别之上的，因事物属性为一事物之同于他事物之共同性质，而他事物因自性存在差别，致使此事物之属性辗转增多且多样差别。因他事物之自性存在自他对待，致使此事物之属性间成就差别对待。又若以事物自性差别为质上的对待，则此事物属性间对待为进一步说明量之间的对待。如事物长短大小前后方所光色多少等等之差别，既有事物两两间之属性对待，也有一事物之各属性间之对待，复有一事物相比于多事物而成就之属性差别对待，凡此种种俱是属性差别之对待，是故通称之为不平等，乃就量上的差别而言。

（4）事物所有性存在自他对待。上三种对待若综合起来，既许可事物有一定的时空性兼容，又许可事物自性属性上存在而有对待，则成就事物既保持自性相对独立性，又可占有一定他事物，在此基础上而有事物与他事物之间有更进一层之对待，即为事物所有性的对待。因事物亦占有一定事物且支持占有之自性界限，则事物间之对待呈现为所占有之事物的不能流通交换。类集合之间的时空性存在，自性存在和属性存在之自他对待。此对待已由一一对待增进至一定程度的多之间的对待，但因自性界限仍然存在，是故仍属一一对待之范畴，亦可称之为多多对待，只不过此多仍呈现为一之自性统一状态。事物所有性存在自他对待除了仍然拥有上述三种对待形态之外，还拥有自身殊特的对待形态，即所占有事物之交通有无的对待。

已详说四重一一对待之形态，今更言此四重对待之成因及其破除之法，因对待之成因和破除之法俱是借力而论叙，是故联此两者合而说之。四重一一对待虽有形态之别，而论起成因则可以切而通言之，因切字在此有着论叙上的方便性，切字在此有二义：一是切分之义；二是与己相关，为己所感所知之义。

第 7 则笔记中说：

吾悲夫世之妄生分别也，犁然不可以缔合。寐者蘧蘧，乍见一我，对我者皆为人；其机始于一人我，究于所见，无不人我者。见愈小者，见我亦愈切。①

下文恐人误解有人我即是相偶，合于仁道，未足见斥，又借着说：

不相人偶，见我切也，不仁矣，亦以不人。②

又第3则笔记中有一个更加具体的说明：

有物骤然而与吾身相切，吾知为触，重焉，吾知为痒为痛。孰知之，脑知之。③

合此三则笔记可知切实有上述二义，此二义一就对待分别之成因而言，一就对待分别之成就而言。因果合而论之。进一步地切的第二义，相关与我，这并不是简单地完全无关地相关于我、切我，随即被确认为痛、痒、知等。由进而就被发展成另一个词汇：患。这是因为切已经促使人我之一一分别形成，而所分别出来的个体之我就拥有一个自我自性存在的界限了，执持这个界限是通过对待两两之间的运动和影响而愈加明显的，于是就产生了损损和反之惧怕被侵损的保护性行为，至于为什么产生了这种想法，而不是另外的想法，这将是后文的论述无明和颠倒时候的事情。就此阶段而言，患的产生，足以作为一一对待分别的直接原因了。第4则笔记中说：

① 谭嗣同：《仁学》，蔡尚思、方行编《谭嗣同全集》，第298页。
② 同上。
③ 同上，第195页。

> 其时乍见有我，见之力量，遂止于此，而不能通之于人，争夺之患起。[①]

从而可见，从切到患或者更加明确地说从切到止到患就完成了一一对待分别的最终形成，而这恰恰是与一种力的运动相关的，不管是有物与我相切之运动必定受制于某种力量，还是形成保护之患的见之力量，都是和力量相关的。又所患的也可以深入地理解成惧怕一种来自外在的强大力量的冲击、侵损、破坏。从执的角度来说就是执己斥人，所谓执己是就执持自性存在之由见力而止及由此而惧怕力之侵损而起之保护性执持，所谓斥人是侵损之力，此侵损之力在复杂情况下也有因患而起。所以通言之，争夺之患起，其实质就是执己斥人之力用。

因见力和相切之力而产生的一一对待统一称之为为斥力。因力而产生对待分别，同样要因力而获得通一。此处的通一在形态上有四种，即依据对待的四种形态而有四种形态的所通之一：相容、转换、平等、交换。

以力而通一，在一一对待阶段首先是破除对待，在破除对待的基础之上有直接通一个阶段的一的情况，也有辗转而过渡到下一阶段再通一的情况。破除对待并不意味着消除对方，而只意味着消除障碍间隔，就障碍和间隔而言就有破除障碍和弥合间隔两种意味。又从力的角度来说，有从对待双方发出的力，也有同时对对待双方起作用的力。

就兼容来看如何从力来破除对待，首先如果兼容是融合共存于一个更大的空间或者个体之中的话，那么就需要一个合力，将

---

① 谭嗣同：《仁学》，蔡尚思、方行编《谭嗣同全集》，第296页。

双方并置而合置于这个更大的空间或者个体之中；其次就融合于其中一方之中而言，就首先需要一个吸力来吸引对方，而对方也需要有一个消除自身执力的力量，这个有时是一种畏力，畏惧于吸力的一方而忘却自我，然后吸力一方将对方包容涵括，这就是容力了；最后就两者更加复杂的杂合情况而言，就需要一种拧力，使之如同两股绳子一样绞合到一起，当然也可以如同水乳交融一样的状态，这都可以称之为拧力。

就转换的情况来看，这种情况就比较复杂一点，首先就对待双方而言，需要一种反力，或者转力，可以进行转换；这里所谓的反力转力如果进一步运用到抽象的层面，就可以是就事物量变上的增进或者减损，从而构成量变向质变上的跳跃，也可以称之为跳力。再者就单一属性为自性的时候，可以就属性的转变来完成，也就是通过转变参考系和转变观察者的目力等来达到属性的转换，这是就单一属性作为自性而言的。而如果是就一个事物的属性而言，就放到平等之间去讨论了

就平等的情况来看，谭嗣同将这种力直接称之为平力，使得属性齐平的力量，这个说法有着庄子的特色，比如齐物论中间的说法。这就同等属性量上的不平等而言的。其次就对待双方是参考一定的参考系而成就对待，那么同样的要想进行对待双方的转换，只需要转换到别的参考系就可以了，这同样是转力的效应。同时还可以从属性的确定者那里而言，因为属性是参考一定的参考系，但同时也是对于一定的观察者而言的，那么只要这个观察者变换角度变化视线等就可使对待的双方或者转换，这既是转力的表现，也是目力等人的主观感知能力所促使的。

最后就交换有无的情况来看，这种情况是比较综合的情况，

所以涉及了力用也就比较多比较综合，比如锐力，锐力可以刺穿执持双方封闭的界限，从而构成出口；冲決力，也就有这个效果，只不过一个是从外部而言，一个是从内部而言；威力、畏力也可以达到一定的效果，威力是从内而言向外的冲决，而畏力是从内而言放弃内在的执持封闭，以此向内向外二力合作，也可以达到交通有无的结果；助力也可以有一定的相助效果。

上述四种情况主要是就暂时破除对待而言，但破除了对待并不一定就通一了，而只是暂时的通一。况且上述四种破除对待的方式是建立在保存对待双方的存在完整的基础上的，并不是完备的破除方式，也不是完整的通一方式。只是一阶段的破除对待。所以还有另外的情况，第一种情况是在破除双方对待的时候，对某一方的完整存在状况会造成一定的损害，但也可以达成破除对待的效果；第二种情况是虽然不破除某一方的现存完整，但是也不暂时地通一，而是造成一种过渡到下一阶段的状况。那么第一种情况是指将对待中的某一方通过力的冲击，可以是自力也可以是他力而使得这一方分裂成多，因为出现了一多的情况，从而也就间接地破除一一对待的情况，但是却没有达到暂时的通一；第二种情况是说，并不分裂任何对待双方中的任何一方，而只是增加某一方的数目，从而也造成一多的情况，甚至可以双方都增加数目，从而造成多多，但不形成集体对待的情况，这样也就间接的破除了一一对待的现状，只不过也没有完成暂时的通一。这两种情况的共同特点就是从一一对待过渡到一多对待了，也可以将原四种情况所通之暂时的一通过这样的方式进而过渡到一多分别的状况中继续进行增进的通一的进程。谭嗣同称这种方式为：参伍错综其对待。界说第 18 条：

> 破对待，当参伍错综其对待。①

如此，就从一一对待分别自然过渡到一多分别及其通。

（二）一多分别及其通

经由一一对待获得两个结果，一个是暂时性的所通之一，也就是两两一一对待之共存的暂时通一；第二个结果是经由两种方向的参伍错综而获得的一多分别，而暂时性通一也可以通过参伍错综而过渡到一多分别的情况。这样就可以完全地过渡到一多分别之中来。一多分别主要就是各各作为一的多不能通一的情况，这不仅仅是因为存在着在一一对待之外的更多的对待，同时还是一个一一对待的增进的问题，如果一一对待的通一能够持续进行，那么通向何方的问题也就是一多分别所要解决的问题，所以一多分别其实是一一对待的深入和增进。在一一对待之通中我们也说到过两个方向的问题，那么在一多分别之中同样涉及一个双重方向的问题，也就是从多到一，从一到多的问题，为什么在通一的时候还有从一到多的情况呢，这是从一个大的一分化到小的多，进而过程通一的情况。所以实际的形态划分是两大类。先分列如下，后详细说明：

一多分别之通：从多向一：空间性的一：从部分到整体
由个性到共性
时间性的一：执断而持存
执常而绵延
系统性的一：系统核心之一
系统传输之流畅

① 谭嗣同：《仁学》，蔡尚思、方行编《谭嗣同全集》，第292页。

从一向多：空间性的一：质点，分剂
　　　　　时间性的一：念念相续

一多分别，一方面意味着一一对待的增进，因为增进，从而不可以通过一一对待的方式完备地解决，同时即便是可以通过一一对待的通一来解决，也存在一个这种增进的解决最终通向何处的问题；另一方面意味着一一对待的分化，因为分化，从而向小的方向另外地构成多的情况，同样存在上述的两个问题。在从多向一的分别上，增进主要是在三种形态上增进，分别是时空和系统，时空是两个基本的形态，而系统是综合时空而形成的一个综合性的增进形态模式。在从一向多的分化上，因为是分化就不存在一个系统的问题了，因为这样不能够构成有机的系统，而只是机械的分化。所以从一向多分化的模式中就不存在系统的模式。

又从多向一增进中空间性模式存在两种模式：一种是部分的增进，这是就个体空间存在而言的；另一种是个性的增进，这是就空间存在的抽象性质上而言的，性质中即是一一对待中的自性和属性以及所有性，三个性质综合起来从而在个体上构成个性的差别。

从多向一中的时间模式中，也存在两种情况的增进，这是就时间的常断而划分的，时间一方面可以理解成时刻，一方面可以理解成时刻的持续绵延，这两种方式都可以构成增进，例如时刻的增进，就是时刻的差别，而时刻的持续的增进就是绵延本身。

最后是系统模式，同样存在两种增进，一种是系统中单位元素的增进，一种是系统中枢纽核心的指令的增进流通，分别是来自空间和时间两种模式中，并且构成了综合。

在从一向多的增进中空间模式的分化是分化成更小的空间存

在，从体到面到线到点；当然也可以从方向上分化成上下思维甚至更多的方所；而在时间模式中则分化成过未现三者，而任何一个时间点同样还可以进一步地划分。最小的时间点被称之为念。

从力的角度来说明一多分别的成因和破除方法。首先可以看到任何一个一这个时候都是面临着增进和分化两种道路了，而两种道路都构成多，从一方面来说能不能增进或分化是通一的第一个障碍，如果不能增进或者分化，从而就保持在本身作为一，整体作为多的情况之中，也就无法通一，因为这个时候还是存在一一对待的，只不过是多重的而已，只有不断地增进或分化才可以过多到通一的状况中去。第二在增进或者分化的进程之中能够最终地通向一。所以一多分别的分别实际上是两重的，但是这两重的分别却又可以通过增进或分化的进程本身来统一。只要处于进程之中，就可以既是在增进或分化，也是在通一；从而首先从执持的角度来说，一多分别的成因在于进程的运动性的不能构成，这在空间或者时间性上都是一样的，都是可以从运动性上来说明的。而运动进程的不能构成从个体上说就是执持不舍。因为是执持不舍，从而就是力上既不肯去增进或分化也更加不肯通过增进或分化而去通一了。所以说从运动性上执持不舍而来说明有着解释的优越性。

下面一一具体说明分别之成因执持不舍以及通一之力用。

首先是从多向一这一大类中空间性多之分别及通一之力用。首先是部分之分别，部分之多是从一一对待之中增进而来，所以从空间性自体存在上而言，此时之多仍是呈现为一的状态，只不过这个一是众多部分之一而已。因为每个多中之一也就执持其个体之空间性状态而不肯舍弃并进而将一一对待之通继续进行下去，其次将空间性自体存在抽象成个体自性存在时，同样存在这样的执持不舍个性而不肯将一一对待之通继续进行下去之问题。所以就空间性存在而言可以统而言之执持不舍是执持自体存在之个体——包含个体空间性存在及个体存在之自性存在两个方面——而不肯在进一步的一一对待之通中继续进行通一的进程。执持不舍就其自身而言是保持其自身个体存在之力，是一种合力、爱力、自力，这是对内而言，若对外而言就是一种防力。通过这种内外力的共同作用从而形成对于通一而言的障碍，这种障碍可以对三个方面而言，一方面对于那在他之前，如果要通一，必须经过他的一而言，是构成障碍的。比如此物为乙，而甲要通一，则需经由乙，若乙执持不舍自性，则无法让甲通一；第二个方面，对其自身而言，其自身因执持不舍自体从而无法让自身通一；第三个方面就通一之效果而言，既然执持不舍自体，那么对于全体之通一则构成了一个障碍。是故，解决此从多向一之空间性分别的方法也需从此三个方面来作用，就多之中的一一对待而言，自不同于单纯一一对待之解决，因为此时的一一对待的解决一方面是有定向，从而无法任意地仅仅是破除对待而已，第二无法再通过第三方来合并了，因为这时一一对待已经存在了第三方的合并情况了，这是在单纯一一对待之中已经运用过的方法，当然也可以从更大的所通之一的方面来说明这一点，这就是上面说的第三个方面了。所以就多之中的一一对待而言，首要的解决方式就是冲决了，这种力用，前一冲决后一，从而会出现三种情况，一种是通过冲决之力推动后一一同前行，这是就空间性存在运动而言的，有时被称之为大力；第二种情况是将后一冲破，从中贯穿而前进，这同样是就空间性的运动和阻碍而言的，被称之为锐力。第二个方面，从一自身而言，也需要突破自身的执持不舍之力而达于同一，这是冲决罗网之力；同时还可以说明为涨力和挤力，这是在论述学之突破执持不舍之力时所说的；第三个方面，从大的所需通之一方面来说，可以通过爱力、吸力，也就是一个更大的包含多的一所具有的使其所含之多不散去的力量，这称之为爱力，也被称之为以太。

上述是就对待之物本身构成障碍而言的，但还有一种情况是障碍并不是一，而是一种断裂，一种隔，也就是从差别性之区分来说明多如何通一。这种障碍被称之为隔，此种情况类似于隔河相望而思欲渡之。其方法实际是众多，若就此譬喻而言，一种可以跳过去，此被称之为超力、弹力；一种方法是搭桥或者填补上沟壑，其谓之为助力，类似机器之助力；另一种方式是游过去或搭桥，这是借助于一种参考系或者工具，不仅是助力还是一种转力。

第二是时间性多之分别之成因及其通一之力用。时间性之多之分别基本形态是过未现，但过未现若加以增进则过未可以增延多分；这是一种多之分别。又在过未现之增延中时间还可以分为多之现在时刻和时间之流逝，后者可以被人直接设想为一种具有度量性质的时间参考系。从而就时间是分分秒秒之时刻而言，多即为众多之时刻，而执持不舍指执持某一时刻不肯齐舍而随时间流逝；又就时间作为一参考系而言，其是流逝绵延的，那么执持某一时刻而以之为随时间变更亦变更至长寿无量而不可弃舍其本生灭幻变。从而时间性多之分别就以此两种形态而分别获多。由此可见时间性分别上的通一实际可以有三种：第一种是时间本身的流畅，第二种是时间作为参考系的统一，第三种是某一物之常存不灭。第一种对治执断，后两种对治执常。如果从力用的角度来说，时间本身的流畅实际上是力的增进持续不断，所以这种方式也被称之为加速、惜时；时间之作为参考系，就参考系而言可以是一种助力，当然也可以从转力方面来理解，转换参考系就可以获得一；还可以从个性和共性的转换来看，也就是一种合力了，将众多单一的个性合成一个共性，这是一个合力的力用；最后就某物的常存不灭，可以称之为永力，这是十八种凹凸力中的第一位。

第三种是系统性分别之成因及其通一。因为系统性分别是综合了时空两种分别而建立起来的有机系统结构，所以既具有空间的一多合成的结构，又具有时间性的流动性结构。就系统中分别而言可以从系统元素和系统核心功能两个方面来说明：从系统的元素而言，一方面系统元素之多既具有空间的多分别之特性也具有时间性多之特性，所以就合而论之；另一方面就系统的核心功能而言，既具有一多之中大一的集合性，也具有时间之多种常一的流畅性，所以也合而论之。先就系统的核心功能的分别来说，核心功能必须畅通全部系统的信道和元素，那么在传达系统信息完成功能的时候，就会因为障碍而构成分别，这种障碍同样具有隔和碍两种阳台，其冲决弥合的方式是类似于空间性之通一的情况的，其力用方式也是一样的，其中也综合了时间性分别中时间作为参考系和时间之流畅的两种通一方式及其力用方式；其次就系统元素而言，元素是众多之分别，而元素彼此具有差别，但是统率于一系统中，所以就元素的个性和共性而言，合力爱力和转力是同时起作用的。又元素之间的各个差别执持不舍是从时间性的执断而来的，对治其执的力用就是时间性的流畅和时间作为参考系的转力，同时也具有加速惜时的力用以此来完成元素之间通向枢纽的通一。综合言之，系统之通一还是综合了时空中通一方式的。系统的具体形态是多样的，但其基本构成则如上所述，谭嗣同提及的系统大概有如下几种：宇宙系统、生物系统、人的生理系统、精神心理系统、交通系统、电力系统、国家组织系统、宗教思想系统、制度系统、文化习俗系统等等。

上面说的是从多向一的大类的分别之因及其通一的情况，下就从一向多大类来说明其成因及其通一的情况。

从多向一的情况是介于一的增进而言，而从多向一的情况则是介于一的分化而言的，这是一个更加复杂的变化，同时也是一个过渡性的变化，因为从一向多的分化可以自然地过渡到微生灭的论述之中。同样其形态仍然是基于时空两种基本形态的，这是因为不论是一一对待还是一多分别都是局限在事物自体的自然状态上而言的，经验状态上而言的，所以其基础就是时空性存在的自体。这样一就面临着进一步的细微的分化。首先从空间上而言，空间体可以分化成面，而面可以分化成线，而线进一步可以分化成点；这样的过程也可以直接从体分化极微的小体，也可以是点。这种点被称之为质点、分剂；质点、分剂之间的差别是单纯的差别，不具备复杂的属性差别，只存在最低的单纯自性的差别，也就是说每一个点之间在性质上是同质的，但是却分别成众多之质点。而其复杂的属性形态等等，因为过于细微，是无法分辨的；质点之执持不舍所不舍也就是这最低限度的自性，作为单纯自性的自性。而从时间性来说，每一个时刻也可以进一步地细分到更加细微的时刻，这样的细微的时刻可以称之为一念、念。念念之间的差别也是十分细微的，称之为微生灭，因为其差别仅仅只是生灭的差别，而生灭的差别又是十分细微的，因为念念之间是相续的。但不管怎么样质点和念念之间还是维持着最低的差别分别。故而称之为微生灭、细轮回。而这样的细分出的质点和念，就其本身而言成因乃是作为执持不舍之本身了，从空间上而言，质点之间是维持界限的；从时间上而言，念念之间是维持着生灭界限的。尽管这种执持不舍的维持是微弱的。而从通一的角度来说，因为质点和质点之间出来分别之外就没有任何别的性质的区分了，从这个角度来说也是一定程度的通一；而从念念之间来看念念之间除了生灭的区分之外也没有任何质或性质的差别了，念念都是同一的，所以从这样的角度来说也是一定程度的通一了，这种通一的方式是统一地来自折力，也就是一种无限地加速地分切的力量，类似一种分析力。

通过上述从多向一和从一向多两种通一的推进，所通之一就存在两种：一种是大的一，从空间上言类似最大的虚空宇宙，从时间上言就是参考系的时间或者时间流逝的终点，从系统上言就是最大的系统或者系统中的核心枢纽；另一种就是小一，从空间上而言就是质点，不可分之点，从时间上而言就是一念，不可分之时刻。而反过来任何大一都可以划分成到最小之一，而任何最小之一也可以通达到最大之一。这样就构成了一个循环，这种循环被称之为轮回，轮回具有大轮回和小轮回两种，分别是上述两种通一的方式。而进一步地推进地说，哪怕就是不可分的质点或者念，其实都是可以进一步被分化的，只不过这种分化和分化的结果过于细微，无法分辨而已。这样就到达了微生灭的论述中了。

（三）虚实对待及其通

经过一一对待之通一和一多分别之通一两个阶段的进展，所能够通达的一出现了几种情况，第一种通过分别之多的增进而通向于大一，第二种通过分别之多的加速而通向于大一，此是就时空两者而言；第三种是通过一之分化而通向于微生灭，而微生灭又可以进一步地增进或者分化而通向于大一或者小一；这样就其趋向而言就产生了循环，而此循环被称之为轮回，轮回有大小之分，这只是道路的方向不同而已，因轮回的循环路线，则大小轮回终究可以统一于轮回之中，而轮回如就空间上而言，就是球体或者圆形环形，这一点就时间上的具象理解也是成立的。这种循环轮回有被称之为一多兼容或者三世一时。这分别是就空间和时间上的譬喻而言的，两者是可以相通的，因为一多兼容就包括了三世一时，而三世一时也同样包括了一多相容。所以此时若就通之静态的通向一个静态的体而言就是一，而就通之作为动作义动态的进程而言就是多之通的进程，不管是无限的分化还是无限的增进，只要是持续流畅或者加速进而取消间隔也可以成就通之一。

这样通就所通方面而言就彰显出其本身的对待出来，也就通之义的相偶性了。而这样的对待义却是要从执持方面来加以说明的，因为通和执都是就力用方面而来说明的，因为通向一个静态的体的通是就力通向一个能力体而言的，而多之流畅或加速取消间隔是就通作为力用而言的。所以通之相偶义就力上来说明就是力之发出者和力之作用本身，也就是能力和力用之隐显二义。这样就力所发出者或所承受者而言就是所执或所通，而就力之作用而言就是执持本身和通本身。如果就执而言，就是所执和执本身，就通而言就所通和通本身。而这个时候，如果就静态之一为执的话，那么动作义就是通；而反过来如果就动作义中之多为执的话，那么静态义的一就是通了，所以执和通在此重新又形成了循环轮回。先故就执义而言，那么所执之一或多作为所执都是可以作为所通的一的，因所执的多可以就动作义而为通，所执的一可以作为静态义而作为通，但是就所执而言，执本身去无法作为所通。而这就是说就执而言，当要执的时候，却无法执，因为所执如果是执持为一的话，那么这个一可以增进或者分化，那么执就无法去执持，那么就执持而言，是否有所执持呢？这个时候就呈现出所执的虚实出来，这是因为执持之义在去除了执己斥人，执持不舍的己和不舍的差别之后，就只剩下单纯的所执的含义，而所执作为被执持的物事在一多的轮回中凸显出来的是所执的真实和虚幻，这一点对于通同样存在，所通之物事同样存在虚实的对待差别。

而这样的差别只为执持之力而统一在所执之中，而所执又进一步统一于执持力的发出者之中。这个执持的发出者就其被自身执持而言，也同样是所执，但就执之发出而言却并非是所执。这样，这个执持者被称之为我，而所执被称之为人，此处的人我已经不是粗对待分别中的占据空间性的人我了，而是就执和所执的力上来说明的人我，因为这个分别是极其细微的，所以就借用粗分别中的名相来做譬喻。此处支持者之我和粗分别之我最大的区别在于粗分别之我还可以继续就其建立在空间性的自体上继续分化，而此处的执持力本身之我已经不是所执对象，所以也就没有同质自体的继续分化了。

这样可以总结在微生灭的情况中的对待分别是所执的真实和虚幻，其成因是执持之力的执幻为真，这是因为执持总是有所执持的，而有所执持是就被执持者是实而言的，但被执持者本身却是在一多之间轮回循环的，所以成因就是执幻为实了；进一步这里通的力量是就所执的发出者而言的执持本身之我，对于所执，那么力用本身就是力之通的彰显，而所通之一同样就是执持之我，而执持者不可以仍然是所执，所以执持本身就是此处的所通之一。这种通一的情况被称之为彻底解决人我隔，也被称之为真正的始终之终。

（四）执无执之通无通

在微生灭及其通之中，所执和执之间的对待得以开展并暂且汇通至作为执的力本身，又因为此时的分别和通一都是十分细微的，难以分辨的，所以在名称上实际上是借用了一些粗分别的名称来进行譬喻的。这种通一第一是被称之为人我隔的彻底汇通，这是从粗分别中自他对待中借用的譬喻；第二是被从时间的角度的终来做譬喻，和粗分别中时间的终的区别在于，这里的始终是无始有终；第三还从佛学中借鉴说法来描述，这样的说法就是对应于器世间，对应于三界的藏识、唯心、心、唯识，转识成智或智，然后就是对应于业力或凹凸力的心力；最后就是从儒家借鉴的说法是对应于人心的道心。这里说法是众多的，一方面是因为此处所通之一过于细微，是言语难以表达描述的，所以只能在各种方便的语境中以相近的譬喻来说明；第二各种说法之间实际就其来源而言其实是复杂差别的，谭嗣同对于其中的含义分辨也是没有完全清晰明确地描述出来，甚至有不通矛盾之处，但是如果循其精神，以上述三重对待分别及其通一之增进分化进程来细细分辨，则能不纠结于名相分别而把握谭嗣同之深切愿望。

如此，为方便转述，仍从执持方面而言，在微生灭部分所展现的对待分别是所执的虚实两者，而通一于所执，并进而通一于执本身。所执的统一就是上述各种名相中的器世间、三界、始、人心、业力等，而其具有虚实之分，虚实之分的成因在于被执持，虚幻被执持而成为真实，此处真实和虚幻之区分是从能够被执持而言的。今进一步论述，幻本不能被执持，却又是如何被执持的？就实在之物而言，执持就拿之义而言，拿持实在之物这是可以理解的譬喻。但就虚幻而言被执持则难以理解。要理解这个言语难以表述的说法，需先从虚幻对于真实而言两者如果是区分的，那么虚幻虚空就成为真实的间隔、界限，或者差别本身。如此执持虚幻也就是说分别真实，间隔真实，差别或分别真实，甚至就分化或增进真实已然之一。这是因为从虚幻和执持本身而言，虚幻本不可执持，所以转而从真实之间隔分别分化上而言，这自然都是因为语言的有限和微生灭的细微所造成的论述上的譬喻。由此，暂时将执持虚幻理解成虚空间隔，又进一步间隔本身并不分有真实的部分，也不偏向所被间隔的任何一方，如果从空间上来近似地理解，就类似于直线的中间一点，或者圆心点，或者球中心点，这些点对于其所分割的线两端，圆上任何一点，球上任何一点都是同等的，无所偏向的，同时这些点仍是虚幻的，只是一个标志，并不实际占有直线上的一个点的部分，也不占有圆的一个部分，更不占有球的一个部分。如果从时间上加以理解的话，那就类似于现在时刻对于过去和未来的分割，过去未来都是无限，从而现在对于过未的间隔是等距的，无所偏向的，同时现在旋生旋灭，即不是过去，也不是未来，甚至也不是其自身，现在只是过未的一个间隔标志，本身并不占据时间直线上的任何一个点。

如此，对于执而言就出现一个新的对待，一个更加原始的对待分别了。当其执行其执持间隔的力用的时候，它却必须是虚幻的，非真实的存在，甚至就可以直接说成无，而起作用就可以直接说成是有，是用。从而，就执持作为力来说明的话，就回到了力的相偶性上了，力一方面是能力，另一方面是力用，分别是对应于静态和动态两个方面。在力作为潜在能力的时候没有力用的，或者说能力是潜在的、隐性的。潜能，而力用是显在的，当在力用的时候，潜能就转化成显在的力用了。这可以称之为力的隐显，或者有无。就执方面来说可以是执和无执的区分。但执和无执又并非是排斥的，并非是说当执的时候，就没有无执，恰恰是相反的，当执作为间隔的时候，无执作为虚幻，潜在恰恰是呈现出来的。而这就是执无执在最终阶段的通一了。而这也是说力和无力的通一，通和无通的通一，而通一却又只是通无通。这就语言上来说只能是这样的近似同语反复的辩证。但这种细微的行相本就是言语难以分辨描述的，言语作为名相只是勉强近似的譬喻而已。而这种言语的譬喻本身也已经是一种执持作为虚幻间隔的力用形式之一了。若就心力挽劫而言，就是故冲决罗网者，即是未尝冲决罗网。就通作为度而言，就是度人即度己，度己即度人，时时度尽，时时度不尽。

这样就回到了相偶性的闭合上了，而此闭合实际即是展开，只不过展开之开合是在经过一系列的增进和分化而逐步地完成的，从而最终得以完成相偶性之相偶的开合分闭之论叙。

第四节　小结

本章论三家具体救世方法。三家思想整体即是救世方法，此处单说具体方法，包含三个方面：根器判定、次第安立和方便施设。所谓根器判定即谓此救世方法是针对哪一类众生而施设，在佛教中通常有从利钝二根说明，也有分说六道众生而说明。三家思想主要是针对人类，尤其针对当时中国而言，救世之中包含有救国救民精神。三家思想由此重视利钝二根的区分，总论三家皆有分对利钝二根的方法安排，其中所谓利根众生即三家方法中英雄主义、精英主义、个体主义的表现，如康有为论欲望时则谓对一类众生而言，自当禁欲以求通达更高的目标，而对大众、中等水平民众而言，则谓随顺欲望，求其通达次等目标即可；又如梁启超论英雄主义即是对利根众生施设之方法，而说佛教群治功能，就针对大众而说钝根方法；谭嗣同论精进断灭烦恼是对利根众生言，论变革社会制度是对钝根大众言。三家皆双具利钝二根之方法施设，显示出三家思想之过渡色彩，也特出三家思想之个体群治调和色彩。

所谓次第安立，谓具体方法施设时对从初始到最终的进程安排，以及过程中不同阶段当施设不同的具体方法安排。三家思想皆具有完整体系或具有完整体系之设想，故而皆具有具体的次第安排。康有为思想于三家之中本就显得保守，故而其最终渐进次第。其三世说即是次第论，又三世说有重叠之方便，将次第论推进得更加细微；其大同理想中论去界限之说，同样具有次第的安排；具体到其明确佛教思想中，其论化城、天游之说，实际即是较粗略的次第说。故总论康有为最重渐进次第，也正是在此意义上康有为能够有效地沟通儒佛二家，以儒家经世方法为佛家现世方便化城说，以佛教究竟涅槃理想、净土理想为儒家仁心扩充最终义。梁启超以真如本心为精神本体，从心识结构上论纵横二序列的汇通之义，进而具体化到思想文化学术的时空二维的汇通，其本身即是次第之说。此与谭嗣同之论道通为一的次第是相反相成的。谭嗣同之次第是由对待而逐一破除，次第进展到彻底汇通的境界，即是有无双谴、平等一如的佛境；而梁启超虽也论述此证悟次第，但更偏重依止本心，而统率汇通共不共时二序列的次第。具体而论，梁启超有从时间上论过未现之汇通次第，有从空间上论中外汇通之次第；而谭嗣同则有冲决网罗、破除对待、心力挽劫和通的四重次第说。总说三家次第论可说皆是汇通进程次第论。

最后就三家论方法之具体方便施设而言，三家因个体性格和思想风格之差异，故论入手具体方便各有差别。康有为偏重发心和说教，故其诗歌中常自诩为佛菩萨或圣贤等，历劫而悲愿入世救苦。梁启超思想风格较偏重知识学术，又其涉猎广泛，故而其论方便多就义理汇通而言，侧重思想文化学术上汇通，由此激发内在精神力量，故亦多发英雄主义精神。谭嗣同论具体的方便施设实际分从两方面说的：一是从个体断灭烦恼的精进上言，一是从对现世社会制度的批判上言。此两者中又以前者为更加容易入手和落实。故而总论三家论具体方便施设实际皆从心性力量上论，康之悲心发动，梁之真心精神，谭之断舍染心，无非是就心力功用的不同侧面下手而已。

总论三家论救世方法皆以佛教救世方法为基础而调和具体方法施设中的对待，如利钝二根之对待即是调和个体与民众之对待，次第论即是调和儒佛以及目前与长远理想之对待，具体方便施设以心为主即是调和内外条件之对待。调和对待即有汇通之义。故可说三家论救世方法仍是以佛教义理为基础结构汇通诸教诸说，建构完整有效之救世方法。

第七章　结论

在对康梁谭三家佛教思想的研究中关键的问题是对三家佛教思想的前因后果做出客观的梳理描述。其中所谓前因即是三家抉择佛教思想的各种因缘，后果即三家抉择佛教思想的实际影响。针对于此，历来的研究从内外各个方面做了大量的研究，已经给出了丰富的成果。就外在方面而言，晚清民国之际的社会历史政治背景，构成了三家思想的救国救世色彩，抉择佛教思想则由此切入；晚清民国之习佛风气，研习佛教思想的思潮也构成三家抉择佛教思想的外部可能。就内部方面而言，三家独特的家庭生活背景、坎坷的人生经历也导致三家抉择佛教思想作为人生安身立命的个体因缘；又三家对西学和儒家思想，尤其是今文经学、心学等的深入发挥，又导致了三家抉择佛教思想入于其思想中的深层原因。如此内外四个方面的因缘，可谓将三家抉择佛教思想的因缘条件概括而尽。历来的研究差不多都已经涉及，但历来的研究也有其不深入之处；三家之所以抉择佛教思想，皆是看中了佛教思想对于个体或社会的部分有益的功能，尤其是对于当时的社会改良变革的功用，故而普遍认为三家抉择佛教思想带有拿来主义的精神，带有极强的取舍色彩，大量言论也不尽符合佛说本意。在论述到三家抉择佛教思想所带来的影响时，历来研究也普遍认为具有一定的社会历史影响，但总的而言，效果甚微，是被历史验证了的不成功的案例。其所认可的影响，如梁启超对佛教史、现代性佛学研究的开创影响；而其认为不成功的地方，如康有为融合儒佛二家的尝试、谭嗣同以佛统率一切学术的构想、基于佛教净土思想上构建的社会理想等等。

本书在历来研究的成果基础之上，企图对三家抉择佛教思想做更加深入的研究。由此本书提出一个总的结论，即是论证出佛教思想在三家整体思想整体调和汇通功能。对此简单的说明有三：第一佛教思想发挥调和汇通功能是潜在的，因为就表面而看，即便如谭嗣同那样公开明确称赞佛教思想的，其佛教思想在表面上也非其思想的主要方面，其他如康梁二位更不用说；第二佛教思想发挥调和汇通功能的一个表现是指三家在从其他思想资源方面做深入发挥的时候，往往在边缘处、薄弱处引入佛教思想；第三所谓调和主要从在世出世、神圣世俗的角度而论。所谓汇通主要是从以佛教思想的融合精神来汇通诸教诸说，也以佛家理想的远大来统率诸教诸说的次第安排。如此，从三个大的方面对此结论进行概述：一总说佛教思想在三家整体思想中的地位；二从三家整体思想性质上论述佛教思想的调和性质、汇通精神；三从三家思想的基本内容上论述佛教思想调和汇通的表现。其中第二个方面又分别从救世论、宗教论、科学论、儒佛论四个方面分论；第三方面则分从心性论、苦及世界构成分析论、理想论和方法论四个方面分论。

首先总论佛教思想在三家整体思想中的重要地位。综合三家整体思想来看，三家抉择佛教思想最明显的特征即是吸收佛教思想中部分思想用于其政治改革思想之中，使佛教思想发挥积极入世、促进社会改革的世俗色彩。这一点共性如果从佛教近代的发展来看，即是近代佛教发展的重要特色，发挥佛教的在世有为色彩，也与后来的人生佛教、人间佛教理念有深远的联系，是传统佛教现代化的一个重要表现；从宗教学的角度来概括就是宗教的世俗化。而就佛教本身而言，现世安乐固然也是佛教思想本有之义，尤其是大乘佛教，但中国佛教历来并未特别发挥此义。而近代佛教凭借剧烈的社会历史变革，使得大乘佛教中在世教化的部分强烈地凸显出来了，这一巨大的思想历史变化与康梁谭三家佛教思想是有着密不可分的关系。就康梁谭三家而言，而不用向前推溯，就可以看出三家是如何逐步引入佛教思想，逐步发挥大乘佛教菩萨行之在世有为深意的。一个明显的证据就是早期梁启超基础佛教思想的时候，还没有特别地发挥大乘菩萨行的社会化政治化内涵，其早期讨论佛教的时候仍是认为佛教教义中本有出世出家修行之义，其与在世的有为实践仍是不太相容的；康有为早期论佛教义理时，也颇多从理学角度对佛教出家等有悖人伦之处，多方批评；谭嗣同《仁学》中所透露出的思想似乎表明他一开始就表现出相当成熟的、强烈的入世佛教色彩。但如果深入研究，且劈开谭嗣同强烈的批判色彩，会发现谭嗣同称赞佛教，援佛教思想入世的地方一是以佛教统率诸教诸学，第二从心力上说明即是强调先断意识，后以心力挽劫，但无论是挽劫还是冲破罗网，其所谓心力毕竟说起来是先断意识之后的心力，但实际进行的时候似乎又是未断意识的心力。这其中既有谭嗣同对佛教思想把握不准确的地方，实际也表明了他对于入世出世之间抉择的模棱两可之处，其所为大无畏的精神，究竟是以何心而论，并不明确。如果强调是根本的仁心，即是断意识之后所得之根本智，大圆镜智，那么在开悟之前则仍需出世修行，因为谭嗣同并没有提出一个在世修行的方法次第，也没有充分地引佛教义理以资说明。所以说三家初期论佛教之入世救苦大义的时期，并没有充分地发挥大乘佛教菩萨行的在世色彩，而是纠缠在出入世之间。而到康梁之中后期，此等思想则发挥得相当充分，如康有为自诩菩萨天人，反复论说入世救苦之义，并以此书写《大同书》；梁启超从流亡日本之际就积极吸收日本精神主义佛教的精神，发挥佛教的群治功能，此为明确的发挥佛教大乘的在世修行精神，而其后期更从文化历史的角度以及现代科学的角度再次深入发挥佛教的在世精神。谭嗣同过早去世，未能留下更多的思想资源，但其《仁学》之中强烈的佛教色彩，也足以令人相信其发挥大乘佛教在世精神必是本怀。由此前后之变化，即可说明发挥大乘佛教现世精神从三家始，也可充分说明三家思想之前后变化中佛教思想之现世精神相当重要。但在此也有学者认为三家佛教思想之前后是因为受到其他思想的影响。因此更须从三家佛教思想与其他思想的比较中论证其佛教思想的现世色彩的重要作用。本书表明，三家整体思想的构建固然是广涉中西古今各方之思想资源，又基于救世主题之上而融会而成，而在此融会之中恰恰是佛教思想发挥着重要作用。

康梁谭三家整体思想的基调是救世论，同时也是人生观，此两者有机结合，救世论的色彩更加强烈，这一点为学界公认。那么其佛教思想同样是基于救世论之上，但也有学者使用“经世”

一词来描述[①]。“经世”一词带有强烈的儒家思想色彩。在救世和经世之间实际是有巨大的差别。救世与经世的区别包含两点：第一，对现世性质的判定，救世论认为现世是苦无常、是病世、是浊世，由此而生发救世之想；第二，救世论需要设立一个理想世界最为归属或目标，如果宗教色彩强烈，那么此理想世界则带有强烈的彼岸色彩，无论是天堂还是净土世界，在一般理解层面上都带有此一彼岸色彩。那么由此分析康梁谭三家整体思想则可发现，三家思想具有强烈的救世色彩。康有为思想中以大同世界为理想世界，此世界已经带有一定的乌托邦色彩，在最终层面已经突破到仙界佛界；而康有为大量诗歌中则对佛教净土世界直言不讳；而对此世界的评定，康有为最常用的词汇即是病、苦、乱、无常等。梁启超对此世界的评定同样延续了康有为的评定，用病来描绘；但梁启超似乎并没有特别地构建一个具有彼岸色彩的理想世界，但晚年梁启超仍旧从无我论的角度，从心性的角度，汇通性地安立了一种具有彼岸色彩的内在境界，这显然极具佛教色彩。谭嗣同在上述两个方面皆有发明，首先他对现世具有强烈的批判，可以说其现世评定是强烈的否定性，尤其是以牢笼来进行的描述；而通所要达到的境界从心性上说就是无我之境界，从外境上说即是其所谓全体学之通一的境界。如此救世与经世的区别，实际即是在世与出世的区别，更加深入的是佛教的出世含义是独特的，既不是如基督教的天堂那样绝对出离世间的出世义，也并不是如儒家在世经世义那样的绝对在世义，而是从心性角度上论说虽入世实出世的清净义，正是这种独特的出世含义

① 麻天祥：《佛学与人生——近代思想家的佛学思想》，中州古籍出版社，1993 年。

与三家思想之论述及其类似，从而可以说三家整体思想之救世色彩即是基于大乘佛教菩萨行之入世救苦心不染污的深层含义之上而安立。由此也可以说，大乘佛教的方便智慧思想，正是三家抉择佛教的最重要的内在原因，此与西学或儒家思想非内即外的思想，决然不可混淆、不可相比。如果不能在基础层面上深入理解这一点，那么对康梁谭三家，乃至于对近代佛教思想获得巨大复兴的理解，就会发生巨大的误解。在种种救世方略的抉择之中，难免会发现每种方法皆并非是完美的，但也具有其独特的益处，如此如何将之汇通，无疑是当时救世思想家们面临的思想第一难题，尤其是如梁启超这样涉猎宽广的学者，而即便是康有为这样狭隘的保守者，其实也触及古今中外各种思想资源了。正是在此意义上，改造旧思想的着手点显然是采纳佛教思想来补充，同时在这补充汇通的基础上佛教思想的融通精神已经被潜在地吸收进来了，如接受理解西学并将之汇通，同样也是被重新发现具有严肃学术精神的佛教思想。

如果从佛教思想的性质来说，首先佛教境界之大，对三家整体思想的建立构成了抉择缘由。所谓佛教境界之大，不仅仅是佛教中所谓描绘的世界之广大，也是佛教的包容度之大，故而佛教所说理想境界虽深远，但他并不排斥妨碍从恭敬诵读而开始；其所说之出世虽精深，但却不排斥妨碍从现世有为而开始。由此谭嗣同明确说佛为大，可融摄其他诸学而无隔阂；梁启超以真如汇通精神仁心等，再以业报因果汇通纵横时空两种序列，同样是以佛教汇通诸学之表现；康有为所发明之具有宗教色彩的儒学，本非传统儒学，乃至今文经学之状貌，深入分析即可明了，其所谓人道之教、大同三世、仁心智慧等无一处不是采佛教思想于关键之处，而大同书中更是明确说明佛教境界为最广大最深远，儒家思想即是佛教思想之一阶段的表现，即是其华严思想，此等解释以佛统诸学的表现。

其次，三家整体思想中皆注重心力，以心为大，由此又侧重主体主观意志精神力量，学者对以为此为唯心之说，又以为多出于宋明心学之流。然而论心力之大，诸教诸学又岂能逾越佛教？此不独禅宗、华严、唯识诸家常道之论，是乃佛教全体大用之归宗所在，般若岂非心？真常岂非心？即便诸小乘，皆不离智慧禅定，又岂非心之所括？或有学者以为三家思想论心为大，是基于儒家仁心本体而论，论及佛教之心仅仅是补充之义。请试论之：康有为早年以气论心性本体，以仁心论顺逆二学，的确似发挥儒家精神。但细分析，主气论和主心论如何汇通结合？顺逆二学如何汇通融合？此等差别在儒家孟荀二家即有差别争论、至宋明理学心学仍有争论，然而康有为在此突出了智之作用，复以气质为性之论综合而论，此智实本非儒家重点之义，在孟子也只是四端之一，在荀子则为后天之伪，而康有为却突出了智，又以隐显汇通先天后天，此义舍佛教思想之智慧心义何来？康有为中期更加随顺儒家仁心之义论述心性本体，而较少论及主气论，发挥上也多从推度之义而较少论及逆学之义，看似更加为儒家之论。但专仁心本体之说，如何说明魂魄之别，如何说明善恶之分，如何说明阴阳之生？康有为一再在此难解之处援借性海之说，这恰恰是因为华严性海之说比起儒家本有之义更能阐释真心一体染净二序列、有为无为二世界之义。梁启超和谭嗣同二家论心力则明确表明为佛教宗旨，无需多加证明。梁启超以真如性海之说汇通儒家仁心、道家无为真心乃至西学之精神、自由意志、原初生命力等等。谭嗣同所论心力更是明确说明从佛教唯识而出，虽说谭嗣同所解唯识义颇有误解，但源于佛教之说则毋庸讳言。

再者，佛教所论述的究竟境界特为深远，小乘罗汉涅槃境界，大乘佛菩萨境界，从涅槃而言，有无住涅槃之境界；而就佛境而言，诸功德神通皆深广难言，不可思议，如十力、十八不共法、六通、三十二相、八十种好等皆是令世俗难解难信之境；又佛教修行若要达到涅槃成佛之境，不光难解难信，也难行难证，智慧福德等等皆要圆满成就才可，而时间上言则要三大劫、无量劫的超长时间，绝非一期生命即可成就，如释迦佛之一生成佛，也是因为过去世多劫累世修行所得，而其所修行，多难信难行之举，如弃国舍身饲鹰喂虎等等。总而言之，佛境深远。但佛教论佛境深远，却并不妨碍次第境界的切近，如从现世最基本之欲求出发化度的人乘、天乘开始修行。康梁谭三家整体思想中皆安立理想境界，但三家安立理想境界的角度不太一样。康有为以大同世界安立理想境界，从外境上安立；梁启超主要从无我心境和真如精神上安立理想境界，为从内在心境上安立；谭嗣同虽兼有内外，但主要呈现的还是从外面论说理想，也就是说从冲破罗网、挽劫的破染的角度来安立理想。故而三家安立理想的侧重点不尽相同，但实际皆是从不同角度描述同一理想境界，从佛教涅槃理想的角度粗略地说，康有为之外境得涅槃之相，梁启超之内心境得涅槃之性，而谭嗣同之破染得净得涅槃之用。三家所立之理想实皆极深远：康有为之大同世界无论物质精神皆具有乌托邦性质，则其完全实现必极遥远，而其别处例如诗歌中则多处从佛教净土境界上指明理想境界，自然同样深远；梁启超每论及无我之境界、涅槃之境界、佛境等，皆以实证为由而回避，其所以如此皆是因为佛教所证之心境深远难证之故；至于谭嗣同之冲决罗网、心力挽劫，其所谓罗网之最终冲决深远之极，且其理想的基础同样是建立在断意识之无我境界上，与梁说同样深远。三家所立理想境界皆极深远，在其究竟意义上皆具出世色彩，此皆是佛教思想之鲜明特征。因为儒家虽被康有为等挖掘出早存有大同小康之说，但此说于历来儒学传统非为主流，故才被今文经学重新挖掘；其次儒家此说在康有为看来与佛教现世之教并不冲突，反而即是一事二名而已；最后，就其理想究竟义上而言，实仍是归宗于佛境，现世儒教只是一个阶段，如此则是以佛统儒。梁谭二家之说是为佛说甚为明显，无需他证。

最后，佛教思想重智能的特征，是其他学说宗教无法替代的，也是佛教独特的标志。儒家思想中固然也有智之根本，但首先其重要地位并不如佛教大，其次儒家之智多侧重在仁之基础上的明辨是非，舍此之外则为伪巧之智。而佛教之智则以般若为基础，品类众多，如世间智慧、加行智、根本智、后得智；又智之行又多有六度四摄等等，故而其并不限于明辨是非而已，此为其与儒家之差别。又如与西学之宗教或科学哲学比较，则科学是为在世之智，佛有出世之智；哲学为空理之智，佛有实修实证之智；西学宗教多重信少智，非不论智，为少智，该其历史发展中智之发展渐转为哲学科学专属而已。如与智上了解此等差别，则可明了康梁谭三家思想之根基非佛教思想不可，因其等思想重智色彩甚重。且其所重之智，非仅在世之智、非仅空理之智、非仅明是非而已，如此则足可证三家思想确是以佛教思想为其根基。若总说，如康有为论心性本体中，特重智之功用，几以智而空性气二者，性无智不得以广，则不成其为仁性；气无智不得以神，则不成其为灵气。梁启超之论真如精神、无我心理，实皆智慧，因为梁启超正是在此基础上论国民、国家、历史精神，乃至学术艺术。谭嗣同以佛统诸教诸学之色彩甚为明显，其所谓心力之用已经广泛地含摄学教智能于其中。于此种当可明见三家所论之智，非仅在世之智，前论理想之深远中已明确三家理想皆深远有出世之志；非仅空理之智，前论救世之旨时已明确三家思想皆为救世实践之指导，非徒哲学家理论家之空理而已；非仅明是非之智而已，三家中有论救世之次第，有论世界之观照，有论堪破生死之理，有论汇通世间诸教诸学者，此等皆明此智广大，非仅明是非而已。此为总说三家思想之重智如佛，此分说三家思想重智倾向中具明显佛教思想特点者。

此从境行果三方面来简单说明。所谓境上言，即从所观之境上言智慧，此为智慧之观照用。其主要即是用智观照世间无常苦空无我等，简明通俗说即是观世间虚妄不实，此中观世间虚妄不实，非观世间绝对虚无，亦非观理想境界绝对虚无，而是观世间因缘所起因缘生灭，故为虚妄，其所指导之为指导观空不执。由此而看，康梁谭三家思想之中皆有重所谓相对主义、重唯心主义的思想，此等思想皆历来研究者所重点揭示者。如康有为依据华严一多相容思想而观生佛平等、地狱天堂平等之义；梁启超所论唯心慧观之义；谭嗣同更是明确从生灭角度论说一多相容、大小一如、生死平等。又如三家皆观世间为苦、为病；于究竟义上梁谭二家重无我之空义，康有为大同世界之后实际也提及无我之空义。故而从境上言，三家皆观世间苦空无常无我。此等观照义，非儒家思想所有，且历来为儒家抨击佛教之旨意；自然也非西学所有，西学重实有，此等思想虽于哲学中间而有之，却绝非重点，又绝难用于实践修行。故而三家观照之义既非源自儒家，亦非出自西学，必出佛教无疑。且此等观照思想即是般若智慧之表现，未证之前为有染之加行智，证得之际为根本无分别智，证得之后为后得智，其体皆是般若。

从行上看，依止心性本体有染净二行，此心性本体即真心、性海、阿赖耶识、真如等，其分出染净二行之理或从一心二门出，或从性相二分出，或从天人等出，其诸多解释皆是解释染净二行汇通之理。在此从真心性海所出之染净二行，皆是说明染净二行之基础即是真如性海，而所谓真如本心，其所表现上、功用上主要即是般若智慧，这是从体上而言。若从用上而言，修道之行上，所要证得者、所要依止者即是般若根本智，又修行之中教学二分、乘性分别、六度四摄等皆须依止般若智慧而以无分别无所得而行。如教中依据众生根器应机而教，区分利根钝根等，此即为依据般若智慧；学中加行四位，深观名义，同样是欲证般若根本智。又修学中顿渐相容，因次第而渐次修行，于次第中明辨所学所处境界，此等皆需依止智慧；佛所教化，五种根性，大小乘或三乘或五乘，此等又皆需依止般若智慧，而圆音一转，众生皆随其根性而有所得悟，此为教之所依为智慧；而修学中六度四摄，六度以般若智慧为核心，四摄依般若而开展。依此佛理而观康梁谭三家思想中论及修行或实践义理者，皆与此极类似。如康有为之思想基调为救世，如其大同思想，又于救世之上更为深远。康有为早年论学则以顺逆二学而论，其中顺则为扩充仁心，多随顺大众；而逆学则为克制欲染，破除我执，多随顺利根众生。此则为教化上之智能功用。三世说虽本儒家旧说，但与佛教次第修行极其类似，深入而论，则此次第演进之抉择、判定等，皆需智慧运用。梁启超早中期《自由书》时期思想最为历来学者所关注，梁启超此时期的思想有几点可关注：唯心论、慧观论和英雄观。当然自由论、功利论、权力论等在《自由书》中也有反映。梁启超此时实际涉猎各种思想资源，并没有特别专注于唯心思想。但就唯心慧观等思想而言，其所凸出的内心智慧，不言而喻。而梁启超毕生所推崇的英雄主义，更是浸润了佛教大无畏的精进精神，这一点从佛教上来讲，即是大乘基础之大悲心，这一点在梁启超晚年所作佛教论文中论述西行求法之士的精神中尤显精要，而此即依据于般若智慧。谭嗣同在这一点上更加明显，其所谓冲破罗网、心力挽劫明确是用佛教智慧为根本，而行救世之大行，其根本是大乘菩萨行之体现。故总论，康梁谭三家所论所行之救世大行，其所依据是为智慧，其所目标是为智慧所通之相，其所次第安排、教学方便等皆是智慧所显所行。

最后从果上而言，果境之能得，是智能之功用；而果境之显现也是智慧之显现；又果境甚深难解，非有佛智，则难解难证。于是从在世有为法之角度而论佛境则成双非四绝，充满辩证相对主义色彩。如究竟境界不妨碍初行法门，如涅槃之既在世又出世，真如似有非有、似无非无等，此等境界观照有皆是智慧之所显。三家安立理想之论前已论述，理想与现实之调和，理想之有无论辩等，皆三家思想本有之义，无需繁证，于本书中正文详观即可。

是故，总论从境行果，主体、观照、所依止等各个方面而言，皆可明了康梁谭三家思想为重智思想，且其重智倾向极具佛教思想色彩，与他教迥异。

下从三家整体思想的意趣上进一步分析其佛教思想的调和汇

通表现。从四个方面略加分析：救世论、宗教论、科学论和儒佛论。在上总说三家整体思想时，已论述三家整体思想的基调即是救世论，而其中也包含了人生观的方面。此处再次论述三家思想救世论的基调，乃更一步地从其思想的深层结构论述。此也是本研究的主体结构，通过研究发现三家整体思想基调是救世论，其中包含了救世可能之依据、对现世之判断分析，随后提出救世之理想和方法，此结构既具有一般实践之逻辑结构，同时也具有极强的佛教思想逻辑结构，即佛教中四谛结构以及大乘佛教之论心体。救世可能之依据可对应于心性本体论，进而可推延到救世之根本可能、根本动机、终究目标和主体精神，此在三家思想中即是三家之论心力、心性本体、悲愿救世之动机、无我之平等目标和无畏入世救苦之精神。对现世之判断，可对应于三家思想中对时代、社会、历史、政治等之困境分析，如以病来譬喻社会历史和政治之境况。对世界之分析可对应于世界横向纵向之描绘，由此揭示纵横发展的缘由和可能，如康有为对诸天世界的分析，既具有宇宙论的色彩，也具有宇宙世界发展演进的色彩，其三世演进的分析既具有历史演进分析的色彩，也具有修行递进的色彩；梁启超晚年明确依据佛教因缘论分析时空纵横两方面的开展境况，进而演进到历史和地域的精神文化交流汇通分析；谭嗣同对罗网的分析、对心力层次的分析同样具有世界分析的色彩，而所谓罗网和心力源自佛教思想无疑。救世之理想的安立上，前已说明，无论是大同世界之外境还是无我之内境，皆具强烈佛教色彩无疑。而救世方法上而论，从个体人生安身立命而言，三家皆崇信佛教，此为无疑，而从其救世方法上论，康有为之大同理想与三世增进的思想之结合，虽出自儒家旧说，但已经明显具有强烈的佛教宗教色彩，且其论述中无论理想境界还是通达之道皆处处突破儒家限制而援借佛教修行义理加以论述；梁启超以真如精神统一诸教诸学，进而将此精神本体在纵横因缘二序列上演进，虽对佛教义理多有误解，但明确是源自佛界等流之义理；谭嗣同之冲决罗网和心力挽劫之说又明确出自佛教灭染求净的修行方法。故而总论三家整体思想实深深浸润佛教思想结构，而此结构之救世色彩、结构构成之完整严谨，皆非其他学说宗教所有。

宗教一词本为佛教之教下三家和禅宗之合称，所谓教下三家即是天台、华严和唯识（或曰法相、慈恩，此处不区分法相与唯识）三宗，而宗为禅宗，禅宗称为教外别传，不重视法教，而教下三家则重视法教。而今日所谓宗教，实为西学概念，本religion之汉译，而此译也正是发生在康梁谭三家宗教思想发生之际。汉译religion是从日译“教宗”一词转译而来，此转译颠倒二字而已。今日“宗教”一词于汉语中已广泛用于指代包括佛教在内的各种宗教以及各种民间信仰等。但此种以宗教（religion）一词统率诸教诸信仰的方式已经在宗教学领域引发深广的质疑和讨论。在讨论康梁谭三家思想尤其是佛教思想时，从对宗教的认知界定的角度来讨论，甚为重要。此一点不光前人已有研究，预测今后仍当有更加深入的研究。本书以为，“宗教”一词本为佛教所有，传统上理解宗教是就佛教形态而理解。后转从religion而来转译理解的宗教的确带有西学宗教的色彩，但其中也因为日本精神主义佛学转介的原因，所以转译而来的“宗教”一词及其背后的思想背景，已经用religion意义上的宗教统率了佛教思想，使得佛教染上精神主义佛教的色彩。这一点在梁启超最为明显。在佛教和宗教对比意义上差别究竟如何，此为一重大问题，在此亦难以全面讨论，暂就其要点而论。西学宗教颇多一神教，而佛教非一神教；西学宗教重信仰轻智慧，而佛教则重智慧不废信仰；西学宗教天堂之说于佛教中仍未脱轮回，故非究竟。仅就此三点而论，即可看出佛教确非宗教之可完全含摄，反之佛教就方便义上而论，却可含摄部分宗教之义。康梁谭三家思想皆层就佛教与宗教之比较专题而讨论抉择，在最终意义皆抉择佛教，而兼采宗教义，此中关键的抉择就在于西学义上宗教于出世之义过于侧重，而另一方面儒家传统上之教化有过于侧重在世之义，于中能调和沟通出世在世之冲突者唯有佛教，也正是在此意义上佛教思想构成三家宗教思想抉择之基础。康有为之宗教思想基本上来说是传统意义上之教化义，但其也颇看重西学义上宗教之社会群治功能，尤其是社会学意义上的教主崇拜功能，但此一点佛教思想中也有，并非西学宗教所专有。历来学者亦多认为康有为之宗教思想是欲转化儒家思想为宗教，那么此一宗教究竟是何种意义上的宗教呢？或者最终所要转化的宗教是什么形态的呢？康有为明确论及的是晚年所论人道教与神道教的区分，康有为明确确认儒家思想儒教为人道教，而一般所论之西方宗教或印度教、伊斯兰教等皆是神道教，而佛教则含摄二者，颇能融合，且从康有为的论述中看，实际是确认佛教是其转化儒学为宗教的有效途径。

康梁谭三家佛教思想，以佛学思想进行调和汇通，兼摄传统思想与西学，发挥救世之功用。但传统思想中对佛教思想多持偏见，近代以来对佛教转换态度，其中哲学和科学视野具有主要贡献。这是因为当时学者外通过西学或日本学界对佛教的看法，内凭借唯识等精深佛教义理，改变了对佛教迷信愚昧的看法，这种改变中一方面从哲学角度认识到佛教如哲学般具有精深的义理；另一方面则是从社会历史的角度上认识到佛教如西学宗教那样具有社会改革的巨大功效。在此二者之外，还有一因缘也是导致人们对佛教态度巨大改变，即是科学，此是从佛教所描绘有为世间之结构构成而来，也从佛教因缘论而来。从科学角度证明佛教所说不虚，不独康梁谭三家有之，他家亦多有之，且俨然成风。康有为论天游之说，其中兼摄佛学和西学宇宙论学说，描绘宇宙中星球星系之事，但其中也多有臆测之见。梁启超从心理学角度理解佛教义理及部分修行方法，即是从科学角度论说佛教之义。谭嗣同《仁学》中更加从物理学、化学等科学变化上论证佛教之因缘变化道理。故说，三家思想中以科学证佛说是为事实，毋庸置疑。但此论只能说明三家思想之科学性质，如何能说明三家思想之佛学色彩？其实，三家思想中极力采用科学知识论证佛学，其目的并不在科学，而在佛学，此义甚明。又科学之用为世俗之用，而思想之用为统率指导科学发挥作用之指南，故而以科学论证佛学同时也带有以宗教或思想等指导科学实践之义。三家之中以科学证佛学之义，于梁谭二家甚为明确，唯康有为之说似非为论证佛学之义。但康有为天游之说与佛学之关系甚为曲折。康有为天游之说整体并非纯粹天文学之旨，此毋庸置疑。其思想之中，虽表面贬低佛说天文多有错误，但反以西学、道学以及自己臆测来发明补充佛学诸天之说，由此康有为所竭力构建的天游之说虽知识上与佛学略有差别，但其基本精神实出于佛说，因为康有为所说天游之说，无非论证地球即为天上，众生即为天人，由此间接的论证即是众生本有佛心、本有天人之条件而已，进而与佛教菩萨入世救苦之义极其类似。如果参考康有为大量佛教诗歌就可以看出，康有为天游之说实际即是其所理解的大乘菩萨入世救苦之精神。是故总结而言，三家从科学角度论证佛教之义，皆是旨在论证佛教所言不虚，佛教所言切实有用之义。

最后从三家儒佛论的角度再加以论说三家佛教思想之调和汇通功能。儒佛思想之于三家思想为重点，三家之中康有为儒家思想显得更为明显，而梁谭二家则稍显薄弱，但总体而论，三家皆以儒佛二家思想汇通来构建自家思想，如康有为毕生弘扬孔教，是为儒学大家，此义甚明；梁启超所学颇广，但其早年从康有为学，自然早年多习儒家；谭嗣同早年亦习儒学，中年之后方始习佛学，故而三家思想皆有儒学根基。三家整体思想皆因广摄古今中外各家思想资源而呈现各自独特的性质和色彩，绝非纯粹的儒家和佛教，乃至其他学说思想宗教等。如从儒佛论而言，三家思想皆有改造儒家、赋予其宗教色彩之义，唯其程度和取向有所不同，可以说三家皆有以佛统儒、以佛释儒之义。但在此之中如康有为则从次第论上侧重在世之行，故而论说儒家之为佛教在世之行。而梁启超则侧重以佛教因果序列统率世间时空演化，并以精神贯穿其中。谭嗣同侧重对有染世间之批判冲决破除，以无畏精神贯穿其中。再者，三家本有之学为儒学，后从宗教之角度企图改儒家之功用不足，但也看出纯粹西学宗教之出世性不足以适应现世改造，于是看重佛教在在世出世之间的调和精神，故而其以宗教义改造儒家之模板实际即是佛教，康有为之人道教、梁启超之佛教社会群治功能，谭嗣同之佛教为全体之学，皆是此义。总说此两者融合程度相当之深。

总论三家思想之宗教意趣中，为调和在世出世之冲突，皆抉择佛教为其思想基础结构；三家思想之科学意趣实皆为论证佛教思想及其救世实践；三家儒佛论中虽皆本习儒学，但其改造旧学之目标实为佛教思想，故总说三家整体思想皆以佛教思想调和汇通诸教诸说。

下从本体论、苦及世界构成分析论、理想论、方法论四个方面略分析三家佛教思想调和汇通的具体表现，亦以此总结全文，因本书主体结构即是按此四点而组建。此四点实即是心性本体论和四谛论的结合，心性本体论多为大乘经典所述，尤其是真常唯心系，有为依唯识多从赖耶为有为染法之所依止出发，也常常论及本体论，但此两者有染净之争；四谛论为佛教通论，无论大小乘、三乘五乘，皆有此论。从此结合而有四点分析，即是从佛教思想统一梳理三家思想的意图。

首先论述心性本体论，三家思想之中皆有浓郁的心性本体论色彩，且此心性本体论也带有极强烈的儒家思想色彩，故此心性本体论处于三家思想儒佛沟通的深层之处。佛教论心性本体主要即上文所提及之染净二心，而在中国又以心性本净的佛性论为主，其可沟通佛性、涅槃、真如、如来藏、真心、本心、本觉、终觉、法界、法体、仁体等范畴。其所论述，多从成佛之可能和佛性本体之所是两方面完善，故《起信论》之本觉和终觉可为代表，犹如法界也可做此两方面解释，因界即为因，也可是境界，故从因地果地上皆可汇通。佛教心性本体与儒家心性本体具有很多可汇通的地方，但绝对可以说佛教心性本体论所述是远远大于儒家所论，因儒家心性本体多集中在是非善恶之染净生成上，而缺少自性生成，故而儒家气论颇有补充之义，但理气两家又颇多争论，历来难以汇通。而佛教心性本体论在能在此两方面圆融汇通，如唯识家之赖耶缘起和有支缘起的结合，真常唯心系的一心二门说，皆是此等沟通之义。又佛教心性本体论在究竟义上仍是出世无为之心，即便后得智也是依止根本智而行救世之行，但儒家仁心本体论于此义则未能究竟，起码传统上仍是承认在世有为之心，又纠缠在家国伦理之爱的限制之中。康梁谭三家心性本体论皆处儒佛争论汇通的关键处，又在此关键处佛教思想泄露无疑。康有为心性本体论依本研究前后有三期，但也可说为两期，因其后期思想仅仅更加成熟简练而已。康有为早期心性本体论其实并不纯粹，但主要是以气质为性而论，颇近儒家气论，但康有为在气论为主时却突出了智的功能，且对智的论述中并不清晰，几乎是本体性的，因未曾明确，故说几乎；如推论，即可看出智与气同样是先天的，且智在后天违逆习染、随顺仁心、扩充仁性上发挥最重要的功能。正是由此理气调和论上康有为进而调和了儒家义理中的各项对立范畴，如性情、善恶、爱恶、顺逆、自他等，也正是在此意义上康有为早期心性本体论已经深深进入了佛教心性本体论。中期康有为心性本体论上主要显现为更加随顺儒家仁心本体说，但与此之际对各项相悖范畴的调和，就越加地需要从非儒学的思想资源处获得调和，故而也就越加需要从佛教思想中获得援助调和。康有为的处理方式是将越趋分裂的仁心本体论和气本论通过三合生人来加以沟通，此说虽表面上显现为今文经学，但实际乃是强烈地根植于佛教心性本体思想而假借今文经学而改造儒家旧说。康有为以华严性海之说改造儒家旧说之义是潜在的，需要研究者深入细致地发挥才可明确出来此种沟通之说乃是源于佛教思想。梁启超心性本体论之佛教思想色彩较为明显，谭嗣同心性本体论之佛教色彩最为明显。梁启超心性本体论实际融合了佛教染净二种心性本体论，且其论述并不清晰，若详加发挥，则可发现梁启超既有从佛教真常唯心的角度，也有从业力果报的角度来论述心性本体，从真常唯心的角度论述心性本体是从佛教真如、真心、如来藏、性海等角度汇通儒家仁心本体和西学精神本体；从业力果报的角度论述心性本体是从佛教业报缘起和赖耶缘起等角度汇通儒家乃至道家墨家和西学等心性本体论。谭嗣同心性本体虽明确以佛教心力本体论为基础，但其所摄广泛，如西学之以太，儒家之仁体，道家之无性，西学宗教之灵魂等，但谭嗣同对诸范畴的阐释皆是以一心为汇通，汇通到心力功用之上，无我之境界中，故而总说谭嗣同心性本体说类梁启超皆是以佛教心性本体为基础，融通其他诸教诸学之本体论及实践功用，所不同的是谭嗣同仅仅论述到本体之原初基础地位，而未能如梁启超那样从更广泛的时空纵横结构上加以详细论证，此皆源于谭嗣同英年早逝，未能继续阐释其思想。总说三家心性本体论思想皆具强烈佛教心性本体论色彩，其中康有为佛教心性本体论为初步尝试，故而主要为沟通儒佛二家，调和儒家内在冲突而转借佛教心性本体论结构构建其个人思想之结构，至其晚年乃能以人道教之名义而完全确定佛教心性思想为其心性本体思想基本结构。梁谭二家皆以佛教心性本体来汇通融摄其他学说宗教之心性本体论。

心性本体论是为大乘佛教思想和康梁谭三家思想的基础，因心性本体论是实际修行中个体和社会化实践开展的根本可能性，是其理论和实践的基本动力。正是从心性本体上获得可能，才可以获得四谛论的展开。有四谛论中苦集二谛即是世间苦的分析和原因的追寻，此两点在实际展开中常常以世界宇宙构成的分析、苦因的总结，而近代以来思想家论述此二点一般皆是结合在一起论述，并非截然分开，故而本书论述此处时，也合并在一处论述。

论世界构成及苦根本的理论目的即是论述追寻有为世界的苦因所在，以此对症下药之用，故而与西学追寻世界构成根本基础有着不同的意趣。如果就世界构成分析上看，儒家在这一点上较薄弱，而西学则较为丰富，佛教在这一点上也颇丰富。康梁谭三家分析世界构成理论皆是依止佛教义理，兼而采纳西学科学或哲学之说，所以总其基础理论结构当仍是佛教苦谛，即是佛教苦谛中分析世界结构的义理。佛教义理中分析世界构成的义理主要就是三科分析，即五蕴、十二处、十八界三科，三科分析皆合心境内外而论，当然其中各科所针对也颇有不同，甚至所针对的根器也有不同，此在佛教义理中颇为精深。康梁谭三家对此为实践之用，皆料简而论，如对外境之分析，多从时空二向而论，如对内境之心识结构分析，多就心识与外界之关系而论。康有为整体思想中对世界构成的分析成分不可谓不重，即便是其专注理想的大同世界的描绘，同样带有世界分析的强烈色彩。除此之外，能够突显其分析世界构成色彩的思想莫过于其诸天之说，此专从空间上言，而康有为三世说实际是从时间上说世界之构成，另康有为天游之说中，尤其是诗歌之中，则大量涉及对世界众生的分析之说，故而总说康有为对世界构成之分析论其实是其思想的基本成分，即是其界限之论，如大同理想中基本思想即是去界限之思想，而界限即是世界之构成分析，仅此去界限之思想就与其三世次第思想紧密相连，故而说世界构成分析思想在康有为整体思想的开展中具有基础作用。梁启超分析世界构成之理论与康有为不太一样，如果说康有为之分析比较侧重外在客观世界的界限分析，那么梁启超之分析则相对侧重内在心识的结构分析。梁启超从佛教因缘义理出发，料简为纵横二序列，实即是时空二序列，其横向上为心识与外境的关系，纵向上是心识之前后的关系，将此二序列推演出来即是类似康有为之时空二序列的分析。梁启超的分析首先更加侧重唯识之内在义，其次梁启超的分析较多采用西学哲学或心理学范畴来加以延异，最后梁启超的推演更为精细。谭嗣同的世界构成分析虽然着墨不多，但其所涉范围却颇为广泛，就《仁学》中所论就有几种层次：宇宙构成、微观构成、心理构成、身体构成、电力构成、灵魂体魄、家国构成、生灭轮回、学修层次。此论述几囊括康梁二家之所论述，且更就修学层次上有多发明。

总论三家分析世界构成实有二类，可以说康谭二家为一类，是从世界构成之界限而论述，而梁启超之分析是演绎一类，从一个中心分演出世界时空之构成，可以说此二类为反正二类，论界限构成为反向的分析论，而演绎类为正向的构成论，此二类实正反相补。三家论世界构成即为其论述世界之苦奠定了基础。三家论世界之苦，基本是建立在救世思想之上，其中包含对当时社会制度等的批判和改造，当然也进一步扩展到对整个世界的分析认识和批评。三家对现世的批判首先是以病来譬喻的，这个譬喻也是佛教义理中经常运用的。其次就病之本质和渊源进行分析总结，以便对症下药。正是因为三家世界构成分析中认识到世界构成的有限性、界限性，从而不能一下子完成绝对的汇通、大全、一体等理想境界。从而可以说界限分立即是世界之状，即是世界之病苦，也是世界之苦因，此思想与佛教中三科分析论说世界为因缘和合、非有自性主宰具浓郁的汇通可能。其中可能的差别在于有学者认为三家所论界限是为实在，与佛教究竟虚幻义相冲突。但三家所论界限是否就是实在？其实并非如此，如梁启超之唯识义即便不究竟，也可见其中界限非实在；康有为、谭嗣同所论界限皆具有一多兼容之相对色彩，如此及已经并非是具有自性之实在义了。又有论者以为佛教所论世界之苦的根源在于内心，如无明、烦恼等，而非外境之分界不通，故而以此说明三家论世界苦因与佛教义不相融合。但三家论界限之中已经明确说明分界之根本即是我执分自他区分，由此而成界限不通；反之，如能堪破我执自他分别，则可通一。则可见此界限之根本即是内在我执根本烦恼而已，此明确是为佛教义理。故而总论三家思想中论世界之苦为界限不通、界限分别，究其实质即是佛理所言人我分别、我执根本。

又此苦因苦状之分析描绘，则可反说三家所论之理想即是通、汇通大全。如康有为之说大同，同即有去界限汇通分别之义；谭嗣同冲决罗网、全体学、通一之说即是去界限、道通为一之义。而梁启超则以演绎之法反向说明了真如本心、精神本体、无我之义即是所通之境。

从汇通的角度说明三家思想之理想是就界限分别的对比义上言，除此之外，三家在安立理想思想时，仍有从更加明确的佛教范畴上加以说明。如康有为从净土世界上进行的描绘，从有无染净双谴的心性角度来进行的描绘。梁启超更是以佛教无我究竟义、真如真我义汇通西学平等自由博爱、中国传统儒道等仁爱无为等等范畴，故其本身汇通之行就已经是理想之实践了。谭嗣同所论平等义，即有佛教众生平等、生佛平等之义，也同样带有现代西学义上之平等义。谭嗣同其他范畴如大全、贯通、不生不灭、一多相容、转识成智、般若空性皆可汇通于平等义之下，其平等即是通，通即是平等，但通同时还意味着去通而通达平等之动态过程，故而平等侧重理想境界，通兼摄目标过程两者。总论三家论理想义，有侧重外境净土义，有侧重内境真如义，有侧重内境破染义，皆于佛教理想义述其一侧面，于中也颇见三家各自之性情与风格差异。

至此，三家佛教思想之所依止、所分析对象以及理想安立皆已铺开，似乎救世方法即已呈现。但三家思想因为非纯粹理论或哲学之意趣，乃是基于救世之上的调和出世在世的宗教思想，故而其理论以佛教义理为基础，偏重实践功用，故其实践次第方法在理论中为不可缺少之部分。佛教义理中论修行之方法乃是一种庞大的系统，其建立了针对各种不同层次的众生的教化修学的方法体系，可以说佛教诸经典即是其修行方法之总结，其论说心性本体、世界分析以及理想安立皆是融摄于其修行方法之中。佛教思想本身就可以说是修行思想，而非纯粹义理而已。又佛教修行义理，有各种宗派门类之分，如三乘五乘二乘之分，如性相之分，如五时八教之分，如真心妄心之之分，顿渐圆别藏通之分，由此而建立其从凡夫初发心到成佛的一整套系统的方法论体系。故而论及方法，重要者如根器设定、次第安立、方便构建。三家佛教思想于方法论皆较重视，其所涉及的重要的方面即上述三个方面。所谓根器设定，即方法所针对的众生世界如何；所谓次第安立，即针对如此的众生及世界，当如何安立修学次第过程；最后所谓方便构建，即针对如此众生及世界，安立如此的修学次第，那么当如何入手，其中有何方便手段可以落实。康有为依据佛教思想而论救世方法颇为全面体系，首先就根器设定上而论，康有为早年颇多强调逆学之智，中期之后则多强调随顺之学，此义即是抉择根器之义，故而康有为论方法多讲随顺人情、适宜国情民俗等；其次就次第安立上而言，康有为最重次第，其三世论本就是次第之论，而去界限中也贯彻了次第之论；最后就方便之法而论，康有为论修学中最重发心，其自诩菩萨圣贤等，发悲愿入世救苦之大悲愿，即是方便之论。梁启超的佛教思想在三家之中实践色彩较薄弱，理论色彩较浓。就其所针对的众生根器而言，梁启超佛教思想所设定的对象具有两个方面：一个方面是最广泛的世俗众生，正是因为如此梁启超才能基于真如本心思想汇通古今中外最广泛的思想资源；另一个方面是梁启超也颇多英雄主义，故其教化之论多针对英雄，而且修学之论则以广泛的世俗众生为是。就次第论而言，梁启超佛教思想颇为全面，故其所论次第也较周全，从心性上论，梁启超主张从心性本体入手，进而汇通各思想资源的本体论，进而扩充到时空染净等各序列；从实践上论，梁启超又多主张静坐修定为先，此也是符合佛教修学次第。梁启超从心性本体演化到纵横二序列时，在纵向上采纳佛教业报轮回义理而论现世行善后世得报的次第论，在横向上则从唯识唯心义上论述精神主义，英雄主义等重精神轻物质之次第论。梁启超论修学方便之法有三：一为重视静坐修定之法；二为重视汇通，尤其是广泛而深入的文化交流汇通之法；三为重英雄主义。此三者皆是梁启超依据佛教而论救世之法的方便之道。谭嗣同所留著作较少，故而所论虽庞杂繁多，但每论皆简略。如从根器设定上论，谭嗣同之佛教义理颇多激进之批判义，而其所倡之无畏的精进精神，也非常人所堪任，故而总说谭嗣同所针对的根器当是利根，由此而与康有为之随顺钝根众生不同，而梁启超实际是两者兼顾，其英雄主义实际也是更多的来源于谭嗣同的精神鼓舞。如从次第安立上论，谭嗣同所论之通义，即是修行之大次第，其在论通达平等的次第、在论断灭六识的次第、冲决罗网的次第、通达全体学的次第，无一处不是论及修学之次第，但因其论述简略繁杂，故而需要深入发挥其汇通大义，方可窥见其通学次第之全貌。最后就方便之法而论，谭嗣同所论方法颇多，但多过于高玄，如冲决网罗、心力挽劫、破除对待等等，实在难以具体落实，另外又有一些方法过于细微具体，似乎又无关大局，如男女服饰、见面礼仪、修造铁路、发展实业等等。但若总结发挥其义而论，则可见谭嗣同论侧重的是破除烦恼之修行义，故而其思想中涉及社会方面也当多是从批判社会不良现象制度等而为入手方便。当在此中也应当注意谭嗣同破除烦恼之说是源于佛教转识成智之说，故而其并非无政府主义，也非恶趣空之实践者，而是具有一定改良主义者。故而其理论以通为名，非以断灭为名。故而总说破对待的确是谭嗣同所倡之方便之道，而其法之实践却是从基本的社会批判改良和个体心识烦恼破除上下手。而此之中，谭嗣同则突出大无畏之精进精神，而其自身为变法而牺牲，是为方法，却难以说为方便之道，其自身为变法而牺牲，是否是方便之道，有待讨论。是故总论，三家救世思想皆深浸润佛教修行思想。

由上分析，总结本书而可言，康梁谭三家思想皆以佛教思想来调和汇通诸教诸说，建立自身整体思想体系。

参考文献

三家文集类

姜义华、张荣华编校：《康有为全集》，北京：中国人民大学出版社，2007 年。

沈鹏等主编：《梁启超全集》，北京：北京出版社，1999 年。

蔡尚思、方行编：《谭嗣同全集》，北京：中华书局，1981 年。

人民文学出版社编：《康有为诗文选》，北京：人民文学出版社，1958 年。

陈永正编：《康有为诗文选》，广州：广东人民出版，1983 年。

桑咸之、阎润鱼：《康有为诗文选译》，成都：巴蜀书社，1997 年。

姜义华、张荣华编校：《康有为全集》，北京：中国人民大学出版社，2007 年。

康有为著，邝柏林选注：《大同书》，沈阳：辽宁人民出版社，1991 年。

汤志钧：《康有为政论集》，北京：中华书局，1981 年。

《梁启超集》，北京：中国社会科学出版社，1995 年。

欧阳予倩编：《谭嗣同书简》，上海：文化供应社，1948 年。

蔡尚思、方行编：《谭嗣同全集》，北京：生活读书新知三联书店，1954 年。

周振甫选注：《谭嗣同文选注》，北京：中华书局，1981年。

谭嗣同著，加润国选注：《仁学：谭嗣同集》 沈阳：辽宁教育出版社，1994年。

刘进田编：《谭嗣同箴言录》，北京：中国文联出版公司，1997年。

刘玉来注：《谭嗣同诗选注》，北京：经济日报出版社，1998年。

蔡日新：《仁学注析》，2009年重新校订版。（未出版）

何执编：《谭嗣同集》，长沙：岳麓书社，2012年。

部分重要年谱

康有为撰、楼宇烈整理：《康南海自编年谱》，北京：中华书局，1992年。

丁文江、赵丰田编：《梁启超年谱长编》，上海：上海人民出版社，2009年。

杨克己编：《民国康长素先生有为梁任公先生启超师生合谱》，台北：台湾商务印书馆，1982年。

杨廷福：《谭嗣同年谱》，北京：人民出版社，1957年。

专著类

释东初：《中国佛教近代史》，台北：中华佛教文化馆，1974年。

［日］近藤邦康著，丁晓强等译：《救亡与传统——五四思想形成之内在逻辑》，太原：山西人民出版社，1988年。

郭朋等：《中国近代佛学思想史稿》，成都：巴蜀书社，1989年。

高振农：《佛教文化与近代中国》，上海：上海社会科学出版社，1992年。

麻天祥：《佛学与人生——近代思想家的佛学思想》，郑州：中州古籍出版社，1993年。

李向平：《救世与救心——中国近代佛教复兴思潮研究》，上海：上海人民出版社，1993年。

麻天祥：《反观人生的玄览之路——近世中国佛教文化研究》，贵州：贵州人民出版社，1994 年。

邓子美：《传统佛教与中国近代化——百年文化冲撞与交流》，上海：华东师范大学出版社，1994 年。

王广西：《佛学与中国近代诗坛》，开封：河南大学出版社，1995 年。

麻天祥：《20 世纪中国佛学问题》，长沙：湖南教育出版社，2000 年。

王雷泉等主编：《20 世纪中国社会科学宗教学卷》，上海：上海人民出版社，2005 年。

麻天祥：《晚清佛学与近代社会思潮》，开封：河南大学出版社，2005 年。

詹志和：《佛陀与维纳斯之盟——中国近代佛学与美学》，长沙：湖南师范大学出版社，2006 年。

周霞：《中国近代佛教史学名家评述》，上海：上海社会科学出版社，2006 年。

李泽厚：《康有为谭嗣同思想研究》，上海：上海人民出版社，1958 年。

萧公权著，汪荣祖译：《康有为思想研究》，台北：联经出版事业公司，1988 年。（该书原著出版于 1974 年）

马洪林：《康有为》，上海：上海人民出版社，1986 年。

马洪林：《康有为大传》，沈阳：辽宁人民出版社，1988 年。

钟贤培：《康有为思想研究》，广州：广东高等教育出版社，1988 年。

董士伟：《康有为评传》，南昌：百花洲文艺出版社，1994 年。

何一民：《维新之梦——康有为传》，成都：四川人民出版社，1995 年。

汪荣祖：《康有为论》，北京：中华书局，2006 年。（该书原著出版于 1998 年）

马洪林：《康有为评传》，南京：南京大学出版社，1998 年。

［美］列文森：《梁启超与中国近代思想》，成都：四川人民出版社，1986 年。（该书原著出于 1959 年）

张朋园：《梁启超与清季革命》，中央研究院近代史研究所，1964 年。

张灏著，崔志海、葛夫平译：《梁启超与中国思想的过渡》，南京：江苏人民出版社，1993年。（该书原著为1971年版）

张朋园：《梁启超与民国政治》，台北：食货出版社，1978年。

孟祥才编：《梁启超传》，北京：北京出版社，1980年。

杨天宏：《新民之梦》，成都：四川人民出版社，1995年。

王心裁：《梁启超读书生涯》，武汉：长江文艺出版社，1998年。

陈鹏鸣：《梁启超学术思想评传》，北京：北京图书馆出版社，1999年。

［日］狭间直树编：《梁启超·明治日本·西方》，北京：社会科学文献出版社，2001年。

吴其昌：《梁启超传》，北京：团结出版社，2004年。

蒋广学、何卫东：《梁启超评传》，南京：南京大学出版社，2005年。

麻天祥、孔祥珍：《梁启超说佛》，武汉：湖北人民出版社，2007年。

李喜所、元青：《梁启超传》，北京：人民出版社，2010年。

梁启超：《梁启超佛学文选》，武汉：武汉大学出版社，2011年。

杨正典：《谭嗣同——近代中国启蒙思想家》，武汉：湖北人民出版社，1955年。

杨荣国：《谭嗣同哲学思想》，北京：人民出版社，1957年。

杨廷福：《谭嗣同年谱》，北京：人民出版社，1957年。

王克俊：《谭嗣同》，北京：中华书局，1962年。

《中国近代史丛书》编写组编：《谭嗣同》，上海：上海人民出版社，1975年。

林载爵：《谭嗣同》，台北：天一出版社，1979年。

徐义君：《谭嗣同思想研究》，长沙：湖南人民出版社，1981年。

邓潭洲：《谭嗣同传论》，上海：上海人民出版社，1981年。

段本洛：《谭嗣同》，南京：江苏人民出版社，1983年。

李喜所：《谭嗣同评传》，郑州：河南人民出版社，1986年。

张灏：《烈士精神与批判意识——谭嗣同思想的分析》，台北：联经出版事业公司，1988 年。

赵慎修：《谭嗣同》，天津：新蕾出版社，1993 年。

任光椿：《谭嗣同》，北京：文化艺术出版社，1995 年。

王建华：《谭嗣同传》，合肥：安徽人民出版社，1997 年。

谭嗣同，释永清评注：《仁学》，郑州：中州古籍出版社，1998 年。

论文类

蔡尚思：《论清末佛学思想的特点》，《学术月刊》1981 年第 3 期：36—38，58。

楼宇烈：《近代中国佛学的特点及其评价》，《文史哲》1986 年第 1 期：36—44，81。

天祥：《近代思想家的宗教向度》，《天津社会科学》1991 年第 3 期：69—74，56。

魏义霞：《佛学：中国近代资产阶级哲学家变革社会的精神支柱》，《学习与探索》1991 年第 6 期：13—19，24。

宋益乔：《近代思想与佛教文化》，《山东社会科学》1993 年第 5 期：93—95。

陈庆坤：《中国近代哲学与佛学的汇通》，《吉林大学社会科学学报》1994 年第 4 期：9—13，91。

天祥：《近代佛教哲学研究及思想体系的建立》，《河北学刊》1992 年 1 月：40—45。

陈立忠、胡维革：《论中国近代资产阶级思想家的佛学经世思想》，《东北师大学报（哲学社会科学版）》1995 年第 3 期：12—18。

麻天祥：《晚清佛学与近代社会思潮》，《学术研究》1995 年第 1 期：71—75。

李向平：《近代中日知识分子的佛教因缘》，《浙江学刊》1997 年第 6 期：85—91。

徐永志:《论晚清佛教的复兴》,《中州学刊》1997年第5期:126—129。

龚隽:《近代佛学从经世到学术的命运走向》,《哲学研究》1997年第5期:39—47。

张锡勤:《论戊戌时期的宗教热》,《哲学研究》1998年第6期:32—37。

李双璧:《佛学思想之于维新志士:以康、梁、谭为例》,《贵州社会科学》1999年第1期:107—112。

胡遂:《近代佛学的经世济民精神》,《湖湘论坛》2002年第1期:87—89。

麻天祥:《中国近代佛教的再思考》,《云梦学刊》2004年9月:25—29。

孙浩然:《论佛教的大同理想》,《广播电视大学学报(哲学社会科学版)》2012年第4期:58—62,123。

姚彬彬:《近现代新儒家的华严思想探析》,《贵州大学学报(社会科学版)》2012年3月:17—23。

姚彬彬:《经学范式与文化转型——近代中国佛学学派的兴起》,《云梦学刊》2013年9月:31—37。

孙海军:《"以己意进退佛说":略说晚清佛学复兴的若干特质》,《运城学院学报》2013年1月:25—28。

钱穆:《康有为学术述评》,《清华大学学报》1936年第3期。

孙长江:《试论康有为哲学思想的特点及其走向唯心主义的道路》,《教学与研究》1961年第3期。

郑克强:《论康有为哲学思想的特点》,《复旦学报(社会科学版)》1982年第6期。

林飞鸾:《建国以来康有为研究中几个问题的概述》,《中山大学学报哲学社会科学版》1983年第4期。

刘景山:《康有为的"一体二元"及其历史渊源》,《学术月刊》1984年07期。

吕彦博:《论康有为的相对主义理论》,《吉林大学社会科学学报》

1986 年第 4 期。

金涵：《康有为思想研究》，《国内哲学动态》1986 年第 2 期。

陈伟桐：《对康有为哲学体系的思考》，《东岳论丛》1988 年第 2 期。

陈崇钫：《论康有为的宗教观》，《东岳论丛》1988 年第 6 期。

黄小榕：《康有为人道主义哲学体系的完成与终结》，《广东社会科学》1989 年第 4 期。

柴田干夫：《康有为〈大同书〉研究述论》，《上海师范大学学报哲学社会科学版》1991 年第 1 期。

任军：《康有为大同思想的东方文化色彩》，《历史研究》1993 第 6 期。

马洪林、何金彝：《康有为谭嗣同的新仁学》，《上海师范大学学报哲学社会科学版》1995 年第 1 期。

魏义霞、陈章范：《本体之辨：从康有为到谭嗣同》，《北方论丛》1995 年第 6 期。

王钧林：《康有为对儒学的改造》，《中国哲学史》1996 年第 4 期。

任军、余桂芳：《显微镜与康有为哲学思想的形成》，《史学月刊》1999 年第 4 期。

王秀国：《康有为〈大同书〉研究综述》，《滨州学院学报》2005 年第 2 期。

许颖：《论佛学对康有为、章太炎和太虚平等思想的影响》，《中州学刊》2007 年第 5 期。

汪斌：《康有为思想中的佛学情结》，《黑龙江史志》2008 年第 10 期。

黎燕：《近十年来康有为学术研究述评》，《十堰职业技术学院学报》2009 年第 3 期。

魏义霞：《康有为、谭嗣同平等思想的相同性及其本质》，《福建论坛人文社会科学版》2009 年第 7 期。

魏义霞：《以孔释佛还是以佛释孔——康有为、谭嗣同孔教观比较》，《北京大学学报哲学社会科学版》2009 年第 3 期。

魏义霞：《平等是一种权利还是一种状态？——论康有为、谭嗣同平等思想的差异》，《燕山大学学报哲学社会科学版》2010 年第 1 期。

魏义霞：《孔教与佛教——康有为、梁启超宗教思想比较》，《西南民族大学学报（人文社会科学版）》2014 年第 1 期：59—64。

蔡双全、杨迅：《康有为、梁启超佛教思想比较研究》，《海南大学学报（人文社会科学版）》2014 年 9 月：83—89。

魏义霞：《梁启超对康有为宗教思想的凸显及用意》，《社会科学辑刊》2015 年第 2 期：25—30。

李泽厚：《梁启超王国维简论》，《历史研究》1979 年第 7 期：28—37。

孟祥才：《梁启超哲学思想初探》，《山东师范大学学报（人文社会科学版）》1979 年第 1 期：34—42。

陈嘉健：《梁启超进取性及保守性与康德哲学的关系》，《学术研究》1983 年第 2 期：82—88。

金涵：《梁启超的哲学思想及其它》，《哲学动态》1985 年第 12 期：21—23。

唐文权：《梁启超佛学思想述评》，广东人民出版社编：《论戊戌维新运动及康有为梁启超》，编者，1985 年。

天祥：《梁启超人生哲学思想初探》，郑州大学学报（哲学社会科学版）1989 年 3 月。

天祥：《梁启超佛学思想概述》，《学术研究》1990 年第 5 期：71—74。

张跃先：《梁启超晚年的文化思想初探》，《甘肃理论学刊》1991 年第 3 期：63—67。

天祥：《梁启超的佛教史研究》，《学术研究》1993 年第 2 期：83—88。

李喜所：《梁启超晚年的佛学研究》，《天津社会科学》1995 年第 1 期：97—103。

张书学：《梁启超晚年史学思想再认识》，《山东大学学报（哲学社会科学版）》1996 年第 4 期：58—67。

张衍前：《论梁启超的近代国家观》，《理论学刊》1996 年第 2 期：70—74。

王兴国：《谭嗣同与梁启超的应用佛学》，《船山学刊》1997 年第 1 期：97—104。。

黄克武：《梁启超与康德》，《中央研究院近代史研究所集刊》1998 年第 30 期：101—148。

李平：《梁启超晚年史学思想简析》，《安徽师大学报（哲学社会科学版）》1998 年第 2 期：167—172。

袁忠：《梁启超文化哲思及其现代化建构论略》，《现代哲学》1999 年第 4 期：94—97。

刘晓华：《论梁启超佛教理性观的内在矛盾》，《北京化工大学学报（社会科学版）》2000 年第 1 期：8—13。

程恭让：《以佛学契接康德：梁启超的康德学格义》，《哲学研究》2001 年第 2 期：37—44。

李春远：《略论梁启超的“应用佛学”》，《福建论坛（人文社会科学版）》2001 年 4 月。

李平：《梁启超哲学思想四题》，《安徽师范大学学报（人文社会科学版）》2002 年第 1 期：27—31。

刘晓华：《梁启超对佛教的理性研究及其局限》，《船山学刊》2003 年第 4 期：101—105。

肖承罡：《梁启超的佛教文化观》，《佛教文化》2004 年第 5 期：41—45。

刘介民：《梁启超思想的佛教精神》，《广州大学学报（社会科学版）》2006 年 4 月：92—96。

赵西方：《梁启超的佛学情结》，《兰州学刊》2006 年第 10 期：79—81，90。

何轩：《论梁启超的“应用佛学”与其小说观之关系》，《湖北大学学报（哲学社会科学版）》2006 年 5 月：309—312。

林国良、江婵：《〈起信论〉之争后梁启超的佛学思想探微——暨论佛教的无我观背景下如何建立道德主体》，《西南民族大学学报》2008 年 9 月：98—105。

江湄：《“新史学”之“新”义——梁启超“人群进化之因果”论中的儒佛思想因素》，《史学月刊》2008 年第 4 期：17—24。

印顺：《梁启超与中国近代佛教研究》，《五台山研究》2009 年 3 月：25—29。

蒋海怒：《梁启超的自由主语及其佛学语境》，《华东师范大学学报（哲学社会科学版）》2010 年第 1 期：58—62。

李雪松：《谭嗣同与梁启超佛学思想比较研究》，《学术交流》2010 年 3 月：10—14。

［日］吉田熏：《“新民”与“死生观”的纠缠——梁启超从“宗教”到本土文化的关注》，《东岳论丛》2011 年 5 月：76—87。

张志刚：《“四种取代宗教说”反思》，《北京大学学报（哲学社会科学版）》2012 年 7 月：32—43。

李小艳：《论梁启超的佛学》，《船山学刊》2012 年第 2 期：135—139。

余康、杨亚亚：《论佛学对梁启超晚期史学的影响》，《廊坊师范学院学报》2013 年 6 月：58—61。

李小艳：《现代性与梁启超的佛学思想》，《船山学刊》2014 年第 4 期：122—125。

魏义霞：《孔教与佛教——康有为、梁启超宗教思想比较》，《西南民族大学学报（人文社会科学版）》2014 年第 1 期：59—64。

张德钧：《谭嗣同思想述评》，《历史研究》1962 年第 3 期：27—60。

方允臧：《谭嗣同〈仁学〉中的主要概念与佛教思想的关系》，《法音》1982 年 6 月。

黄艺农：《试论佛学心学及浙东学派对谭嗣同的影响》，《求索》1983

年第5期：57—60。

黄卫平：《谭嗣同哲学思想研究》，《哲学动态》1985年第3期：13—15。

天祥：《谭嗣同经世佛学的逻辑结构》，《船山学刊》1989年第4期：67—70。

高瑞泉：《谭嗣同“心力”说初探》，《文史哲》1990年第6期：34—40。

李一寒：《佛教精神之承继与高扬——谭嗣同的“应用佛学”及其价值取向》，《上海大学学报（社会科学版）》1993年第5期：79—85。

王兴国：《谭嗣同与梁启超的应用佛学》，《船山学刊》1997年第1期：97—104。

段景莲：《试论谭嗣同〈仁学〉的佛教倾向》，《船山学刊》1999年第1期：88—92。

吴卫东：《略论佛学思想对谭嗣同哲学思想的渗透》，《甘肃高师学报》2000年第1期：49—52。

张锡勤：《对近代“心力”说的再评析》，《哲学研究》2000年第3期：57—63。

刘伟、王利民：《论谭嗣同的“心力”说》，《株洲师范高等专科学校学报》2001年8月：20—23。

李永平：《谭嗣同与近代佛教思想的变迁》，《求索》2005年8月：191—194。

胡建：《谭嗣同“心力说”的原创性价值》，《浙江学刊》2005年第3期：39—44。

李岩：《论佛教影响下谭嗣同的平等思想》，《扬州职业大学学报》2009年9月：5—8。

卢昌杰、陈九如：《谭嗣同的佛学情缘》，《宿州学院学报》2009年2月：51—53，50。

李雪松:《谭嗣同与梁启超佛学思想比较研究》,《学术交流》2010年3月:10—14。

张恒俊:《谭嗣同〈仁学〉佛家大同思想之辨析》,《经济与社会发展》2011年6月:92—94,157。

程强:《佛道为表儒家为里——从“二十七界说”解析谭嗣同〈仁学〉的哲学思想》,《江汉学术》2013年8月:123—128。

张晓林:《谭嗣同的宗教大同理想——〈仁学〉的宗教认知特征》,《甘肃社会科学》2013年第1期:53—56。

学位论文类

蒋海怒:《近代佛学与政治》,中山大学博士论文,2009年。

李雪松:《谭嗣同与梁启超佛学思想之比较研究》,黑龙江大学硕士论文,2004年。

董宽:《谭嗣同佛学思想研究》,湘潭大学硕士论文,2009年。

刘秀俊:《谭嗣同〈仁学〉宗教思想研究》,华东师范大学硕士论文,2011年。

谢庆芬:《谭嗣同〈仁学〉宗教观研究》,湖南大学硕士论文,2012年。

后　记

距离我写作这篇论文已经七年过去了，如今重校这篇长文，感慨万千。

最初，我去请教陈老师毕业论文的选题，陈老师考虑到我原来学文学的，提议写谭嗣同。后来我反馈说写谭嗣同可能有点少，于是陈老师说那就康梁谭一起写吧，这三个人都是近代的大儒，都有佛教信仰，系统地梳理一下三家的佛教思想也很有价值。好在对这三家的研究比较充足，虽然大部分是集中在政治领域，起码全集都有出版。二年级的时候我就开始系统地阅读全集和相关资料，实际写作倒是不长。等到写出来打印出来，豪哥拿给我看，直接说：太后驾到！当时粗计，有五十多万字，正文有五百多页，实在太厚。当时实在没有时间和精力再做大的修改，也就这么“厚重”下来了。因为太厚太长，不能精简，答辩的时候也被批评了。

论文的写作，得到了陈老师的亲切指导，师母的热情关怀，在此再次给予深深的感谢。每次去找陈老师请教，老师都兴高采烈地讲到许多佛教界的奇闻异事，令人怀念不已；而师母总是一会端出一盆水果，一会端出一盒点心的。其次，要感谢豪哥的深情陪伴，有一段时间我肺炎直接住院了，豪哥就每天来看我，然后我们就出门吃饭，那个时候我们差不多把川大周围的小饭馆吃了个遍，我总是想吃素炒油菜和汤，豪哥就带着我一家一家地找。后来，答辩前后，刘陶和俊良也来了，我们就经常在各种水吧里聊天，如今再回忆这些，真恍若隔世，令人唏嘘。最后要感谢小憨，我回来昆明写作论文的时候，正是她工作最艰难的时候，天天加班到很晚，而我半失业的一个人天天在家码字，感谢小憨无限的宽容。

对近代佛教的研究，我后来还涉及两次：一次是与瀚文、刘陶合作，扩展地研究近代儒佛思想；一次是重新研究太虚大师的心理学思想。我原来曾想就儒佛思想的线索，往前推而研究到明末思想的。但是因为到云南工作，各种原因也就耽搁了下来。如今重看这篇论文，我当时主要考虑的一点就是康梁谭三家在当时为忧外患的环境下为什么会抉择佛教思想来改造儒家思想以及应对西学思想。从人的欲望机制来看，当现实的问题越是失败，越是破碎，则人的意识形态构建就越是容易走向一种大而全的宗教思想，而佛教的体大精深刚好能够提供这种方便。佛教对修心的重视，刚好可以与儒学进行会通；佛教对心理的详细描绘刚好可以与西方哲学、心理学进行会通；佛教对宇宙物理的描绘，刚好可以与西方现代科学进行会通；佛教热烈的菩萨行精神刚好可以提供乱世之中主体发愿救世的安身立命之准则。正是基于上述四个方面，三家思想才抉择了佛教。当然，随着政治环境的改变，佛教一方面走向了学术研究，一方面走向了宗教信仰，而没有在政治领域再获得结合应用的机会。从康梁谭三家的抉择来看，他们看重的是佛教的体大精深，具有庞大的阐释空间与应对之可能。这一点与现今看重佛教之随顺特色的“人间佛教”不同。由此，佛教在不同时代则凸显出来不同的特色，在儒学作为正统的传统社会，佛教凸显其辅教特色；在近代乱世社会，就凸显出构建理想意识形态的结构性理论特色；在当代多元社会中，则凸显出多元结合的世俗随顺特色。

赵建华

2022 年 6 月

《儒道释博士论文丛书》已出书目

第一批(1999 年)

道教斋醮科仪研究　张泽洪著

道教炼养心理学引论　张　钦著

道教劝善书研究　陈　霞著

道教与神魔小说　苟　波著

净明道研究　黄小石著

第二批(2000 年)

神圣礼乐——正统道教科仪音乐研究　蒲亨强著

魏晋玄学人格美研究　高华平著

明清全真教论稿　王志忠著

佛教与儒教的冲突与融合　彭自强著

经验主义的孔子道德思想及其历史演变　邓思平著

第三批(2001 年)

宋元老学研究　刘固盛著

道教内丹学探微　戈国龙著

汉魏六朝道教教育思想研究　汤伟侠著

般若与老庄　蔡　宏著

刘一明修道思想研究　刘　宁著

晚明自我观研究　傅小凡著

第四批(2002 年)

近现代以佛摄儒研究　李远杰著

礼宜乐和的文化思想　金尚礼著

生死超越与人间关怀——神仙信仰在道教与民间的互动　李小光著

近现代居士佛学研究　刘成有著

生命的层级——冯友兰人生境界说研究　刘东超著

第五批(2003 年)

中国佛教僧团发展及其研究　王永会著

实相本体与涅槃境界　余日昌著

斋醮科仪　天师神韵　傅利民著

荷泽宗研究　聂　清著

精神分析与佛学的比较研究　尹　立著

太虚对中国佛教现代化道路的抉择　罗同兵著

终极信仰与多元价值的融通　姚才刚著

第六批(2004 年)

西学东渐与明清实学　李志军著

上清派修道思想研究　张崇富著

北宋《老子》注研究　尹志华著

相国寺

——在唐宋帝国的神圣与凡俗之间　段玉明著

熊十力本体论哲学研究　郭美华著

关于知识的本体论研究

——本质　结构　形态

昌家立著

明代王学研究　鲍世斌著

中国技术思想研究

——古代机械设计与方法

刘克明著

朱熹与《参同契》文本　钦伟刚著

中国律宗思想研究　王建光著

第七批(2005 年)

元代庙学

——无法割舍的儒学教育链

胡　务著

牟宗三"道德的形而上学"研究

闵仕君著

隋唐五代道教美学思想研究

李　裴著

宋元道教易学初探　章伟文著

杜光庭《道德真经广圣义》的道教哲学研究　金兑勇著

天台判教论　韩焕忠著

杜光庭道教小说研究　罗争鸣著

魏源思想探析　李素平著

泰州学派新论　季芳桐著

《文子》成书及其思想　葛刚岩著

傅金铨内丹思想研究　谢正强著

第八批(2006 年)

汉末魏晋南北朝道教戒律规范研究　伍成泉著

两性关系本乎阴阳

——先秦儒家、道家经典中的性别意识研究　贺璋瑢著

陈撄宁与道教文化的现代转型

刘延刚著

扬雄《法言》思想研究　郭君铭著

《周易禅解》研究　谢金良著

明清道教与戏剧研究　李　艳著

王弼易学解经体例探源

尹锡珉著

唐代道教管理制度研究　林西朗著

四念处研究　哈　磊著

天人之际的理学新诠释

——王夫之《读四书大全说》思想研究　周　兵著

第九批(2007 年)

晚明狂禅思潮与文学思想研究

赵　伟著

先秦儒家孝道研究　王长坤著

致良知论

——王阳明去恶思想研究

胡永中著

伍守阳内丹思想研究　丁常春著

贝叶上的傣族文明
——云南德宏南传上座部佛教社会考察研究　吴之清著

朱子论“曾点气象”研究　田智忠著

二十世纪中国道教学术的新开展　傅凤英著

道教与基督教生态思想比较研究　毛丽娅著

汉晋文学中的《庄子》接受　杨　柳著

马祖道一禅法思想研究　邱　环著

道教自然观研究　赵　芃著

第十批(2008年)

王船山礼学思想研究　陈力祥著

王船山美学基础
——以身体观和诠释学为进路的考察　韩振华著

马来西亚华人佛教信仰研究　白玉国著

《管子》哲学思想研究　张连伟著

东晋佛教思想与文学研究　释慧莲著

北宋禅宗思想及其渊源　土屋太祐著

早期道教教职研究　丁　强著

隋唐五代道教诗歌的审美管窥　田晓膺著

道教与明清文人画研究　张明学著

道教戒律研究　唐　怡著

第十一批(2009年)

驯服自我
——王常月修道思想研究　朱展炎著

道经图像研究　许宜兰著

阳明学与佛道关系研究　刘　聪著

清代净土宗著述研究　于海波著

宗教律法与社会秩序
——以道教戒律为例的研究　刘绍云著

老子及其遗著研究
——关于战国楚简《老子》、《太一生水》、《恒先》的考察　谭宝刚著

汉唐道教修炼方式与道教女性观之变化研究　岳齐琼著

宋元三教融合与道教发展研究　杨　军著

都市佛寺的社会交换研究　肖尧中著

早期天台学对唯识古学的吸收与抉择　刘朝霞著

第十二批(2010年)

道教社会伦理思想之研究　何立芳著

印度佛教净土思想研究　汪志强著

社会转型下的宗教与健康关系研究　冯小林著

教化与工夫
——工夫论视域中的阳明心学系统　陈多旭著
心性灵明之阶
——早期全真道情欲论思想研究　刘　恒著
中古道书语言研究　冯利华著
近现代禅净合流研究　许　颖著
永明延寿心学研究　田青青著
中国传统社会宗教的世俗化研究
——以金元时期全真教社会思想与传播为个案　夏当英著
成玄英《庄子疏》研究　崔珍皙著

第十三批(2011 年)

道医陶弘景研究　刘永霞著
汉代内学
——纬书思想通论　任蜜林著
一心与圆教
——永明延寿思想研究　杨文斌著
三教关系视野中的陈景元思想研究　隋思喜著
蒙文通道学思想研究　罗映光著
敦煌本《太玄真一本际经》思想研究　黄崑威著
总持之智
——太虚大师研究　丁小平著
明清民间宗教思想研究
——以神灵观为中心　刘雄峰著
东晋宋齐梁陈比丘尼研究　唐　嘉著
《贞观政要》治道研究　杨　琪著

第十四批(2012 年)

老子八十一化图研究　胡春涛著
马一浮思想研究　李国红著
《老子》思想溯源　刘鹤丹著
“仙佛合宗”修道思想研究　卢笑迎著
方东美论道家思想　施保国著
湛甘泉哲学思想研究　王文娟著
仪式的建构与表达
——滇南建水祭孔仪式的文化与记忆　曾　黎著
智旭佛学易哲学研究　张韶宇著
悟道・修道・弘道
——丘处机道论及其历史地位　赵玉玲著
隋唐道教与习俗　周　波著

第十五批(2013 年)

庄子哲学的后现代解读　郭继明著
法藏圆融之“理”研究　孙业成著
汉传佛教寺院经济演变研究　于　飞著
魏晋南北朝社会生活与道教文化　刘　志著

中古道官制度研究　刘康乐著
金元道教信仰与图像表现——以永乐宫壁画为中心　刘　科著
元代道教戏剧研究　廖　敏著
明代灵济道派研究　王福梅著
中国宗教的慈善参与新发展及机制研究　明世法著
两晋南北朝时期河陇佛教地理研究　杨发鹏著

第十六批(2014 年)

道教气论学说研究　路永照著
历史中的镜像——论晚明僧人视域中的《庄子》　周黄琴著
从玄解到证悟——论中土佛理诗之发展演变　张君梅著
回归诚明——李翱《复性书》研究　韩丽华著
图像与信仰——中古中国维摩诘变相研究　肖建军著
中国道教经籍在十九世纪英语世界的译介研究　俞森林著
四川道教宫观建筑艺术研究　李星丽著
道与艺——《庄子》的哲学、美学思想与文学艺术　胡晓薇著
李光地易学思想研究　冯静武著
显隐哲学视域中的文艺审美　杨继勇著

第十七批(2015 年)

赞宁《宋高僧传》研究　杨志飞著
自我与圣域——现代性视野中的唐君毅哲学　胡　岩著
明代道教文化与社会生活　寇凤凯著
道教医世思想溯源　杨　洋著
近代以来中国佛教慈善事业研究　李湖江著
现代性和中国佛耶关系(1911—1949)　周晓微著
西域佛教演变研究　彭无情著
藏族古典寓言小说研究　觉乃·云才让著
藏传佛教判教研究　何杰峰著
藏彝走廊北部地区藏传佛教寺院研究　李顺庆著

第十八批(2016 年)

重庆华岩寺佛教仪式音乐与传承　陈　芳著
明末清初临济宗圆悟、法藏纷争始末考论　吕真观著
《文子》思想研究　姜李勤著
汉末至五代道教书法美学研究　沈　路著
佛教传统的价值重估与重建

——太虚与印顺判教
思想研究　　邓莉雅著
边缘与归属：道教认同的
文化史考察　　郭硕知著
道教时日禁忌探源　　廖　宇著
清代清修内丹思想比较
研究——以柳华阳、闵
一得、黄元吉为对象　　张　涛著
闵一得研究　　陈　云著

第十九批（2017 年）

中医运气学说与道教关
系研究　　金　权著
《道枢》研究　　张　阳著
全真教制初探　　高丽杨著
道教师道思想研究　　孙瑞雪著
生命哲学视域下的道教
服食研究　　徐　刚著
“真心观”与宋元明文艺
思想研究　　曹　磊著
礼法与天理：朱熹《家礼》
思想研究　　彭卫民著
儒佛融摄视野下的马一
浮、熊十力思想
比较研究　　王　毓著
道教与书法关系研究　　阳志辉著
近代城市宫观与地方
社会——以杭州玉
皇山福星观为中心　　郭　峰著

第二十批（2018 年）

法相唯识学认知思想研究
石文山著
禅观影像论　　史　文著
早期道教经韵授度体系
研究　　陈文安著
明清禅宗“牧牛诗组”之
研究　　林孟蓉著
道教内外丹关系研究　　盖　菲著
先秦道家人性论研究　　周　耿著
王弼易学研究
——以体用论为中心　　张二平著
究天人之际
——从《尚书》上探儒
家本色　　黄靖雅著
上阳子陈致虚生平及思想
研究　　周　冶著

第二十一批（2019 年）

《春秋》纬与汉代思想世界
王小明著
道教与唐前志怪小说专题
研究　　徐胜男著
康有为、梁启超、谭嗣同佛
教思想研究　　赵建华著
先秦儒道本体论研究　　王先亮著
张万福与唐初道教仪式
的形成　　田　禾著

“三纲九目”:朱子《小学》思想研究　徐国明著

先秦儒家天命鬼神观研究　胡静静著

汉末道教的“真道”观及其展开——基于《太平经》《老子想尔注》《周易参同契》的研究　孙功进著

道德与解脱:中晚明士人对儒家生死问题的辩论与诠释　刘琳娜著

王阳明与其及门四大弟子的情论研究　张翅飞著

大道鸿烈——《淮南子》汉代黄老新“道治”思想研究　高　旭著

第二十二批(2020 年)

元代理学与社会　朱　军著

《晏子春秋》研究　袁　青著

明代寺院经济研究　周上群著

《老子指归》的哲学研究　袁永飞著

南宋士人笔记中的宋代道士形象研究　武清旸著

唐玄宗道儒佛思想研究——以注疏三经为中心　王玲霞著

陈景元美学思想研究　罗崇蓉著

敦煌本《大乘百法明门论》注疏研究　张　磊著

川北地区道教宫观建筑思想及历史文化研究　王鲁辛著

德国巴伐利亚州立图书馆藏三类金门瑶经书抄本研究　肖　习著

第二十三批(2021 年)

元代《春秋》学研究　张立恩著

《楞严经》思想体系研究　段新龙著

困境与机遇:民国成都道教生存状况研究　金恺文著

早期禅宗般若思想研究　陆杰峰著

聚云吹万广真研究　王廷法著

邵以正与明初净明道　叶文学著

清代道教事务管理研究　由　申著

四川三台县云台观研究　袁春霞著

宋代道教炼度研究　刘　陶著

王心斋与中晚明儒学的转折——兼论道德自我与社会人伦的冲突与和谐　潘玉爱著

图书在版编目（CIP）数据

康有为、梁启超、谭嗣同佛教思想研究/赵建华著．
—成都：巴蜀书社，2021.12
（儒道释博士论文丛书）
ISBN 978-7-5531-1596-2

Ⅰ.①康…　Ⅱ.①赵…　Ⅲ.①康有为（1858—1927）—佛教—思想评论②梁启超（1873—1929）—佛教—思想评论③谭嗣同（1865—1898）—佛教—思想评论　Ⅳ.①B25②B948

中国版本图书馆 CIP 数据核字（2021）第 253964 号

康有为、梁启超、谭嗣同佛教思想研究
KANGYOUWEI LIANGQICHAO TANSITONG FOJIAO SIXIANG YANJIU
赵建华　著

责任编辑	陈亚玲
出　　版	巴蜀书社 成都市锦江区三色路 238 号新华之星 A 座 36 层 邮政编码：610023 总编室电话：(028) 86361843
网　　址	www.bsbook.com
发　　行	巴蜀书社 发行科电话：(028) 86361847
经　　销	新华书店
印　　刷	四川宏丰印务有限公司 电话：(028) 85726655　13689082673
版　　次	2022 年 10 月第 1 版
印　　次	2022 年 10 月第 1 次印刷
成品尺寸	203mm×140mm
印　　张	29.5
字　　数	700 千字
书　　号	ISBN 978-7-5531-1596-2
定　　价	98.00 元（上下册）